Armenian Folk Tales

Composed by Suren Kocharyan

ՀԱՅ ԺՈՂՈՎՐԴԱԿԱՆ ՀԵՔԻԱԹՆԵՐ

Սուրեն Քոչարյանի մշակմամբ

Armenian Folk Tales

Contact:
IndoEuropeanPublishing@gmail.com

ISNB: 978-1-60444-792-7

Հայ ժողովրդական հեքիաթներ

Հրատարակված է Ամերիկայի Միացյալ Նահանգներում:

Կապ՝

IndoEuropeanPublishing@gmail.com

ISNB: 978-1-60444-792-7

ԻՐԵՔ ԴԱՐԴԱՏԵՐ

Ժամանակով իրեք ջահել տղա գնում են աշխատանքի: Գնում են հասնում մի ճամփաբաժանի: Նրանք իրար խոսք են տալիս՝ ով որ առաջինը ետ դառնա, սպասի մեկելներին. ոնց որ իրար հետ դուրս են եկել գեղիցը, էնպես էլ իրար հետ ետ գան:

Անց ա կենում մի քանի տարի: Էդ տղերքը ետ են գալիս իրենց նշանակած տեղը: Ամեն մեկը սկսում ա պատմել իր գլխի եկածը: Նրանցից մեկը ասում ա,— ես յոթ տարի Վանա թագավորի մոտ ծիապան էի: Աստծու ամեն առավոտ թագավորն ինձ հարուր ոսկի էր տալիս ու հրամայում, որ տանեմ աղքատներին բաժանեմ: Ես էլ էդ հրամանը հալալությունով կատարում էի: Յոթ տարին որ թամամեց, թագավորը շատ փող տվեց ինձ ու ճամփու դրեց:

Ընկերները հարցնում են.

— Բա, դու, որ յոթ տարի թագավորի մոտ ծիապան կացար, ու նա քու ձեռով ամեն առավոտ փող էր բաժանում աղքատներին, օրից մի օր չհարցրի՞ր, թե թագավոր, քու դարդն ի՞նչ ա, որ էդ բանը անում ես:

— Չէ,— ասաց տղեն,— որ սիրտս միամիտ էր, էլ չհարցրի: Հիմի ես էլ ձեզ նման մտածմունքի մեջ ընկա: Դուք գնացեք տուն, ես ետ դառնամ Վանա թագավորի մոտ, նրա դարդն իմանամ:

Գալիս ա, հասնում Վանա թագավորի պալատը, թագավորը հարցնում ա.

— Ինչի՞ ետ եկար, այ տղա:

— Թագավորն ապրած կենա,— ասում ա տղեն,— ես յոթ տարի քու դռանը ծիապան էի, ու դու ամեն առավոտ իմ ձեռով փող էիր բաժանում աղքատներին: Ոչ դու օրից մի օր ինձ հարցրիր, թե. «Այ տղա, փողերն ի՞նչ ես անում», ոչ էլ ես մի օր հարցրի, թե. «թագավոր, քու դարդն ի՞նչ ա, որ դու էդ բանը անում ես»: Հիմի, թագավորն ապրած կենա, ես ետ եկա, որ ոտներդ ընկնեմ, աղաչանք-պաղատանք անեմ, քու դարդն ինձ ասես:

Թագավորը մի խոր հոգոց հանեց ու ասավ.

— Է, ախպեր, իմ դարդը զուլում դարդ ա, քեզ ասելու չի: Ամա թե կարաս, գնա Բաղդադ, էնտեղ մի հարուստ կույր վաճառական կա, թե նրա դարդը կիմանաս, կգաս ինձ կպատմես, ես էլ իմ դարդը քեզ կպատմեմ:

Էս տղեն գնաց: Յոթ օր քաշեց, յոթ ամիս, թե յոթ տարի, հասավ Բաղդադ: Հարց ու փորձ անելով գտավ վաճառականին: Սա մի ալևոր, կույր մարդ էր, միրուքը մինչև ծնկները: Առոք-փառոք նստել էր իր հարուստ վաճառատան առաջ: Հարցրեց, ասին. «Քաղաքի կեսի տներն ու խանութները նրանն ա»:

Էս տղեն մոտեցավ, բարով տվեց, բարով առավ, հարցրեց.

— Վաճառական աղա, քու դարդն ի՞նչ ա, որ ես իմանամ, գնամ Վանա թագավորին պատմեմ, որ նա էլ իր դարդն ինձ պատմի:

Վաճառականը մի ծանր ախ քաշեց ու ասավ.

— Է, որդի, իմ դարդը շատ մեծ դարդ ա, քեզ ասելու չի. ամա թե կգնաս կհասնես Չինումաչին, էնտեղ մի քոլի վրա մի կենտ ծառ կա, էն ծառի առաջին էլ մի դարբնոց, թե էնտեղի դարբնի դարդը կիմանաս, կգաս ինձ կասես,

էլ իմ դարդը քեզ կասեմ:

Էս տղեն վեր կացավ, գլուխը փեշը գրեց ու ճամփա ընկավ. Չինումաչին որդի՞ ես, գալիս եմ: Շատ գնաց, թե քիչ, շատն ու քիչը աստված գիտի, շատ աշխարհներ անց կացավ, շատ չար ու բարի տեսավ, վերջը հասավ Չինումաչին: Գնաց կենտ ծառի մոտի դարբնոցը գտավ ու առավոտահան դուռը կտրեց:

Դարբինը եկավ, մի ծեր մարդ, ամա բոյով-բուսաթով, շենքով-շնորհքով, ոնց որ ղալամով քաշած մի սրբապատկեր: Եկավ դարբնոցի դուռը բաց արեց,

քուրի կրակն էլ վառեց, փուքսը փչեց, թեժացրեց: Երկաթը դրեց կրակը, որ կարմրեց, հանեց որ զնդանի վրա ծեծի, մին էլ ասես աչքին մի բան երևաց, մնաց շիվարած կանգնած, ձեռները թիլացան, սառավ անշարժ, անկենդան:

Կրակը հանգավ, երկաթը հովացավ, օրն էլ անց կացավ: Մութը որ ընկավ, դարբինը նոր ուշքի եկավ, գործիքները հավաքեց, դարբնոցի դուռը փակեց ու

գնաց տուն: Էս տղեն էլ նրա ետնից: Տուն մտան: Տղեն դարբնին բարով տվեց, բարով առավ, պատմեց իր գլխի էկածը, նրա ոտն ու ձեռն ընկավ, աղաչանք արավ, որ իր դարդը ասի:

Դարբինը սրտի խորքից մի «ախ» արա՛վ ու ասավ.

— Իմ դարդը անպատմելի, դարդ ա. ինձ էրում ա, խորովում ա, խաշում: Ամա որ ուզում ես իմանալ, պատմեմ:

— Հերս ու մերս աղքատ էին, չկարացան ինձ ուսումի տալ: Որ դառա տասներկու տարեկան, քսաներկու տարեկանի բոյ ու բուսաթ ունեի, ինձ տվին դարբնի աշակերտ, ես սիրով կպա իմ արհեստին, ուստեն էլ ինձ աչքի լուսի պես էր սիրում: Կարճ ժամանակում դառա մեծ ուստա: Դարբնի գործը հո անում էի ու անում, դրա հետ մեկտեղ ինչ որ սիրտս ուզեր, ինչ որ աչքս տեսներ ձեռաց կշինեի, էլ երկաթի վարդ ու մանուշակ, էլ երկաթի սոխակ ու ծիծեռնուկ, էլ երկաթի շվի ու պկու: Երկաթը ձեռիս խաղացնում էի, ոնց որ փափուկ թրջած կավ: Առավոտվանից մինչև իրիկուն իմ դարբնոցի դռնից խալխը կտրվում չէր: Ես էլ աշխատում էի ու աշխատում: Աշխատանքս խաղ ու պար էր ինձ համար, եկամուտս էլ գալիս էր քչքչան աղբրի նման:

Մի օր էլ տեսնեմ, մեր դարբնոցի դռան կենտ ծառի վրա մի սիրուն դուշ ա վեր եկել: Հազար ռանգի նրա բմբուլները պեծպեծին, հուրհրատին են տալիս, մի արմանալի, մի զարմանալի սիրուն դուշ:

Էդ դուշը ինձ բռնեց ու թռցրեց, տարավ վեր բերեց ծովի միջի մի կղզու վրա, մի պալատի դռան: Աչքդ էն բարին տեսնի, ինչ որ ես տեսա: Երկնային բա՛խտ: Մեկ էլ թևերի խշշոց լսեցի, պալատի դռանը վեր եկան մի երամ աղունակներ ու տեղնուտեղը դառան աղջկերք:

Նրանց մեջ մեկը ամենից սիրունն ու արմաղանն էր: Էդ աղջիկը, էդ երկնային դրախտի տերն էր, կղզու հրամայողն ու իշխողը, մոտեցավ ինձ, փաթաթվեց ու պաչեց.

— Մարդու որդի,— ասաց,— շատ անգամ եմ քու դարբնոցի կենտ ծառի ճղքին վեր եկել ու աչքս քեզ զցած հալվել ու մաշվել: Քու սիրով էրված, ես ղրկեցի իմ հազարառանգ դուշը, քեզ բերեց ինձ համար: Դու իմն ես, ես քոնն եմ հավիտյան, միայն թե դու էլ ինձ սիրես, մենակ ի՛նձ սիրես ու մնաս միշտ հավատարիմ:

Նրա խոսքերը սիրտս տակնուվրա արին, սիրեցի նրան գժվածի պես, ախր ես առաջին անգամն էի սիրում: Հետո հուրի-մալաք աղջկերքը նրա աղախիններն էին ու ինչքան էլ սիրուն էին, նրա կողքին ոնց որ հող ու մոխիր:

Ու մենք իրար սիրեցինք անսահման, անհատնում սիրով: Պսակվեցինք: Կնկանս անունը Չնաշխարհիկ էր, դրուստ որ չնաշխարհիկ, նրա նմանը ոչ գետնի էրեսին կգտնվեր, ոչ երկնքում: Ու էսպես սիրով ու բախտավոր ապրեցինք յոթ տարի, ունեցանք երեք տղա, էլանք բախտավոր ծնողներ:

Մի օր իմ կնիկը աղունակի կտցավ նամակ ստացավ, նրան հրավիրում էին մի ուրիշ կղզի, իրա ազգականի տղի հարսանիքին: Գնալուց առաջ նա ինձ ասեց.

— Այ մարդ ջան, իմ երեխեքը քեզ ամանաթ, նրանցով ուրախացիր, ես էլ ձեր սիրով ու կարոտով կապրեմ: Իմ գնալ-գալը կքաշի քառասուն օր: Մենակ թե, ոնց որ առաջին օրը խոսք ենք տվել իրար, հավատարիմ պետք ա մնաս ինձ:

Զարմացա կնկանս ասածի վրա. նրանից հետո ուրիշի՜ն սիրեմ: Իմ սիրտը անարատ էր ոնց որ պարզ ախպրի ջուրը: Ու ես իմ էրեխանց հետ ապրեցի ուրախ ու բախտավոր երեսուն ու հինգ օր: Երեսունվեցերորդ օրը մի չար մտավ սիրտս, գլուխս պտտորվեց, աչքերս ուրիշ տեսակ տեսան կնկանս Աննման անունով աղախնին, աչքս չկարացի պոկել նրա սիրուն աչք-ունքից, կռիվս էի տալի ինքս ինձ հետ, ամա չարը ինձ հաղթեց, ու ես գնացի աղախնոյ մոտ: Է

— Իմ տեր,— ասաց Աննմանը,— մեղքս ի՞նչ թաքցնեմ, ես էլ քեզ եմ սիրում, ամա խանումը իմաստուն ա, նա կիմանա ու էլ չեմ գիտի թե ի նչ կանի:

Ես նրան չլեցի, չարն ինձ բորբոքում էր. ես մեղք գործեցի: Հետո շատ փոշմանեցի, ամա ուշ էր: Երեսուն ու ինն օր թամամեց, քառասուն օրը մտանք: Աննմանը ասեց. — Խանումը ուր որ ա կգա, նրան հայտնի ա մեր արած մեղքը: Եկավ Չնաշխարհիկը:

Հեռվից թևերի ղժժոցն իմացա, մին էլ էն տեսա, որ էն հազար ռանգանի դուշը ինձ թռցրեց, բերեց վեր դրեց դարբնոցի դռանը ու ինքը թռավ, հեռացավ:

Էն օրվանից տարիներ են անց կացել: Թե ինչեր եմ քաշել, էդ աստված գիտի: Կնիկս ու երեխեքս որ միտս են գալիս, բանը ձեռքիցս ընկնում ա, ձեռներս թուլանում են, ես ուշքից գնում եմ գլխումս ղժժում ա հազարառանգ

ղշի ձենը, ասում եմ, բալքի Չնաշխարհիկը ղրկի նրան, որ ինձ ետ տանի. էսքան տարիների տանջանքս դեռ չի քավել իմ մեղքը:

Դարբինը վերջացրեց: Տղեն վեր կացավ՝ ձեռը պաչեց: Չինումաչինից ճամփա ընկավ Բաղդադ: Ո՞ւր ես, Բաղդադ, գալիս եմ: Եկավ Բաղդադ կույր վաճառականի մոտ, պատմեց նրան դարբնի դարդը: Հիմի էլ կույր վաճառականը պետք ա պատմեր իրա դարդը ու նա սկսեց.

— Իմ ծնողները աղքատ էին: Ինձ աշակերտ տվին մի վաճառականի: Իմ աշխատասիրությունով ու աչքաբացությունով կարճ ժամանակում ես նրա աչքի լիսը դառա: Շատ աշխարհներ ման եկա, ամեն տեղից մեծ օգուտով ետ դառա, շատ գանձ, մեծ հարստություն դիզեցի, անունով մարդ դառա:

Մի օր ինձ մոտ եկավ մի տերտեր, մի շատ պատվական մարդ: Նրան մեր քաղաքում սրբի տեղ էին պաշտում ու նրա խոսքը հարգում, կատարում:

— Վաճառական ախպեր, — ասեց տերտերը, — ես մի տեղից բան ունեմ բերելու: Ինձ քառասուն ջորի տուր վարձով: Մեկին երկուս կտամ, շուտ արա:

Թե մի ջորու վարձը օրը արժեր մի մանեթ, ես տասը ուզեցի: Ես միշտ նոքարներիս էի ղրկում, ամա էս անգամ մտքովս մի բան անց կացավ, ու ես էլ հետները գնացի:

Տերտերը նստեց իմ սպիտակ ջորուն, մենք էլ նրա ետնից գնացինք: Գնում էինք սուս ու փուս: Էլ մեր մեջ ոչ մի խոսք ու զրից չելավ: Շատ գնացինք, թե քիչ, մտանք մի մերի: Ճամփեն գնալով նեղանում էր, քիչ հետո համարյա կտրվեց: Շատ դժվար կածաններով գնացինք, վերջը դեմ ընկանք մի բարձր քարափի, էլ անց-կենալու ճար չկար:

Տերտերը վեր եկավ ջորուց, ծոցից ինչ-որ զրեր հանեց, աղոթք արավ, խաչակնքեց, մին էլ հանկարծ քարափը ճեղքվեց, ետ քաշվեց: Տերտերը նշան արավ: Առաջ գնացինք: Ի՜նչ տեսանք, աչքդ էն բարին տեսնի: Հավատալու բան չէր, ամա դե մենք մեր աչքովը տեսանք էլի. մի տեղ ոսկի էր կիտած, մի տեղ լալ ու մարջան, անգին քարերին էլ հո չափ չկար:

Տերտերը հրամայեց թե ջվալները լցրեք, բեռներ կապեցեք: Ամեն մարդ իր սրտի ուզածի չափ բեռնեց: Ես իմ բեռը անգին քարով լցրի:

Տերտերը մի պուճուր դութի վեր կալավ, բալանիքը վրեն, պաչեց, երեսը խաչակնքեց ու դութին ծոցը դրեց: Էդ դութին իմ ուշքը տարավ: Չիմացա էդ ինչ բան էր, ակն ու մարգարի՞տ էր, անգին քարի՞ց էր, թե ի՞նչ էր, լուսի պես փայլփլում, հուրհրատին էր տալիս:

Մենք մեր եկած ճամփովը ետ եկանք:

Ճամփին մտքումս ասում էի. էսքան գանձը տերտերի ինչի՞ն ա պետք: Նրանն էն ա աստծու հետ խոսա, աղոթք անի, աշխարքի համար խաղաղություն խնդրի: Հետո հաշվում էի՝ ինչքան էլ շատ վարձ առնեմ, իմ ստանալիքը մի բեռից պակաս կլինի: Չար սատանա մտավ մեջս, ասի, արի տերտերից քրեհի հաշվին մի հինգ բեռն էլ ա վերցնեմ:

Տերտերը իմաստուն էր, ինչ էր, ետ դառավ ասաց.

— Վաճառական ախպեր, ինչ որ մտքովդ անց կացավ, համաձայն եմ հինգ բեռը քեզ վարձ կտամ, ամա ուրիշ չար բան մտքովդ չանցկացնես:

Քիչ էլ որ առաջ գնացինք, չար սատանան էլի ինձ բզբզեց թե հինգ բեռը քիչ ա, գոնե տասը բեռ վերցրու:

Տերտերը հասկացավ միտքս, ետ դառավ ասաց.

— Լա՛վ, ախպեր, տասը բեռը քեզ, ամա էլ բան չմտածես:

Ես ուրախացա, ամա չարը ցեցի նման ջանս ուտում էր, մտածում էի՝ երեսուն բեռը տերտերը ի՞նչ ա անելու, գոնե կեսը՝ ինձ, կեսը՝ նրան, տերտերն էլի հասկացավ, ասավ.

— Վաճառական, թող քու ասածը լինի, հենց իմանանք ախպեր ենք, հալալ ախպոր պես կես անենք: Ագահությունը որ քեզ հաղթում ա, ես չեմ հակառակի: Ամա էլ դրանից դենը անց չկենաս:

Տերտերի բարեսրտությունը ինձ ավելի երես տվեց, չարը սիրտս առել էր, ասում էր. «Տերտերները աղքատ պետք ա ապրեն, նրանք պետք ա իրանց օրը ապաշխարանքով անցկացնեն, ծոմ ու պասով, ճգնավորի կյանքով ապրեն, որ աստծուն սիրելի՝ մարդկանց դուրեկան լինեն: Էս տերտերը քսան բեռը ի՞նչ պիտի անի: Արի քառասուն բեռն էլ զոռով թե խաթրով, քշեմ իմ դուռը:

Տերտերը սուս ու փուս ետ դառավ, ունքերը կիտած ասավ.

— Վաճառական, ագահությունը քեզ աստծու ճամփից հանում ա: Թե ես իմ բաժինը ի՞նչ կանեմ, էդ իմ բանն ա: Կարելի ա աղքատներին եմ բաժանում, կարելի ա վանք եմ շինում, կարելի ա ուսումնարան եմ բաց անում, կարելի ա եսիրությունից մարդ եմ ազատում: Քեզ ի՞նչ, չէ՞ որ ես իմ կամքով քեզ ինձ հետ հալալ ախպերացրի: Սրանից ավելի ագահությունը քեզ վնաս կտա: Բայց դե որ մտքովդ էդ չարն էլ անցավ, ախպեր, քառասուն բեռն էլ թող քեզ լինի: Գնա, բալքի աչքդ կշտանա:

Ասավ ու առաջ ընկավ: Ես մի քիչ կարմրեցի, երեսս տաք ու հով ելավ, զարմացա տերտերի վրա՝ ասում են տերտերները ագահ են, ամա էս տնաշենը իսկի ազահություն չունի: Մեկ էլ մտածեցի, ո՞վ գիտի, կարելի ա՝ էն դութին, որ ծոցը դրեց էս քառասուն բեռնիցն էլ թանկ արժի: Էրնեկ նրան, ով էդ դութուն կտիրանա: Արի երեսս պնդացնեմ ու էն դութին էլ ուզեմ: Թե իրա կամքով կտա, լավ, թե չէ՝ վրա կթափենք զոռով կխլենք:

Ասի՝ չասի, մին էլ տեսնամ տերտերը ջորուց վեր եկավ ու ինձ խիստ ասավ.

— Է՛յ վաճառական, ազահությունը քեզ կուրացրել ա: Արի ինձ լսի, գոնե էդ մի չար մտքից ձեռ քաշիր:

Բայց սիրտս քար էր դառել, ասի՝ տուր մի տեսնեմ էդ դութին: Նա սուս ու փուս դութին ծոցիցը հանեց, բալանիքը պտտեց ու դութին բացվեց... էնպես մի լույս, մի տաքություն դուրս եկավ էնտեղից, որ աչքերս էրեց, աչքերիս մեջ պեծեր թափվեցին, աշխարքը գլխիս պտույտ եկավ ու ես ուշաթափ ընկա գետին:

Շատ անցավ, թե քիչ, ես ուշքի եկա, կողքիս մարդկանց ձեներ էի լսում, ամա բան չէի տեսնում՝ կուրացել էի: Հարցրի՝ էդ ի՞նչ մարդիք եք: — Ասին ճամփորդ ենք, տեսանք ուշաթափ ընկած ես, ուշքի բերինք: Հարցրի՝ բա տերտերն ի՞նչ էլավ, բեռներն ի՞նչ էլան: Ասին.— Ի՞նչ բեռներ, ի՞նչ տերտեր:

Ես սուս արի, էլ բան չասեցի:

Էն օրվանից տարիներ են անցել: Իմ կուրանալու պատճառը հայտնի չի ոչ մեկին: Էլի առաջվա հարգանքն ու պատիվը ինձ տալիս են, ամա սիրտս չի ուրախանում՝ անչափ ազահությունը ինձ էս օրը գցեց: Աշխարքը ինձ համար հեչ ա, որ աչքի լույսից զրկված եմ: Միշտ էստեղ նստած միտք եմ անում, յարաբ աստված իմ մեղքը չի՞ ների, յարաբ տերտերը մի օր ինձ չի խղճա, չի գա, աչքերիս լույսը ետ բերի: Ասավ ու լռեց:

Տղեն վեր կացավ, սուս ու փուս վաճառականի ձեռքը պաչեց ու գնաց:

Դարբնի դարդը՝ Չինումաչինից, վաճառականի դարդը՝ Բաղդադից, Վանա քաղաք ո՞ւր ես, գալիս եմ լսածներս պատմեմ Վանա թագավորին ու, վերջապես, նրա դարդն էլ իմանամ:

Եկավ, կանգնեց թագավորի դիմաց: Յոթ անգամ գլուխ տվեց, ձեռները դոշին ծալած պատիվ տվեց ու ասեց.

— Թագավորն ապրած կենա, հրամանքդ կատարել եմ: Չէ թե մենակ Բաղդադի վաճառականի՝ Չինումաչինի դարբնի դարդն էլ եմ իմացել: — Ու ամենը պատմեց Վանա թագավորին, ոնց որ ես ձեզ պատմեցի:

— Դե հիմի,— ասեց,— թագավորն ապրած կենա, պատմի քու դարդը:

— Ամենից առաջ,— ասեց թագավորը,— քեզ պետք ա պատմեմ էն, ինչ որ աշխարքը չգիտի, ես ոչ թե տղա եմ, այլ աղջիկ: Ես թագավոր հորս մինուճար զավակն եմ: Դեռ բարուրումն էի, որ մերս մեռավ: Ինձ կերակրել ու մեծացրել են իշխանների կնանիքը: Աչքս բաց եմ արել թե չէ, մեր տերտերներն ու վարդապետները Քրիստոսի ու Մարիամ աստվածածնի անունը բերներին ինձ աղոթքներ ու աստծու անունն են սովորացրել: Հերս, թե մեր աշխարքից, թե ուրիշ աշխարհներից, գիտնական իմաստուն մարդիկ բերել տվեց, ինձ լավ ուսում տվեց: Ուսումս որ առա, հերս գանձարանի դուռը բաց արավ, ասաց, ինչ ուզում ես արա քու բարի սրտովը:

Ես ուսումնարաններ բաց արի, աղքատանոցներ, ժամեր ու վանքեր, շատ անբախտների արտասունքը սրբեցի, շատերին չար ճամփից ետ դարձրի: Կյանքս ուրիշների համար ետ դրած, ես անց էի կացնում իմ օրերը ուրախ ու բախտավոր, աչքս երկինք զգած՝ միտքս տված բարեգործության:

Մի օր էլ աղախիններիս հետ ման էի գալիս քաղաքում, տեսա զարգյարի դռանը կանգնած մի ջահել ու սիրուն տղա: Տղան ծիծաղն երեսին բարև տվեց ինձ: Տեսա նրան թե չէ, տղի պատկերը տպվեց սրտումս: Մտա զարգյարի մոտ, մատանիքը մատիցս հանեցի, ասի՝ ուստա, էս մատանիքի թայը էգուց պատրաստ անես: Էն տղեն էլ էնտեղ էր: Հարցրի՝ ո՞վ ա էս տղին: Զարգյարն ասավ.— էս իմ տղեն ա, թագավորի աղջիկ, ձեր ծառան, մեր մինուճարն ա, իմ ու իրա մոր աչքի սև ու սպիտակը: —Ասի,— էգուց առավոտ մատանին կղրկես պալատ քու տղի ձեռով:

Գնացի տուն ու էն գիշերը քունս չտարավ: Զարգյարի տղի պատկերը աչքիս առաջից չէր հեռանում: Ասում էի տեսնես երեսի նման սիրտն էլ սիրուն ա, խելքն ու քյամալն էլ տեղն ա, թե չէ:

Էգուցը էսօր դառավ: Աղախինս տուն մտավ թե. — Մի սիրուն տղա, ոսկե սինին գլխին, քեզ համար ծածկած մի բան ա բերել: — Ասի՝ թողեք, ներս գա — Եկավ էդ տղեն, ոսկե սինով մատանին դրեց առաջիս: Ես ձեռից բռնեցի, կողքիս նստացրի ու մի քաղցր զրից սկսեցինք: Չիմացա, թե ժամանակը ոնց անցավ: Մին էլ դռանը ոտնաձայն լսեցի. իմ թագավոր հերը սովորականի պես ինձ մոտ էր գալիս: Սիրտս դողդողաց, ես շատ վախեցա, ոնց որ մի մեծ հանցանք արած լինեի: Չէ՞ անարատ կույս աղջիկ էի. հերս ի՞նչ կասեր, որ էդ ջահել տղին իմ կողքին տեսներ:

Վռազ սնդուկս բաց արի, ասի՝ թագավորը գալիս ա, արի մտի սնդուկը, մինչև նա գա ու գնա:

Խեղճ տղեն հնազանդվեց, սնդուկը մտնելուն պես ես խուփը շրխկալով ծածկեցի: Էդ շրխկոցի ձենը սիրտս դաղեց, չլինի՞ թե տղի գլխին դիպավ:

Մինչև հերս եկավ, քեֆս ու հալս հարցրեց, վեր կացավ գնաց՝ իմն ինձ հասավ: Թռա սնդուկը բաց արեցի, ի՞նչ տեսնեմ, երանի երկինքը փուլ էր եկել գլխիս, կամ հողը պատռվել էր ու ինձ կուլ էր տվել:

Վռազելուց որ սնդուկի խուփը վրա էի բերել, դիպել էր տղի քներակին ու տեղնուտեղը սպանել:

Էս ինչ բան էր, տեր աստված: Հիմի ինչ անեմ, ո՞նց անեմ, թե հայտնեմ հորս, խայտառակությունը ավելի կլինի: Ինձ ինչպես են ճանաչել ու ինչ դուրս կգա: Հազար ու մի տեսակ բամբասանք կանեն, ես կդառնամ մի մատը մեղր, էլ չեմ կարող լուս աշխարհ դուրս գալ: Կասեն, էն սուտ ճգնավորին տեսեք, դուրսը լավություն ա անում, տանը աննամուսություն:

Մութը որ վրա հասավ, ես ճարը գտա: Իմ թագավոր հերը մի արաբ ձիապան ուներ: Ես ինչ աչքս բաց էի արել, նրան մեր տանն էի տեսել: Շատ ճշմարիտ ու հավատարիմ ծառա էր: Թագավորը նրան շատ էր հավատում ու հավանում: Ասի կկանչեմ արաբին, նա էս բանը հենց կծածկի, որ ոչով չի իմանա:

Ասի ու արի: Ամեն ինչ պատմեցի արաբին, ասաց.

— Միամիտ կաց, թագավորի աղջիկ, ես ձեր տան հավատարիմ ծառան եմ, դու իմ խտտին ես մեծացել, գլուխս մահու կտամ, չեմ թողնի որ քու երեսին նախատինք գա:

Ու արաբը վերցրեց էն մեռած տղին, թաքուն ճամփով տարավ ծովը գցեց:

Մեկել օրը, որ զարզարը հարց ու փորձ էր արել իր կորած տղի մասին, արաբն ասել էր, որ նա մատանին բերեց տվեց ու վռազ գնաց: Հետո տեսել էին նրան քաղաքից դուրս մի քանի ընկեր տղերանց ու աղջկերանց հետ քեֆ անելիս:

Էդպես մի քիչ հանգստացա, որ պատիվս փրկվեց, ամա քունս փախավ, իշտահս կապվեց, երեսիս գույնը թռավ, տանջվում էի, որ էն խեղճ ու անմեղ տղի արյունն ընկա:

Ինչքան հերս զոռում էր, թե ասա, ի՞նչ ա պատահել քեզ, ասում էի, դու գիտես, որ իմ միակ դարդն ու հոգսը մեր խեղճ ժողովուրդն ա:

Էդպես անց կացավ մի քիչ ժամանակ: Հանգստությունս կամաց-կամաց տեղն եկավ:

Մի իրիկուն, էս արաբը եկավ կանգնեց դեմս ու ասեց.

— Թագավորի աղջիկ, պետք ա գլուխդ հետս մին անես:— Ես սարսափեցի, ջանս դող ընկավ: Ականջներիս չհավատացի, ամենահավատարիմ, բոլորից սիրված, թագավորի սիրելի ձիապանի լեզուն ո՞նց շուռ եկավ ու էդ խոսքը ասավ:

— Էդ ի՞նչ ես ասում,— ասի,— հավատարիմ արաբ, բա դու խիղճ չունե՞ս, դու իմ հոր տեղն ես, ես՝ քու աղջկա: Ամոթ ա, աստված կպատժի քեզ: Արաբը սատանի աչքերով ինձ մտիկ արավ, սեպերը բաց արավ ու լրբաբար ասաց.

— Կամքս կկատարես՝ լավ, չէ՝ ամեն բան աշխարքով մեկ կանեմ, խայտառակ կլինես: Լավն էն ա, սուս ու փուս կամքս կատարես: Քեզ երեք օր ժամանակ:

Երեք օրեն վրա էն սև օձն եկավ ու ինձ ասավ.

— Թագավորի աղջիկ, էս իրիկուն իմ ծանոթ երեք տղա իրանց սիրեկանների հետ մի տեղ քեֆ են անում: Արի ես ու դու էլ գնանք էնտեղ քեֆ անենք:

Ինչքան աղաչեցի, պաղատեցի, որ ձեռ քաշի, չելավ: Տեսա ճար չկա, մի սարսափելի բան միտք արի, սիրտս էփում էր, ասի դե որ քու սիրտը քար ա, թող գնամ շորերս փոխեմ, հագրվեմ, գնանք:

Նա ուրախ-ուրախ դուրս գնաց: Վեր կացա հորս ալմաստի դամեն շորերիս տակ կապեցի, լավ պաշարեղեն հավաքեցի, հորս մառանիցը մի տասը շիշ յոթ տարվա հին գինի վերցրի, որ շատ քաղցրն էր, ամա շատ էլ թունդ, ամեն մարդ չէր կարենում դիմանա:

Արաբն եկավ, ու մենք գնացինք: Քաղաքի ծերին մի կենտ տուն կար. էնտեղ արաբի ասած երեք տղեն իրանց սիրեկաններով քեֆ էին անում:

Երբ որ արաբի հետ ներս մտա, նրանք համ զարմացան, համ ուրախացան.

— Դու բարով եկար, հազար բարի, թագավորի աղջիկ, մեր արաբի հետ մեր աչքի, մեր գլխի վրա տեղ ունես:

Ու ես բազմեցի արաբի կողքին, ամենքի գլխին: Երեսիս ամոթը ետ դրի ու սկսեցի նրանց հետ քեֆ անել: Սիրտս եփ էր գալիս, որ էն արաբը ձեռը ճտովս էր զցում, հենց իմանում էի, թե սև օձ փաթաթվեց վզիս, ամա ի՞նչ արած, մտքիս դրածը դեռ չէի կատարել: Բոլորը՝ թե տղա, թե աղջիկ լավ խմել էին, ես էլ ձևացնում էի, թե ես էլ եմ խմած:

Քեֆի էն թունդ պահին, վեր թռա ու ասի. «վա՜յ, սիրելիք, ոնց եմ մոռացել, ախր ես ձեզ համար լավ, թագավորական ուտելիք ու թագավորական մառանի լավ գինի եմ բերեր: Ասի ու բերի ամենը շարեցի սուփրի վրա: Բոլորն էլ խմեցին, հարբեցին ու էստեղ– էնտեղ վեր ընկան: Արաբը նրանց յոթը տակ անց էր կացել:

Հենց էդ ժամանակը ես իմ նամուսը, իմ պատիվը փրկելու համար, մի սարսափելի գործ կատարեցի: Փեշիս տակից հորս ալմաստի դամեն հանեցի ու կատաղած վրա ընկա արաբի ու էն վեցի վրա, յոթին էլ սպանեցի ու ինքս ինձանից սարսափած՝ մինչև մեր պալատը, մեր տունը մի շնչով ետ փախա: Քիչ էր մնում գժվեմ, որ ես կույս աղջիկ, իմ անարատ, անմեղ ձեռով յոթը մարդու արի քաշեցի: Չհաշված, որ զարզյարի տղի մահվան անտեղի պատճառն էլ ես էի. ութը մարդու արուն ա ծանրացած իմ սրտումը:

Ճիշտ ա՝ իմ գաղտնիքը ոչ ով չիմացավ, ամա ես վճռեցի աշխարհ չմտնեմ՝ մարդու չգնամ: Թագավոր հերս դարդիցը մեռավ, ու ես նրա տեղը թագավոր դառա, շորերս փոխեցի, տղամարդու շոր հագա ու տղամարդու պես գործ կատարեցի:

Էն օրվանից սկսած ամեն առավոտ ես հարյուր ոսկի եմ բաժանում աղքատներին, ինչպես արել եմ քու ձեռով յոթ տարի: Ամեն օր միտք եմ անում, թե «Յարաբ աստված էնքան ողորմություն տալուց, էնքան ապաշխարանք քաշելուց հետո իմ մեղքը կների՞, թե չէ»:

***

Ու մեր դարդ իմացող տղեն շալակն առավ Չինումաչինի դարբնի, Բաղդատի կույր վաճառականի, Վանա թագավորի աղջկա դարդը:

Ու էս աշխարի ման եկած, շատ բան տեսած տղեն միտք էր անում, թե աշխարքում անդարդ մարդ չկա:

Էս մտքերի հետ ընկած, տղեն գնում էր տուն, իրանց գեղը, իր հորն ու մոր ու ընկերների մոտ:

Թող աստված բարի ճամփա տա նրան:

ԺՈՒԺԿԱԼ ԹԱԳՈՒՀԻՆ ՈՒ ԻՐ ԵՐԵՔ ՏՂԵՆ

Ժամանակով լինում ա մի թագավոր: Սրան ունենում ա մինուճար մի աղջիկ: Էս աղջիկը շատ սիրուն ա լինում: Շատ խելոք ու շատ նամուսով, բայց միշտ փախչելիս ա լինում աշխարքի վայելքից:

— Միտք չունեմ,— ասում ա,— աշխարի մտնելու: Իմ սիրտը երկնային աստծուն ու Քրիստոսին եմ տվել:

Թագավորի տեղը շատ նեղում են.

— Աղջկանդ մարդու տուր, որ մահիցդ հետո աշխարքը անտեր չմնա: Թագավորի աղջիկն ասում ա.

— Այ հեր, դե որ էդպես զոռում են, ես էսպես պայման եմ դնում. Ես կուզեմ էն տղին, որ կհամաձայնվի տարենը մենակ մի անգամ իմ անկողինը գար:

Էս բանը հայտնում են աշխարհի բոլոր կողմերին, ամա բոլոր թագաժառանգներն ու իշխանները հրաժարվում են էդ չլված պայմանից: Օչով չի ուզում էդ աղջկան առնել: Գալիս ա մի նախրչու տղա, ասում ա.

— Ես կուզեմ: Թե որ թագավորի աղջիկը էդքան համբերող ու նամուսով կլինի՝ ես էլ կլինեմ: Ես էդ պայմանին համաձայն եմ, ախպեր, ես դրան կուզեմ:

Թագավորի աղջիկը էս տղի խոսք ու զրցից հասկանում ա, որ սա

համ շատ խելոք ա, համ էլ շատ դիմացկուն ու համբերող: Բերում են սրանց պսակում: Թագի տակին երդվում են՝ տարենը մենակ մի անգամ իրար հետ անկողին մտնեն.— Ով որ մեզանից,— ասում են,— էս երդումը քանդի, աստված էն րոպեն նրա մեջքը կոտրի:— Ասում են ու իրանց խոսքին հաստատ մնում:

Պսակի առաջին գիշերը աղջիկը երկուհոգիանում ա: Ծեր թագավորը հրաժարվում ա Գահից, ու նրա տեղը թագավոր ա նստում փեսեն՝ նախրչու տղեն: Սա էնպես խելքով ու իմաստությունով ա կառավարում երկիրը, որ ժողովուրդը սրտով սիրում ա ու պատվում սրան:

Վրա երկրորդ տարին թագուհին պառկում ա, բերում մի սիրուն տղա: Աշխարքն էլ իրանց սիրած թագավորի ու թագուհու հետ ուրախանում ու զվարճանում ա: Բոլորի բերանին նրանց բարի գործերն ու անարատ հալալ սուրբ անկողինն ա լինում: Օրերը գալիս անց են կենում, թագուհին մի տղա էլ ա բերում:

Էդ վախտերը, մի իրիկուն, մի քանի փչացած ջահել տղերք քեֆ անելիս են լինում: Նրանցից մեկն ասում ա,— թագավորի ու թագուհու բախտավորությունն էլ երկար չի քաշիլ: Թագավորը տարենը մեկ ա գնում թագուհու անկողինը:

— Էդպես ա,— ասում ա մեկելը,— ասում են, հենց էս գիշերը նրանց ժամկետը թամամում ա: Թագավորը գնալ պտի թագուհու անկողինը:

— Տղերք,— ասավ սրա կողքին նստողը,— ես էս գիշեր գնալու եմ թագուհուն խաբեմ: Թե ես նրանց բախտավորությունը չքանդեմ, բաս ես ես չեմ:

Ընկերները ասին՝ ինչացո՞ւ ես դու, ի՞նչ քու խելքի բանն ա, որ էդ անես: Նա թե՝ ես էդ բանը թե գլուխ չբերեմ, ինձ շուն-շան որդի ասեք: Ու մարջ են գալի:

Էս փչացած, աննամուս տղեն գալիս ա ընկնում թագավորի ոտները:

— Տեր թագավոր, աչիդ ու գլխիդ մատաղ,— ասում ա,— ես մի քյասիբ տղա եմ: Մի սիրուն աղջիկ եմ սիրել, էս գիշեր գնալու եմ որ նշանը տամ: Ամա էս շորերով ամաչում եմ գնամ: Քու շորերիցը մի ձեռք տուր, հագնեմ, գնամ սիրածիս մոտ, ետ կգամ շորերդ կտամ քեզ:

Թագավորի մեղքը գալիս ա,— հայ գիտի,— ասում ա,— ես էլ եմ սրա օրին եղել՝ տկլոր, առանց լավ շորի:

Ու մի ձեռք իր շորերից տալիս ա էդ տղին:

Տղեն հագնում ա, գնում թագավորի շորերով ու անունով թագուհու անկողինը պղծում, ետ գալիս, շորերը տալիս թագավորին.

— Շնորհակալ եմ թագավոր,— ասում ա ու գնում կորչում:

Մի քիչ հետո թագավորը գնում ա թագուհու մոտ, դուռը ծեծում ա:

— Էն ո՞վ ա,— ձեն ա տալիս թագուհին:

— Ես եմ, թագուհի ջան, դուռը բաց արա:

— Թագավոր, ի՞նչ եղավ քեզ, նոր չգնացի՞ր էստեղից:

Թագավորը գլխի ա ընկնում, որ միամիտ թագուհին խաբվել ա իրա շորերին, ու էդ բանի պատճառն էլ ինքն ա:

— Վա՜յ մեջքս կոտրեց, թագուհի,— ասում ա ու վեր ընկնում: Թագուհին դուռը բաց ա անում, տեսնում՝ թագավորի մեջքը կոտրել ա:

— Իմ անգին թագուհի,— ասում ա թագավորը,— քեզ անչափ սիրելուց երկրորդ անգամ եկա, դրա համար աստծու պատիժը մեջքս կոտրեց:

Թագուհին վրա ա ընկնում մարդին, արտասուք թափում, հավար ա կանչում: Պալատականները թագավորի համար բժիշկներ ու հայտնի գրբացներ, ամեն տեսակ դեղ ու դարման են անում, ամա թագավորի լավանալու ճար չի լինում:

Էն օրվանից անց ա կենում ինն ամիս, ինն օր, ինը սհաթ, ինը րոպե, թագուհին ծունկը գետնին ա տալիս, բերում ա երրորդ տղեն: Խաբարը տանում են հիվանդ թագավորին, աչքալիս են տալի թագուհու կողմից:

Էստեղ թագավորը գիր ա գրում թագուհուն, թե.

— Ես իմ երեք որդկերանքից մեկին զրկում եմ ժառանգությունից: Գրի տակին ձեռք ա քաշում, կնիքը խփում, ձեռները ծալում դոշին, ու աքերը զցում երկինք ու հոգին փչում:

Մինչև տղերանց հասնելը թագուհին ա երկիրը կառավարում : Ուշք ու միտքը զցում ա իրա երեք տղի վրա, որ մինը, մնից լավն են լինում, խելոք ու սիրուն: Համ էլ շատ ա միտք անում, թե ինչո՞ւ թագավորը տղերանցից մեկին զրկեց ժառանգությունից: Միտք ա անում, ամա գլխի չի ընկնում պատճառը:

Օրեր են էլի, գալիս, անց են կենում: Տղերքը մեծանում են, հասնում են զահին նստելուն, ամա օչով չի կարում իմանա, թե դրանցից ո՞ր մեկն ա զրկված ժառանգությունից: Թագուհին իմացած ա լինում, որ էն ֆլան երկրի թագավորը մի շատ խելոք, իմաստուն ու աստվածավախ մարդ ա: Երկրի բանիմաց մարդիքը խորհուրդ են տալի, որ տղերքը գնան էն թագավորի մոտ, բալքի նա մի բան գլխի ընկնի, մի ճամփա շանց տա:

Տղերքը գնում են, հասնում էդ թագավորի դուռը:

— Բարով, հազար բարին եք եկել,– ասում ա էն թագավորը,— ճամփա եք կտրել, բեզարել, սովել եք, էսօր դինջացեք, հաց կերեք, քնեք, առավոտը, որ աստծու լուսը բացվի, տեսնանք, թե ձեր դարդին ի՞նչ դարման կարվի:

Առավոտը տղերքը պատմում են թագավորին իրանց դարդը: Թագավորն էլ պատմում ա իրա աղջկան, որ նրանց հոր կտակի միտքը բաց անի:

Թագավորի աղջիկը, որ դուրս ա գալիս իրա օթախիցը, քողը վեր առնում, նրա երեսի շափաղիցը տղերքը աչքերը խուփ են անում՝ հենց իմանում են արեգակ ա դուրս եկել:

Թագավորի աղջիկն ասում ա.

— Ձեր ուզածը ես գիտեմ, հլա դեռ ինձ լսեք մի բան պատմեմ, հետո կմտածենք, թե ոնց անենք, որ դուզ ճամփեն գտնենք:

Մի օր մի քանի աղջիկ գնում են հանդը բոխ ու զոխ քաղելու: Դրանցից մինը մեկելներիցը ջոկվում ա, զոխ ու բոխ քաղելով շատ ա հեռանում, մին էլ մտիկ ա անում, տեսնում ա, որ մնացել ա մենակ ու էստեղ մի չոբան ոչխար ա արածացնում:

Չոբանը տեսնում ա էս սիրուն աղջկան, քեֆը գալիս ա, սիրտը ցնծում ա, բռնում ա էդ սիրունին, որ սիրի, աղջիկը աղաչում ա.

— Չոբան ախպեր,— ասում ա,— ուխտ ունեմ արած, որ անարատ մնամ, սուրբ սրտով իմ թագին ու պսակին արժանի լինեմ: Ես քեզ հաստատ խոսք եմ տալիս, որ իմ պսակի առաջին գիշերը, էլի էսպես մաքուր ու անարատ գամ քու մոտ:

Չոբանը էդ աղջկան հավատում ա ու բաց թողնում:

Ժամանակ ա անցնում: Էս աղջիկը պսակվում ա մի շատ լավ տղի հետ: Առաջին գիշերը, երբ սրանք մտնում են իրանց սենյակը, աղջիկը սիրտը բաց ա անում տղի առաջ, իր գլխի եկածը պատմում. — Ոտիդ ու գլխիդ մատաղ, իմ տեր, թագ ու պսակ, ես չոբանին հաստատ խոսք եմ տվել, ուզում չեմ խոսքս կոտրել: Բեր դու ինձ բաց թող, գնամ նրա մոտ: Թե ինձ սիրում ես, թողալ մի, որ ես խոսքս գետին գցեմ, չոբանի մոտ անազնիվ դուրս գամ:

— Գնա,— ասում ա մարդը,— որ դու աստատ խոսք ես տվել, չոբանն էլ քեզ հավատացել ա, քեզ բաց ա թողել, գնա քու ազնիվ խոսքը կատարի:

Ու անարատ բաց ա թողնում իր նորահարսին...

... Էստեղ թագավորի աղջիկը խոսքը կտրում ա ու դառնում մեծ ախպորը, հարցնում.

— Դրուստն ասա, թագավորի մեծ տղա, դու որ լինեիր էդ տղի տեղը քու նշանածին, քու նորահարսին, քողն էլ երեսին բաց կթողնեի՞ր:

— Իհարկե, բաց կթողնեի, որ չոբանը նրան հավատացել ա, նա էլ հաստատ խոսք ա տվել, էն նորափեսեն էդպես պիտի աներ:

Թագավորի աղջիկը լռում ա, հետո շարունակում.

— Էդ նորահարսը քողն երեսին, գնում ա հասնում չոբանի տուն, դուռը ծեծում. «Չոբան ախպեր,— ասում ա,—- ես իմ խոսքի տերն եմ, էս գիշեր պսակվեցի, իմ նշանածից իրավունք առա, անարատ եկել եմ քու մոտ, հիմի մնացել եմ քու խղճմտանքին, թե ուզում ես ինձ հոզեց-հոգի կորցնել, թե ուզում ես, որ իմ մարդը ամեն օր ինձ երեսծեծանք անի, թե ուզում ես, որ ես անբախտ լինեմ, ամեն օր աղի արտասունք թափեմ՝ կատարի քո կամքը:

Չոբանը զարմանում ա էդ նորահարսի ու իր նորափեսի ազնվության վրա, սիրտը փուլ ա գալիս, ասում ա,— դու իմ քույրն ես, իմ բերնի սրբությունն ու օրհնանքն ես, գնա, քու մուրազին հասի: Քու նշանածն էլ սրանից դենը իմ ախպերն ա: Իմ դուռը միշտ բաց կլինի ձեր առաջ...

... Էստեղ թագավորի աղջիկը իր պատմությունը կտրում ա ու դառնում միջնեկ ախպորը հարցնում.

— Դրուստն ասա, թագավորի միջնեկ տղա, դու որ լինեիր էն չոբանի տեղը, էն սիրուն նորահարսին, քողն երեսին, բաց կթողնեի՞ր:

— Իհարկե, բաց կթողնեի: Երբ որ նորահարսն ու փեսեն էնքան ազնիվ էին, որ մինն իրա հաստատ խոսքի տերն էր, մեկելն էլ իր նշանածի խոսքը չկոտրեց, ազնիվ չոբանն էլ իր մարդկությունը ցույց տվեց, ես հո քարսիրտ չեմ, որ բաց չթողնեի:

Թագավորի աղջիկը էլի սուս կացավ, հետո շարունակեց.

— Նորահարսը չոբանից որ հեռացավ, վազեց, ինչքան ուժ ուներ, որ թեզ հասնի իրա փեսին, էնա հասել էր քաղաքին, որ մի քանի լոթի տղերք նրա առաջը կտրեցին. «Հիմի որ իսկական քեֆ կանենք,— ասին,— որսը իրա ոտովն եկավ»: Ուզեցին տանեն խայտառակ անեն:

Նորահարսը, քողն երեսին, նրանց ոտներն ընկավ. «Ախպերտինք, ձեր ջանին դուրբան, ձեր ոտին մատաղ, թողեք մի երկու խոսք ասեմ ու հետո ինչ ուզում եք, արեք»: Ու նա պատմեց իր գլխին անց կացածը, ասեց. «Կամ ինձ էստեղ սաղ-սաղ թաղեցեք, կամ թողեք գնամ մուրազիս հասնեմ: Որիդ քիր չունեք՝ ինձ քիր հաշվեցեք, որիդ էլ ունեք, մեկն էլ ավելացրեք»:

Էդ լոթիքը խղճացին նորահարսին ու բաց թողին:

Էստեղ թագավորի աղջիկը իր պատմությունը կտրում ա ու պուճուր ախպորը հարցնում.

— Դրուստն ասա, թագավորի պուճուր տղա, դու՞ որ լինեիր էն տղերանց տեղը, էն սիրուն հարսնացուին բաց կթողնեի՞ր:

— Չէ, բաց չէի թողնի, ես զարմացել եմ էն նորափեսի վրա, որ սարսաղություն արավ, իր նորահարսին բաց թողուց կես գիշերին գնա չոբանի մոտը: Չոբանն էլ սարսաղություն արավ, իր ոտով եկած որսը ձեռից բաց թողեց: Էն լոթի քեֆ անող տղերքն էլ սարսաղություն արին, որ նրան բաց թողին: Ես էդ բանը չէի անի: Հլա մի ուզածս կանեի, հետո ինչ ուզում էր լիներ:

Թագավորի աղջիկը վեր ա կենում ու էդ տղին ասում.

— Ժառանգությունից զրկվածը հենց դու ես, որ կաս: Դու խառնակ արուն ունես, որ քեզ էդպես ա խոսացնել տալիս: Դու էն թագի տակ երդում կերած հորն ու մոր հալալ տղեն չես: Քու աշխարի զալում կամ հերդ ա խաբված, կամ մերդ, կամ թե չէ՝ երկուսը միասին: Հալբաթ թագավորին մի ուրիշը խաբել ա ու նրա անունով խաբել քո մորը: Հենց էդ ա թագավորի մեջքը կոտրել:

— Ապրես, աղջիկ ջան,— ասեց թագավորը,— շատ դրուստ ես գտել զրկվածին: Էստեղ վեր ա կենում թագավորի մեծ տղեն, էս թագավորի ձեռը պաչում ա, ասում.

— Տեր թագավոր, թե որ արժան կհամարես, խնդրում եմ քու աղջկա ձեռքն ինձ տաս:

Աղջիկն էլ տեսնելուն պես սիրահարվում ա մեծ ախպորը: Թագավորը իր ձեռքով նրանց հարսանիքն անում ա ու մեծ բաժինքով ու դուժինքով ճանապարհ դնում:

* * *

Նրանք հասան իրանց մուրազին, դուք էլ հասնեք ձեր մուրազին:

Երբ այս հեքիաթը վերջացրեց Աղասին, մենք արդեն ձորը բարձրացել էինք և հասել Օձուն գյուղը: Օրը լիսացավ, նրա հետ վերջացավ և մեր հեքիաթների առաջին գիշերը:

ՀՈՐ ՏՎԱԾ ԻՐԵՔ ԽՐԱՏԸ

Ժուկով ժամանակով մի մարդ ա լինում, ունենում ա մի մինուճար տղա: Էս մարդը կանչում ա աղին.

— Այ որդի,— ասում ա,— տեսնում ես՝ հրես մեռնում եմ: Քեզ ուզում եմ իր եք խրատ տամ: Որտեղ լինես,— ասում ա,— ինչ էլ որ անելիս լինես, հենց որ ժամի զանգակի ձենը լսես, ձեռիդ գործը թող, գնա ժամ, աստծուն աղոթք արա: Էս մեկ: Որ վարար ջուր հանդիպի,— ասում ա,— առանց փորձված ուղեկցողի անց չկենաս: Էս էլ երկու: Երրորդն էլ,— ասում ա,– գիշերով ճամփա չգնաս. որտեղ մթնեց, էնտեղ էլ վեր արի, կաց, մինչև լուսանա:

Ասում ա ու հոգին տալիս:

Ժամանակ ա անցնում: Էս տղեն միտք ա անում. գնա համ աշխարք տեսնի, համ էլ ապրանք բերի, առևտուր անի: Ընկերների հետ վեր ա կենում, ճամփա ընկնում: Գալիս են, հասնում քաղաք, իրանց առևտուրն անում, պրծնում, վերադարձին մի վարար ջրի են հանդիպում: Ուզում են թե տան, անց կենան էն ափը, տղեն չի թողնում, հոր խրատը միտն ա բերում, թե «վարար ջրի հանդիպելիս, առանց փորձված ուղեկցողի չանցնես»:

Մինը գալիս ա թե՝ ի՞նչ կա, տնաշեններ, որ էդքան վախենում եք: Ուզու՞մ եք, ես ջուրը մտնեմ, հետո դուք:

Ասում ա ու ախմախավարի ձին քշում, ջուրը մտնելն ու չքվելը մին

ա լինում: Իրան էլ, ձիուն էլ ջուրը քշում ա տանում: Դե, հիմի արի տես էն մեկլները ոնց են ուրախացել, որ տղի խոսքին ականջ արին՝ ջուրը չմտան, թե չէ պտի խեղդվեին: Նոր մի իմացող մարդ են գտնում, որ ջրի սաղրիկ տեղերն էնպես գիտեր, ինչպես իր հինգ մատը, դրանց անց ա կացնում ջրի էն ափը:

Մի վաճառական էդ տղի խելքն ու շնորհքը որ տեսավ, շատ հավանեց:

— Տղա,— հարցրեց,— ինձ ընկեր չե՞ս լինի:

— Խի՞ չեմ լինի,— ասեց,— համա հերս մեռնելիս ինձ խրատ ա տվել, թե դու էլ կընդունես դրանք...— ու պատմում ա հոր իր եք խրատը:

— Տնաշեն,— ասում ա վաճառականը,— բան գիտես, բան ասա, թե չէ ով չի ընդունի էդպես խելոք խրատները: Դե, որ ընկերացանք՝,— ասում ա,— դու վեր, վռազ գնա իմ քաղաքը, հրես քեզ էս նշանաբանը, կտանես,— ասում ա,— կտաս կնկանս, դուքանի բալանիքը կառնես, կգնաս պատրաստություն կտեսնես, որ ես գամ թե չէ մեր բանին կենանք:

— Շատ լավ,— ասում ա տղեն,— ձին նստում, ճամփա յա ընկնում: Հասնում ա տեղ,

— Ֆլան վաճառականի տունը ո՞րն ա:

— Հրես, էս ա,— ասում են:

Տղեն դուռը ծեծում ա: Վաճառականի կնիկը դուրս ա գալի, տեսնում մի շահել, սիրուն, բոյով բուսաթով տղա իրեն էնտեղ կանգնած: Կնիկը տղին տեսնելուն պես, խելքամաղ ա լինում:

— Ո՞ւմ ես ուզում,— հարցնում ա կնիկը:

— Ֆլան վաճառականի տունն էս ա:

— Հա, էս ա,— ասում ա կնիկը:— Ի՞նչ կա:

Տղեն նշանաբանը հանում ա ծոցիցը, տալիս կնկանը ու մին-մին ասում, թե ինքն ով ա, կամ ինչ բանի համար ա եկել: Կնիկը տղին ուրախ-ուրախ կանչում ա, տանում տուն.

— Այ դու բարով, հազար բարին ես եկել— ասում ա,— ամեն ճամփիդ վարդեր բուսնեն, ո՞նց ես, լա՞վ ես: Ախար ես մեռա քու ճամփեն պահելով, ինչի՞ էդքան ուշացար:

Տղեն մնում ա սառած՝ մտիկ անելով կնկա երեսին:

Ախպեր,— ասում ա,— ես ո՛վ, էս կնիկն ով, որ էդքան հարց ու փորձ ա անում, էդքան ուզում, խնդրում, ծիծաղում, ուրախանում ա, աշխարքով մին լինում:

Դե, հարամ կաթնակեր կնկա միտքը ծուռն էր էլի, համա խեղճ տղեն միամիտ էր, նրան էնպես էր մտիկ տալի, ոնց որ իրա հալալ քվորը:

Էհ, մի օր, երկու օր, երեք օր, էս կնիկը տեսավ որ չէ՛, սա իրա ասածը չի, հետը հակառակվեց: «Թող մի մարդս՝ գա, էն վախտը ես գիտեմ»:

Վաճառականը իր ժամանակին եկավ, տեսավ՝ դուքանը սիրուն

սարքին, կարգին, ուրախացավ, որ էս տեսակ շնորհքով տղա ա ընկել ձեռը: Ուրախ-ուրախ, էրկուսով իրանց բանին, իրանց առուտուրին կացան: Մի օր էլ վաճառականի կնիկը կպավ մարդի յախեն, թե՝

— Էդ տղին պտի կորցնես, որ նրա էրեսը էլ չտեսնեմ:

— Խի՞, այ կնիկ, քեզ ի՞նչ ա արել:

— Բա չե՞ս ասի,— ասեց,— էսպես, էսպես, էսպես բան, ուզում էր իմ հալալը հարամի:

— Կնիկ, ճի՞շտ ես ասում:

— Բա սո՞ւտ եմ ասում:

Մարդը էս որ չի լսում, քիչ ա մնում խելքը կորցնի: Ի՞նչ անի, ի՞նչ չանի: Սա իրանց տան մոտ մի փուռ էլ էր բանացնում: Գալիս ա փռնչու մոտ:

— Փռնչի,— ասում ա,— քեզ մի բան կասեմ՝ կանես:

— Աչքիս վրեն աղա շան, էրկուսն ասա:

— Էգուց առավոտը,— ասեց,— մնին կուղարկեմ քեզ մոտ, կգա կհարցնի, թե՝ «Աղես ասում էր՝ ինչ որ քեզ հրամայեցի, արեցի՞ր, թե չէ»: Էս որ կասի, էլ մտիկ չես տա, կբռնես ու դրան սաղ-սաղ կկոխես փուռը: Վարձը կստանաս:

Սա թե՝

— Լավ, աղա ջան, դու ուղարկի, նրանից դենը քու բանը չի, ես գիտեմ:

Իրիկունը վաճառականը տղին ասեց.

— Էգուց առավոտ վաղ կգնաս մեր փռնչու մոտ, դուռը կծեծես, կհարցնես. «Աղես ինչ որ հրամայել էր՝ արեցի՞ր, թե չէ»: Նոր կգնաս քու բանին:

— Լավ, կգնամ,— ասեց տղեն,— կհարցնեմ, ինչի՞ չեմ գնա:

Տղեն, բանից խաբար չէր, առավոտը թեզ վեր կացավ, գնաց փռնչու մոտ, որ վաճառականն ինչ ապսպրել էր՝ ասեր: Քարը վերցրեց, որ դուռը ծեծի, մին էլ լսեց. ծը՛նգ, զանգերը տվին: Հոր խրատը միտն ընկավ, քարը տեղնուտեղը ձեռիցը գցեց, ասեց՝ «գնամ ժամ, կենամ մինչև ժամը դուրս գա, էն վախտն էլ փուռը բաց կլինի, կգամ կասեմ»:

Լա՛վ: Վաճառականի կնիկը վեր կացավ, գնաց ժամ, մի քիչ աղոթք արեց (աղոթքը գլխին խռով կենա) չունքի մարդի միտքը գիտեր, վռազ ասեց. — գնամ մի փռնչուն հարցնեմ, տեսնեմ մարթիս ասածն արե՞լ ա, թե չէ:

Գնաց փռնչու դուռը ծեծեց:

— Էդ ո՞վ ա,— ձեն տվեց փռնչին:

— Ես եմ,— ասեց,— բա՛ց արա:

Փռնչին դուռը բաց արեց, տեսավ՝ իրա աղի կնիկը:

— Հը՞,— հարցրեց կնիկը,— աղեդ քեզ բան էր հրամայել, արեցի՞ր, թե չէ:

Փռնչին մտածեց՝ «Մի մուխանաթություն ա արել էս լիրբը, որ մարդ

ուզում ա դրան կորցնի»: Էլ ձեն ծպտուն չհանեց, վեր կացավ, կնկանը սաղ-սաղ կոխեց թեժ փուռը»: Ժամը դուրս ա գալի, պրծնում, տղեն գալիս ա փոնչու մոտ:

— Փոնչի,— ասում ա,— աղեդ ինչ որ ասել էր՝ արեցի՞ր, թե չէ:

— Հա,— ասում ա փոնչին,— արեցի:

Տղեն լուր ա տանում վաճառականին, թե՝ «փոնչին ասեց՝ ինչ որ հրամայել էր, արել եմ»:

Վաճառականը վազում ա փոնչու մոտ,

— Փոնչի,— ասում ա,— բա ու՞մն ես կոխել փուռը:

— Աղա ջան,— ասում ա փոնչին,— դու չասեցիր «Առավոտը վաղ ով գա մոտդ էսպես, էսպես, էսպես ասի՝ վեր կունես, կմտցնես, փուռը»: Կնիկդ եկավ, ոնց որ ասել էիր՝ էդպես հարցրեց, ես էլ վեր կալա մտցրի թեժ փուռը:

— Այ քո տունը քանդվի, ոնց որ դու իմ տունը քանդեցիր:

Շատ ա գլխին վայ տալի, լաց լինում, համա էլ ու՞ր, բանը բանից անց էր կացել:

— Այ տղա,— ասում ա վաճառականը,— դու արի դրուստն ասա քու ու կնկանս արանքը ի՞նչ ա անց կացել:

Տղեն առաջ չեմ ու չում արեց, համա տեսավ որ բանը ուրիշ ա, նստեց մեկ-մեկ պատմեց՝ էսպես, էսպես, էսպես բան, ոնց որ ես ձեզ պատմեցի:

— Լավ,— ասեց վաճառականը,— ես քեզ հավատում եմ,— ասաց,— համա սրանից դենը ինձ պետք չես: Գնա ախպեր:

Էհ, առավոտը լուսը բացվեց թե չէ (բարին բացվի ձեր վրա, ձեր որդկերանց վրա) տղեն վեր կացավ, ապրանքիցը ինչ որ իրան կհասներ, բարձել տվեց մշակներին, ընկավ ճամփա՝ ուղիղ դեպի իրանց գեղը:

Եկավ, եկավ, եկավ, շատն ու քիչը աստված գիտե, էնա հասնում էր գեղը, մութը գետինը կոխեց:

— Բեռները վեր դրեք,— ասեց տղեն,— վրան կխփենք, կմնանք մինչև լիսանա, նոր ճամփա կընկնենք:

— Տնաշեն,— ասին,— էստեղ ի՞նչ կա, որ կենանք, իրեն գեղն երևում ա:

— Չէ որ չէ,— ասեց տղեն,— հերս ասել ա, որ գիշերը ճամփա չգնամ: Բեռները վեր դրին, վրան խփեցին, կացան:

Գիշերվա մի վախտը տղեն վեր կացավ, մին էլ տեսավ՝ իրեն գեղիցը մի մարդ՝ լապտերը ձեռին, մի բան ուսին, գնում ա դեպի գերեզմանները: Ասեց, էդ մարդը տեսնենս էս ժամին ո՞ւր ա գնում:

Տեսավ՝ էդ մարդը հասավ գերեզմանները, մի քար բարձրացրեց, բահով տակը փորեց, ուսի բանը վեր դրեց, էնտեղ հորեց թողեց գնաց:

Տղեն տեսավ, որ մշակները խռմփալեն քնած են, սրանց թողեց քնած, լապտերը վառեց, հասավ գերեզմանները, էն մարդու պահածը հանեց, դրեց ուսին, բերեց վրանը: Բաց արեց՝ ինչ տեսնի:

Մի սիրուն, նախշուն հուրի-մալաք աղջիկ, վիրավոր, արնաշաղախ, խանչալն էլ կողքին դրած։ Ձեռը դրեց սրտին, տեսավ, բիը՛, սիրտը զցում ա։

Լույսը բացվեց թե չէ, տղեն էլ իրանց գեղը չմտավ, ճամփեն ծռեց, եկավ հասավ մի քաղաք։ Էստեղ տղեն իրա ապրանքները բոլորը ծախեց, փող շինեց, ինչքան հեքիմ կար քաղաքում, կանչեց, «Ինչ ուզեք կտամ,— ասեց,— մենակ թե էս աղջկան մի ճար անեք»։

Էս հեքիմներն էին՝ խելք խելքի տվին, էս դեղը տվին, էն դեղը տվին՝ հիվանդը լավացավ, է լավ ոնց որ մորից նոր ծնված։

Նոր էստեղ աղջիկը նստեց, պատմեց իր գլխով անց կացածը։

— Ես,— ասեց,— թագավորի աղջիկ եմ։ Հերս մի սառաֆ ուներ,— ասեց, — դրա տղի աչքն ընկել էր վրես, ուզում էր ինձ առնի՝ չուզեցի։ Էդ օրվանից սառաֆի տղեն հետս հակառակվեց։ Մի օր էլ ես իմ աղախիններով գնացել էի գեղիցը դուրս ման գալու։ Մին էլ տեսանք մի քանի ձիավոր են գալիս դեպի մեզ։ Մինը էն սառաֆի տղեն էր։ Աղախիններս փախան։ Ես մնացի մենակ։ Ձեռ ու ոտս կապեցին՝ տարան։ Ես ուշաթափ էլա մնացի։ Թե ո՞ւր տարան, ի՞նչ արին միտս չի, մենակ էս ա միտս, որ աչքս բաց արի, դու մոտս էիր։

— Բա որ էդպես ա,— ասեց տղեն,— իմաց կաց՝ էդ աստծու կամքն էր, որ քեզ գտնեի ու սաղացնեի,— էսօրվանից դու իմն ես, ես քոնը։

Գնաց էն բոպեին տերտեր բերեց, սրանք պսակվեցին՝ էլան մարդ ու կնիկ, նոր ճամփա ընկան դեպի իրանց քաղաքը։

Որ հասան իրանց քաղաքը, թաքուն ջոկ տուն վարձեցին, կացան։

Տղի ձեռի փողը հատավ, ի՞նչ անի, ո՞ւմ դուռը գնա, ու՞մ ձեռը դեմ անի։

— Այ մարդ,— ասեց թագավորի աղջիկը,— ձեռիդ փողը պրծել ա, դրա համա՞ր ես միտք անում։

Ձեռը տարավ մազերի միջիցը մի ակ հանեց, տվեց նրան։

— Առ,— ասեց,— էս ակը կտանես բազար, կտաս թագավորի սառաֆի տղին, ի՞նչ արժի,— կհարցնես։ Կասի՝ «Հազար երկու հարիր մանեթ»։— Բաս որ էդպես ա, կասես, վեց հարիր մանեթ տուր, էն վեց հարիրն էլ քեզ փեշքեշ։ Բան ա, որ սառաֆի տղեն քեզ դոնաղ կանչի, կգնաս, համա էնպես կանես, որ էգսի օրն էլ դու նրան բերես մեր տուն։ Իմացա՞ր։

Տղեն ակը ձեռն առավ գնաց բազար։ Դե, շոր-մոր փոխել էր, ուրիշ կերպարանք էր առել, որ ասես՝ մարդ էլա չճանաչեց նրան, թե ո՞վ ա, ո՞վ չի։ Եկավ դուզ թագավորի սառաֆի տղի մոտ։

— Էս ակն ի՞նչ արժի,— հարցրեց։

— Հազար երկու հարիր մանեթ։

— Բաս որ էդպես ա,— ասեց,— վեց հարիր մանեթ տու, վեց հարիրն էլ քեզ փեշքեշ։

Սառաֆի տղեն էն բոպեին ուրախ-ուրախ հանեց վեց հարիր մանեթը համրեց, ակը ձեռիցն առավ: Իրիկունը որ եկավ տուն, հորը թե՝ «բա չես ասի, այ հեր, էսպես, էսպես, էսպես, բան. հազար երկու հարիր մանեթանոց ակը վեց հարիրով առա:

— Այ որդի, — ասեց հերը,— բա խի չէիր էն տղին կանչում բերում տուն, որ լավ պատիվ տայինք, նոր ճամփու դնեինք: Էդ թավուրներից մարդ տեղն ընկած տեղը շատ խեր կտեսնի:

— Լավ, այ հեր,— ասեց,— որ մեկ էլ հանդիպի, կբերեմ: Ժամանակ ա անց կենում: Էս մեր տղեն գնում ա բազար, ոնց որ կնիկը պատվիրել էր, հանդիպում ա սառաֆի տղին:

— Այ բարով, հազար բարին,— ասում ա սառաֆի տղեն,— քեֆդ հալդ, ո՞նց ես, լա՞վ ես:

— Փառք իրա ողորմությունին,— ասում ա,— կանք էլի:

— Ինչ կլինի,— ասում ա սառաֆի տղեն,— արի էսօր գնանք մեր տուն դոնախ:

— Լավ,— ասում ա,— սառաֆի տղա, էսօր որ ես ձեր տուն գամ, խոսք տա՞լիս ես, էգուց էլ դու գաս մեր տունը:

— Խոսք եմ տալիս,— ասում ա սառաֆի տղեն:

— Որ էդպես ա, գնանք:

Գալիս են տուն: Սառաֆի տղեն սրան լավ պատիվ ա տալիս: Ուտում են, խմում, լավ լլվում, թրջվում, էնպես որ հալից ընկնում են: Տղեն գիշերը մնում ա էդտեղ, առավոտը վեր ա կենում:

— Սառաֆի տղա,— ասում ա,— հիմի ի՞նչ ես ասում: Գալի՞ս ես մեր տուն դոնադ՝ թե՞ չէ:

— Գալիս եմ, գնանք:

Գալիս են տուն: Թագավորի աղջիկը սառաֆի տղին տեսնելուն պես ճանաչում ա: Գնում ու տապ կենամ: Սրանք երկուսով են նստում: Տղեն ա սեղան բացում: Նստում են, ուտում, խմում, քեֆ անում, ջան ասում, ջան լսում մինչև կես գիշեր, գինովանում, հենց տեղնուտեղը թեք ընկնում, քնում: Դե հո գինովը, հո մեռելը մին ա, որ ոտիցը բռնես, քարշ տաս՝ չի իմանա:

Գիշերվա մի վախտ թագավորի աղջիկը վեր՝ ա կենում, էն իրա արնոտ խանչալը վեր ունում, գնում սառաֆի տղի գլխավերևը կանգնում: Խանչալը որ չի կոխում տղի սիրտը, սա հոգին տալիս ա:

— Այ կնիկ,— ասում ա մարդը,— էս ի՞նչ զուլում բերիր մեր գլուխը: Հիմի հո մենք հոգեց-հոգի կորանք:

— Ես հո վրեժս լուծեցի,— ասում ա կնիկը,— սրանից դենը ինչ ուզում ա լինի: Մի բանի միջի փաթաթի դրան,— ասում ա,— տար գերեզմանները, գտի էն քարը, որի տակ ինձ էին հորել, լավ քանդի, դրան էնտեղ հորի, ետ արի:

Մարդն էլ տեսնում ա, որ ճար կա, գնում ա, կնկա ասածի պես

անում, թաղում, գալիս տուն: Առավոտը երկու լավ ձի ա առնում, թուր ու ապպապ, մի ձեռք էլ տղամարդու շոր կնկա համար, աստծու անունը տալիս են, թռչում ձիերին, ճամփա ընկնում դեպի Ստամբուլ:

Գնում են, գնում, գնում, շատ ու քիչն աստված գիտե, գալիս են մի աղբրի մոտ վեր գալիս՝ մի քիչ հանգստանան, հաց-մաց ուտեն: Թագավորի աղջկա վրան հո հալ չէր մնացել, հոգնել էր, թլփել: Գլուխը դրեց տղի ծնկանը, ասեց. «Մի քիչ էլա աչքս կպցնեմ, հանգստանամ»:

Տղեն տեսավ որ աղջիկը քնեց, ինքն էլ իրա դարդի հետ ընկավ:

— Հրես,— ասեց,— ձեռիս փողը պրծնում ա: Սրանից դենը ի՞նչ պիտի անենք: Կնիկս էն անգամ որ մի ակ տվեց տանեմ խարշեմ, իրա մազերի միջից հանեց, բալքի նրանից էլի կա:

Ուսուլով ձեռը տարավ մազերը: Մին էլ ի՛նչ տեսնի՝ մը կարմիր մահուդի կտորի վրեն յոթ-ութ ակ կա շարած: Մահուդի կտորը որ չդրեց արևին՝ շողշողաց, ֆրֆրահար եկավ:

Որտեղից որտեղ մի անտեր ագռավ վեր եկավ, երևի կարծեց թե միս ա, մահուդի կտորը կտցեց՝ թռավ: Տղեն ընկավ հետևիցը, բայց էլ ո՞ւր, տարավ ու տարավ: Շատ գլխին վայ տվեց, վերջն ասեց՝ ի՞նչ երեսով կնկանս երևամ: Կորչեմ գնամ, աշխատանք անեմ, փող շինեմ, գնամ Ստամբուլ, էնտեղ իրար կգտնենք:

Կնկանը թողնում ա խոր քնի մեջ, ձին թամբում, ճամփա ընկնում:

Գնաց, գնաց, գնաց, շատ ու քիչն աստված գիտի, դուրս եկավ մի քաղաք, էստեղ ձին, ապպապները ծախեց, փող շինեց, մի որոշ ժամանակ յոլա գնաց: Վերջը, ճարը կտրած, եկավ մի հարուստ մարդի այգեպան դարձավ:

Մի քանի տարի աշխատեց, մի քիչ փող շինեց, ասեց՝ գնամ աշխարի-աշխարի ման գամ, կնկանս գտնեմ:

Էս հարուստը բերեց սրա վարձը տվեց, ճամփու դրեց: Տղեն նոր էր ոտը շեմիցը դուրս դրել՝

— Այ տղա,— ձեն տվեց աղեն,— մտիցս ընկել էր, էն չոր բարդին մի գնա կտրի, ցախ արա, հետո գնում ես, գնա, աստված քեզ հետ:

— Աչքիս վրա, աղա:

Էն սհաթը ետ դառավ, չորացած բարդին կտրեց, կոտորեց, ուզում էր ծառի խուրդուխուշը կիտի, տեսավ ի՛նչ, ըհը՛, ագռավի տարած մահուդի կտորը՝ ակները վրեն: Դու մի ասի, որտեղից որտեղ, էն ագռավը մահուդի կտորը բերել ա բարդու ծերին, իրա բույնը:

— Փառքդ շատ լինի, աստվա՛ծ,— ասում ա տղեն,— հիմի պարզերես կգնամ կնկանս գտնեմ:

Սուրբ ծեգի հետ վեր ա կենում, ճամփա ընկնում Ստամբուլ:

Սրան թողենք գնա, գանք խաբար տանք ումի՞ց, խաբար տանք թագավորի աղջկանից:

Թագավորի աղջիկն ա՝ որ մի վախտ աչքը բաց ա անում, տեսնում ա

որ ոչ մարդը կա, ոչ նրա ձին, ձեռը տանում ա մազերին, տեսնում՝ խճճված ա ու ակներն էլ միջին չեն:

— Հե՜յ գիտի մարդ,— ասում ա,— քնած ժամանակս ակները հանել ա՝ փախել, յա թե չէ, մի ուրիշ բան կա էստեղ, ուր որ ա կգա:

Էնքան կենում ա, որ մութը կոխում ա, տեսնում ա մարդն էլ չեկավ, վեր ա կենում դառն ու տխուր ձին նստում, ճամփա ընկնում:

Գալիս ա, գալիս, շատն ու քիչը ստված գիտի, հասնում ա Ստամբուլ: Ձեռին շատից քչից փող ա մնացած լինում, բերում ա էստեղ մի փուռ ա բաց անում, հաց ծախում, մի հատ էլ ղարիբանոց ա շինել տալիս, որ ղարիբ մարդ լինի, գա էստեղ սթրվի: Էս մեր այգեպանն էլ, որ մի քանի տարի հետո հասնում ա Ստամբուլ, սրան նրան հարցնում ա, թե էսպես էժան քարվանսարա-բան չե՞ք իմանում, գնամ վեր գամ: Թե՝

— Հրենիկ, ֆլան տեղը:

Այգեպանը գալիս ա, ղարիբանոցը գտնում:

— Ղարիբ անճար եմ,— ասում ա,— չի՞ լինի մի տեղ տաք սթար անեմ: Բերում են սրան տեղ տալի:

Թագավորի աղջիկը տղին տեսնելուն պես,

մատը կծում ա, համա ճանաչություն չի տալիս՝ «Տենամ — ասում ա,— սրա վերջն ի՞նչ ա լինում»: Տղեն հո, որ ասես չի ճանաչում կնկանը: Դե փոնչի ա, էլի:

Սրանց թողանք էստեղ, գանք խաբարն ումի՞ց տանք՝ խաբարը տանք սրանց երկրի թագավորիցն ու նրա սառաֆիցը:

Դե սրանց գլխովն էլ, չէ՛, անցկացավ էսպես, մի տարի, երկու տարի, իրեք տարի, մախլաս հինգ տարի: Թագավորը որ շատ դես ընկավ, դեն ընկավ, աղջկան չկարաց գտնի, օրեն մի օր կանչեց սառաֆին՝

— Ախպեր,— ասեց,— իմ աղջիկն ա ոտով-գլխով կորել, քու էլ տղեն, կա չկա, էստեղ մի բան կա: Արի,— ասեց,— շորներս փոխենք, գնանք աշխարհ-աշխարհ ման գանք, մեր էրեխանցը բալքի գտնենք բերենք:

— Լավ,— թագավորն ապրած կենա,— գնանք:

Շորները փոխում, ընկնում են ճամփա: Գլխներդ ի՞նչ ցավացնեմ, վերջը հասնում են Ստամբուլ ու հարց ու փորձով ընկնում էլ ետ էն ղարիբանոցը:

Աղջիկը իրան ճանաչելուն չի տալիս, թագավորն ու սառաֆն էլ դե, ախար ո՞րտեղից, ում մտքով կանցնի՝ թագավորի աղջիկը գա, հասնի Ստամբուլ, դառնա փոնչի, ղարիբանոց բաց անի...

Անց կացավ մի քանի օր, փոնչին թագավորին, սառաֆին ու այգեպանին (իր մարդուն) կանչեց դոնախ:

— Ի՞նչ մարդ եք,— հարցրեց,— ի՞նչ բանի համար եք եկել էս կողմերը: Թագավորն ու սառաֆը պատասխան չտվին, մնացին իրար էրեսի մտիկ անելիս: Համա այգեպանը վեր կացավ, մին-մին իրա գլխովն անց կացածը պատմեց, ոնց որ ես ձեզ պատմեցի: Հիմի,— ասեց, — երկրե-երկիր եմ ընկել, իմ կնկա հավարին եմ ման գալիս:

— Տղա,— ասեց թագավորը,— էն թագավորը հենց ես եմ որ կամ: Բաս որ էդպես ա,— ասեց,— հախ ու նիախ, իմ աղջիկը ես քեզանից կուզեմ, էլի դու խաբար կլինես նրանից:

— Ես էլ թագավորի սառաֆն եմ,— ասեց սառաֆը,— ես էլ իմ տղեն կուզեմ քեղանից:

Նոր էստեղ փոնչին (թագավորի աղջիկը) մեջ ընկավ:

— Թագավորի սառաֆ,— ասեց,— տղիդ ինչ արել են,— ասեց,— տեղն ա, խի՞ էր ուզում թագավորի աղջկան սպանի, որ վերջն էլ էդ բանը իրա գլուխը գար: Էդ աստծու հալալ դատաստանն ա,— ասաց,— էլ խոսք չունես:

Հետո դառավ թագավորին, թե՝

— Թագավորն ապրած կենա,— ասաց,— դու քու աղջիկն ես ուզում՝ կաց՝ գնամ բերեմ:

Գնաց փոնչու շորերը հանեց, աղջկա շորեր հագավ, գլուխը շինեց, կոկեց, զուգվեց, զարդարվեց՝ եկավ էդտեղ կանգնեց:

Աղջկան տեսնելուն պես թագավորը մի կողմից, տղեն մյուս կողմից վազեցին, փաթաթվեցին վզովը, ուրախությունից լաց ելան, խոսք չէր գալի բերանները, որ խոսեին:

Նոր նստեցին էստեղ, քեֆ, ուրախություն, մինչև լուսաբաց կերան, խմեցին, ջան ասեցին, ջան լսեցին, հին դարմանը քամուն տվին:

Սրանից դենը մի քանի օր էլ կացան էստեղ, նոր չորսով ընկան ճամփա դեպի իրանց երկիրը:

Որ հասան իրանց երկիրը, թագավորը բերեց իրա աղջկանը նորից պսակեց, յոթն օր, յոթ գիշեր հարսանիք արին: Էլ ի՜նչ քեֆ, ի՜նչ ուրախություն, ի՜նչ դափ ու զուռնա, որ էլ հալ չմնաց:

Նրանք հասան իրանց մուրազին, դուք էլ հասնեք ձեր մուրազին:

ՉԽՈՍԿԱՆ ԱՂՋԿԱ ՀԵՔԻԱԹԸ

Ժամանակով մի թագավոր ա լինում, ունենում ա մինուճար մի տղա: Էս տղի տարիքը հասնում ա, թամամում, համա ինչ աղջիկ որ ջոկում են սրա համար, չի ուզում պսակվի հետը:

— Թագավորն ապրած կենա,— ասում ա հորը,— ես լսած կամ, որ էն ֆլան երկրումը, էն ֆլան թագավորը մի չխոսկան աղջիկ ունի: Ով որ կարենա խոսացնի նրան, մարդու կգնա, թե հո չէ, գլուխը կտրիլ ա տալիս: Պետք ա գնամ,— ասում ա,— իմ բախտը փորձեմ:

— Այ որդի,— ասում ա թագավորը,— աշխարքի աղջիկը կտրվել ա՞, որ դու գնում ես սարեսար-չոլեչոլ ընկնես, թե ինչ ա մի չխոսկան աղջիկ ես խոսացնում, որ նոր նրան կնիկ առնես: Անշառ գլուխդ շառի մեջ մի գցի,— ասում ա,— ձեռ քաշիր դրանից:

— Չէ, որ չէ,— ասում ա որդին: — Որ ասել եմ, պետք ա անեմ: Ես իմ թքածը լիզողը չեմ:

Թագավորը տեսնում ա ճար չկա, ուրդու ճակատը պաչում, ճամփու ա դնում:

Առավոտ լույսը որ բացվում ա, բարին բացվի ձեր վրա, ձեր որդկերանց վրա,— էս թագավորի տղեն ձին նստում ա, ճամփա ընկնում դեպի չխոսկան աղջկա երկիրը: Դե, աստված նրան բարի ճամփա տա, թող գնա:

Գնում ա, գնում, գնում, շատ ու քիչը աստված ա իմանում, գնում ա ցերեկով, գնում ա գիշերով, մի օր, երկու օր, իրեք օր, մի շաբաթ, երկու շաբաթ, մախլաս, մի ամիս, երեք ամիս,— հասնում ա էն երկիրը, մի ախպրի մոտ վեր ա գալիս, տեսնում, իրես իրեք հատ սիրուն աղջիկ եկան:

— Ախպեր ջան, դու ո՞ր թագավորի տղեն ես,— հարցնում են:

— Թե՝ Արնշատ թագավորի տղեն եմ:

— Բա ո՞ւր ես գնում, աստված հաջողա:

— Թե՝ եկել եմ ձեր թագավորի աղջկան խոսացնեմ, առնեմ ինձ կնիկ:

— Մենք որ կանք,– ասում են աղջիկները, — էդ թագավորի աղջկա աղախիններն ենք: Մենք քեզ կտանենք նրա մոտ, համա մինչև էդ, քեզ հետ նարդի պիտի խաղանք, ով որ տանուլ տա,— ունեցածը տա:

— Լավ, ի՜նչ եմ ասել, դե բերեք խաղանք:

Նարդին բերին դրին առաջները, տղեն ձիու ճիպոտը դրեց կողքը:

— Դե զցեցինք— ասեց: Գցեցին, տղեն մնին տարավ:

— Աղջկերք,— ասեց,— էս մի՞ն:

— Մին:

Մեկ էլ խաղաց, էլի տարավ: Ասեց.— իմացա՞ք, աղջկերք, էս էլ երկուսիդ տարա:

Մինը մնին թե.

— Տնավեր, տարավ, խայտառակ կլինենք, փեշդ մի քիչ ետ քաշիր, թող աչքը զցի, բալքի տարվի:

Աղջիկը որ փեշը ետ քաշեց խաղալու վախտը, տղեն ձիու ճիպոտով տվուց դրա ուտին, թե.

— Տո լաչառ, էս խաղ ա՞, թե լրբություն ա:

Սրան էլ տարավ:

— Դե, որ էդպես էլավ,— ասին աղջկերքը,— մեզ տարար։ Մեր ունեցածը քո ինչի՞ն ա պետք, լավն էն ա, ամեն մինս մի առակ ասենք, որ բալի չխոսկանին խոսացնենք, քեզ կնիկ առնես։ Դե վեր, գնանք։

էկան թագավորի մոտ, տղեն թե՝

— Թագավորն ապրած կենա, եկել եմ աղջկանդ խոսացնեմ՝ ինձ կնիկ առնեմ։

—- Այ, որդի,— ասեց թագավորը,— էնքանն եկան, ի՞նչ շահեցին, որ դու ինչ շահես։ Էս աղջիկս՝ աստծու պատիժ ա իմ գլխին։ Ոչ մարդ ա հավանում, ոչ մեկի հետ խոսում, ոչ էլ ուզում ա պսակվի։ Ով էլ գալիս ա, իրեք հետ, իրար վրա պետք ա խոսացնի, թե հո չէ՝ գլուխը կարիլ ա տալիս։ Մեղք ես, ձեռ քաշի դրանից։

Տղեն թե՝

— Թագավորն ապրած կենա, ճակատի վրա գրածը մարդի ձեռով չի ջնջվի։ Թե գլուխս կտրվելու ա՝ թող կտրվի։ Իմ արինը հո մեկելներիցը կարմիր չի՞։

— Դե, մեղքը քու վիզը,— ասեց թագավորը, գնաց վերև, թախտին նստեց տասներկու սինողապետների հետ, ասեց.

— Կանչեք իմ չխոսկան աղջկան։

Աղջիկը տուն մտավ իրա իրեք աղախինների հետ։ Ի՜նչ աղջիկ, էնքան սիրուն, էնքան նախշուն, որ չուտես, չխմես, չհազնես, չմաշես հենց նրա շենք ու շնորհքին թամաշ անես, մի խոսքով՝ արեգակի կտոր, մի հրեշտակ, մի մարալ, մի ջեյրան, մի հուրի-մալաք, որ արևին ասում ա՝ դուրս մի արի, ես դուրս եմ եկել։ Էնքան սիրուն էր։

Տղեն սրան որ չի տեսնում, խելքամաղ ա լինում։

— Բարով քեզ, ասում ա, թագավորի աղջիկ։

Աղջիկը ձեն չի հանում։ Ուրիշ մի մարդ էլ ա չի խոսում։

— Թագավորն ապրած կենա,— ասում ա տղեն,— ես Արևշատ թագավորի տղես, հրես եկել հասել եմ ձեր երկիրը։ Որ ետ դառնամ, տուն գնամ, հերս հարցնի թե՝ ի՞նչ լսեցիր, ես իմ հորը ի՞նչ պատասխան տամ։ Գոնե մի առակ ասող լինի, լսեմ։

— Ջահել թագավորի որդի,— ասեց աղախիններից մինը,— համբերի, ես մի շատ լավ առակ ասեմ, դու ականջ դիր։

Թե՝ ասա։

— Ժամանակով,— ասեց աղախինը,— իրեք ընկեր են լինում։ Մինը արազավազի աշակերտ, մինը՝ բժշկի, մինն էլ՝ աստղագետի։ Դու հիմի արի տես, որ իրեքն էլ մի աղջկա են ուզում, համա դեռ իրեք տարի էլ ունեն ծառայելու սովորելու։

Օրերի մի օրը, իրեք ընկերը եկան իրար մոտ, աստղագետի աշակերտն ասեց.

— Տղերք, իրիկվա աստղի ճառագայթելու ժամանակն ա, տեսնամ մեր ուզած աղջիկը ի՞նչ հալի ա։

Տեսավ ու.

— Օ՜ֆ, օ՜ֆ, ասեց,— տղերք, շատ ծանր հիվանդ ա, հազար ափսոս, ի՜նչ աղջիկ էր...

— Ա՜խ,— ասեց բժշկի աշակերտը,— ես դրա դեղը գիտեմ, հասցնող լիներ՝ անտեղի չէր մեռնի:

Արագավազը ասավ.

— Տուր, ես կհասցնեմ:

Առավոտը շուտ վեր կացավ, դեղը հասցրուց աղջկան, աղջիկը դեղը խմեց թե չէ, տեղն ու տեղը լավացավ, ոտի կանգնեց, ոնց որ մորեն մեկ:

Աղջկա հերը ուրախացավ, ելավ աշխարհով մեկ, եդնա դառավ էն տղերանցը թե՝

— Էս աղջիկս ո՞րիդ տամ. հո իրեքիդ տվողը չե՞մ:

Հիմի արագավազն ասում ա.

— Իմն ա էդ աղջիկը, ես եմ դեղ բերել, լավացրել: Բժշկի աշակերտն ասում ա.

— Իմն ա, ես եմ դեղը տվել, որ չտայի ո՞նց կլավանար էդ աղջիկը:

Աստղագետն էլ թե.

— Իմն ա, ես որ չիմանայի, թե հիվանդ ա, դուք ի՞նչ կարայիք անել: Խառնվեցին իրար, ղալմաղալն ընկավ սինոդականների մեջ՝ մինն ասեց՝ արագավազինն ա, մինն ասեց բժշկինն ա, մինն ասեց աստղագետինն ա:

Էստեղ չխոսկան աղջիկը էլ չդիմացավ, էնտեղից ձեն տվեց.

— Իմ հոր հացը ձեր պնչերքովը թափի, որ կարում չեք մի աղջիկ մարդու տալ: Էդ ի՞նչ ա, որ դուք էդքան քրքրում եք: Աղջիկն արագավազին կհասնի: Բաղդատ էլ մի երնելի բժիշկ կա քանի՞ կոպեկ արժի, որ իմ հիվանդն էստեղ մեռնում ա:

— Դե՜ որ աղջիկն արագավազին կհասնի,— ասում ա թագավորը,— դու էլ էս ջահել թագավորի տղին կհասնես, որ քեզ խոսացրեց:

Չխոսկան աղշիկը հո էնա ուզում էր իրան կտրատի, համա էլ ո՞ւր. խոսքը բերնիցը թռցրել էր: Ասեց՝ «Էս տղեն ինձ դեռ երկու հետ էլ պիտի խոսացնի, որ մեռնեմ էլ չեմ խոսալու»:

Մի վախտ էլ անց կացավ: Որ ասես, մեկն է լա ձեն-ծպտուն չհանեց:

Տղեն էլ եդ թե.

— Թագավորն ապրած կենա, բա ես ի՞նչ պատասխան տամ հորս, թե ի՞նչ լավ բան լսեցի ձեր երկրումը:

— Թագավորի տղա,— ձեն տվեց էն մեկել աղախինը,— համբերի, մի առակ էլ ես ասեմ:

Թե՝ ասա:

— Ժամանակով,— ասեց աղախինը, — երկու ախպեր շատ իրար սիրում էին, էնպես, որ մի րոպե մինը մնին չտեսներ՝ սիրտը կպատռեր: Մեծը պսակված էր, պուճուրը ազապ էր: Մի օր աներն եկավ, թե.

— Խնամի, էրեխանցը, իմ աղջկան, իմ փեսին իրեք օր ժամանակով տուր, տանեմ մեր տուն, զանքանչը տեսնի, մխիթարվի, էլ եդ բերեմ ձեր տուն:

Վեր կալավ աղջկան, փեսին, թոռներին՝ տարավ: Ամա, իրեք օրը քաշեց տասն օր եկան ոչ:

Ազապ ախպերն ասեց,

— Կամ ախպորս ա բան պատահել, կամ ախպորս էրեխեքին, գնամ տեսնեմ՝ ի՞նչ ա էլել:

Ձին նստեց գնաց: Ճամփին մի խոնարհված եկեղեցի կար:

— Ով սուրբ եկեղեցի,— ասեց,— գնամ տեսնամ իմ ախպերը, իմ հարսը, իմ ախպոր էրեխեքը ողջ-առողջ են, ես գամ էստեղ մատաղ լինեմ:

Մի քիչ էլ գնաց, տեսավ խնամին, ախպերը, հարսը, էրեխերքը, ողջ-առողջ գալիս են: Փաթաթվեցին իրար, ասեց՝

— Ա՛յ տնաշեն, ի՞նչ էլավ քեզ, ախր մեր սիրտը պատռվեց:

Վեր կացան եկան հասան էն խոնարհված եկեղեցուն: Պուճուր ախպերը թե.

— Հարսի ջան, ձիս բռնի: Ես մի մտնեմ եկեղեցին, աղոթք անեմ ու գամ:

Գնաց, թուրը զցեց, իրա գլուխը կտրեց:

Մեծ ախպերն ասեց.

— Այ կնիկ, մի ձիս բունի, տեսնամ էն տղեն ի՞նչ էլավ:

Մտավ եկեղեցին, ի՜նչ տեսնի, ախպերն իրա գլուխը մատաղ ա արել:

— Բահ,— ասեց,— իմ ազիզ ախպերը ինձ համար, իմ էրեխանց համար մատաղ էլավ: Երանի գնացած չլինեի, օ՜ֆ, օ՜ֆ,— տվեց իրա վիզն էլ կտրեց:

— Այ հեր,— ասեց հարսը,—– մի էս ձիանը բռնի, տեսնամ էդ տղերքն ի նչ էլան, մտնողը էլ դուրս չի գալիս:

Հարսը մտավ եկեղեցին, ի՛նչ տեսնի՝ մարդու էլ, տեգոր էլ վիզը կտրված ա, ամա չի իմանում ո՞ր գլուխը ո՞ր մարմինն ա, տեգոր գլուխը դրեց մարդու գլխի տեղը, մարդու գլուխը՝ տեգոր գլխի տեղը: Աղոթք արեց, աստծանից խնդրեց, դե որ աստծանից խնդրեց, տեղն ու տեղը երկուսն էլ սաղացան, դիք կանգնեցին: Հիմի տեգրն ասում ա՝ էս իմ կնիկն ա, մարդն ասում ա՝ ի՛մ կնիկն ա, ջանմ:

— Թագավորն ապրած կենա,— հարցնում ա աղախինը,— էս կնիկը ո՞ւմ պետք ա հասնի:

Որ ղալմաղալն ընկավ սինոդականների մեջը, էստեղ թագավորի աղջիկն էլի չկարացավ իրան պահի:

— Դե էսա տրաքվեցի, հա՛,— ասաց,— դուք ի՛նչ սինոդականներ եք,— ասեց, որ կարում չեք մի կնիկ տեղավորեք: Էդ կնիկը կհասնի գլխին, այ անխելքներ, չէ որ գլխի հետ ա պսակվել:

— Թե որ նա կհասնի գլխին,— ասեց թագավորը,— դու էլ կհասնես քեզ խոսացնող տղին:

Աղջիկը ուշը հավաքեց, տեսավ որ խոսք են քաշել բերնիցը, ոտները գետնովը տվեց, մտքումն ասեց, «թե մեկ էլ բերանս բաց անեմ՝ ես ինձ կսպանեմ»:

Ամենքը սուս ու փուս նստած էին, ասես պապանձված լինեին: Էստեղ թագավորի տղեն նորից ասեց.

— Թագավորն ապրած կենա, ես խնդրում եմ, որ մի լավ առակ ասող լինի, ես ականջ դնեմ:

— Անհամբեր թագավորի տղա, համբերի,— ձեն տվեց երրորդ աղախինը,— ես մի առակ ասեմ, դու լսի, տես ինչ լավն ա:

— Լինում ա՝ չի լինում մի խառատ, մի դերձակ, մեկ էլ մի տերտեր: Սրանք ախպեր են դառնում, գնում են ղարիբություն՝ աշխատանքի: Գնում են, գնում, շատն ու քիչը աստված գիտի, մի մեշի ծայրին մութը վրա յա տալիս, էստեղ վեր են գալիս, որ գիշերը մնան, առավոտը էլի գնան իրանց ճամփեն: Ասում են՝ «Եկեք գիշերը հերթով պահակություն անենք, որ մեզ հարամի բան չմոտենա»:

— Ուզո՞ւմ եք,— ասում ա խառատը,— հենց իրիկնեց ես պահակություն կանեմ, հետո դերձակին կարթնացնեմ, ես կքնեմ, լուսաղեմին նա էլ թող տերտերին վերկացնի:

Ամենքն էլ համաձայնում են, ու առաջ խառատն ա պահակություն անում:

Սա ցախ ու մախ ա հավաքում կրակ անում, չունքի շատ ցուրտ էր: Ուրագը գոտիկն ա խրում, մտնում մեշեն փետ կտրում, բերում էնպիսի մի փետե խսան շինում, որ գիշերը տեսնողը կասեր՝ «էն ի՞նչ մարդ ա էնտեղ կանգնած», էնքան մարդի նման էր:

Էսպես շինում ա, դիք կանգնացնում, ինքը պառկում, դերձակի կողքը բոթում.

— Դերձակ ախպեր, վեր կաց, քու հերթն ա,— ասում ա՝ ինքը քնում: Դերձակը վեր ա կենում, տեսնում ա՝ ի՜նչ, մի մարդ էնտեղ դիք կանգնած ա,— ասում ա, «կարող ա գող լինի», էլ ձեն-ծպտուն չի հանում, կամաց-կամաց մոտանում ա, թուրը քաշում՝ տալի վեր զցում, նոր տեսնում ա, որ փետից ա՝ «էս խառատի սատանությունն ա, բա ես չկարենա՞մ,— ասում ա,— խառատի գլխին մի օյին բերեմ»:

Բերում ա հենց էդտեղ, մի ձեռք լավ շոր կարում, փետե մարդուն հագցնում, հետո պառկում, տերտերին բոթում.

— Տերտեր, տերտեր, Վեր կաց քու հերթն ա, մի քիչ էլ ես աչքս կպցնեմ: Տերտերը վեր ա կենում, տեհնում ի՜նչ, մի մարդ էնտեղ կանգնած՝ թուքը-մուքը կպչում ա.

— Ո՞վ ես, ո՞վ ես, ո՞վ ես — պատասխան չկա: Տանում ա բերում, որ չի տալիս՝ սա երեսարքի վրա փռկվում ա, վեր ընկնում: Նոր հասկանում ա, որ դա խառատի ու դերձակի սատանությունն ա:

— Այ, հարա՜յ,— ասում ա,— նրանք էնքան էլան՝ էս թավուր իսան շինեցին, բա ես, սուրբ տերտեր, չկարենա՞մ սրան հոգի տամ:— էնքան աղոթք ա անում, որ աստված լսում ա նրա ձենը, տեղնուտեղը էդ փետի մարդին հոգի ա տալիս: Ամա աստված շշկլվում ա, աղջիկ ա դարձնում:

Դու արի տես հիմի, էս իրեքով իրար հետ վիճում են։

Խառատն ասում ա՝ «էս աղջիկը ինձ կհասնի, չունքի ես փետից շինեցի»։ Դերձակն ասում ա՝ «Չէ՛, ինձ կհասնի, ես որ՝ շոր չէի կարել, հիմի ցրտիցը դիք չորացել էր»։ Տերտերն էլ ասում ա՝ «Հազիր ինձ կհասնի, ես որ աղոթք չէի արել, նրան ո՞վ հոգի կտար»։

— Թագավորն ապրած կենա,— հարցնում ա աղախինը,— հիմի էս աղջիկը ո՞րին կհասնի։

Էլի ղալմաղալը ընկավ սինոդականների մեջը՝ չկարացին տեղավորեն էն աղջկան։

— Հալբաթ որ՝ խառատին, նա յա փետից մարդ շինել։

— Չէ որ չէ, դերձակի՛ն, նա չա շոր հազցրել տաքացրել։ Չխոսկան աղջկա սիրտը էլ չի դիմանում, ձեն ա տալիս

— Տո, ձեր դատաստանը քանդվի, ո՞րդիան նրանց կհասնի։ Տերտերը, որ չլիներ, փետի կտորին ո՞վ հոգի կտար. հազիր տերտերին կհասնի։

— Դե, որ նա տերտերին կհասնի,— ասում ա թագավորը, դու էլ էս տղին կհասնես։ Այ տղա, նշանդ տուր։

Տղեն, էստեղ մատանիքը հանում ա, դնում աղջկա մատին։ Հետո, ականջին ասում՝ «Տեսա՞ր, ո՞նց խոսացրի քեզ»։

Աղջիկը թե՝ «Միամի՛տ, դու ինձ որ դուր չէիր էկել ձենս չէիր լսի։ Լավ իմացի՝ կամակոր կնկան հեչ մարդ չի կարա կոտրի»։

Նոր էստեղ հարսանիք են անում, նրանց պսակում։

Նրանք հասան իրանց մուրազին, դուք էլ, թե որ կարոտ եք, հասնեք ձեր մուրազին։

ՉՈՒԹՉԻ

Լինում ա չի լինում մի թագավոր, սրան ունենում ա մի աղջիկ։ Օրվա մի օր մի ձկնորս իրեք լավ ձուկ ա բռնում, տանում թագավորին փեշքեշ։ Թագավորն էլ վեր ա ունում, տալի նազրին՝

— Առ,— ասում ա,— էս ձկները տար տուր աղջկանս, զաթի քեֆը տեղը չի, բալի սիրտն ուզում ա, թող խաշիլ տա ուտի։

Էս նազիրն ա՝ ձեները դնում ա մի էրծաթի սին ու մեջ, տանում ա տալի թագավորի աղջկան։

Աղջիկը որ տեսնում ա, հարցնում ա.

— Էդ ձկները է՞գ են, թե որձ:

— Թագավորի աղջիկն ապրած կենա, որձ են,— ասում ա նազիրը:

— Դեն տարեք, կորցրեք,— ասում ա աղջիկը,— չե՞ք իմանում, որ ես իսկի որձեղենի էրես չեմ ուզում տեսնեմ, ուր մնաց ուտեմ:

Ձկները էս խոսքը որ լսում են, վեր են կենում, պոչների վրեն կանգնում, ծիծաղում, էլ ետ շրմփալեն վեր ընկնում:

Թագավորին էս խաբարը որ տանում են, սրա բերանը մնում ա բաց՝

— Ոնց լինի, — ասում ա,— պիտի իմանամ էս ի՞նչ բան ա, էդ ձկները ինչի՞ էին ծիծաղում:

Թագավորի աղջիկը, որ տեսնում ա ձկների ծիծաղելը, կանչում ա նազիրին.

— Կգնաս, — ասում ա,— մեր աշխարհը ման կգաս, կհարցնես, որտեղ իմ անունը չեն տալ, ինձ չեն ճանաչի, կգաս, կասես, որ ես էնտեղ մարդու գնամ:

— Լավ,— ասում ա նազիրը,— վեր ա կենում, ընկնում ճամփա: Գնում ա, գնում, շատն ու քիչը աստված գիտա, տեսնում ա հրես մի մարդ, մնել մի շահել տղա չութով վրա են անում: Չութչու տղեն իմաստուն ա լինում:

— Այ հեր, ասում ա,— հրեն թագավորի նազիրը գալիս ա:

Նազիրը գալիս ա, հասնում դրանց.

— Բարի աջողում, բաբի,— ասում ա, ի՞նչ կա, ի՞նչ չկա, քեֆներդ, հալներդ, ո՞նց եք, ի՞նչ եք անում:

— Ջանսաղություն, թագավորի նազիրը սաղ լինիմ,— ասում ա Չութչին,— կանք, ապրում ենք էլի: Խեր լինի, բա դու էդ ո՞ւր ես գնում,— հարցնում ա:

— Գնում եմ մեր միալը պտտեմ, տենամ ի՞նչ կա, ի՞նչ չկա, թագավորիցը խալխը հո գանգատավոր չեն:

— Թագավորի նազիրը ապրած կենա,— ասում ա Չութչու տղեն,— զուր ես չարչարվում, ինչքան էկել ես՝ տասն էնքան էլ գնաս, հլա թագավորի աղջկա անունը կա, զուր տեղը մի գնա, ետ դառ, գնա քու բանին, դու էլ ես մեղք, ձիդ էլ:

Թագավորի նազիրը տղի էս ասածը որ լսում ա, գալիս ա թագավորի աղջկանը մին-մին պատմում թե՝ էսպես, էսպես բան, ֆլան տեղը մի Չութչի կար, նրա տղեն էսպես պատասխան տվեց:

Թագավորի աղջիկը էս որ լսում ա, սուտ հիվանդ ա ձևանում: Աշխարքումը ինչքան հեքիմ ա լինում, թագավորը բերել ա տալիս՝ աղջիկը չի լավանում: Օրեն մի օր էլ, աղջիկը հորն ասում ա.

— Թագավորը ապրած կենա, բա չես ասի՝ էս գիշեր էրազիս մի սուրբ հալևոր էկավ՝ «Այ որդի,— ասավ,— ֆլան զեղումը մի Չութչի կա, էդ Չութչին մի մինուճար տղա ունի, պիտի էն տղին մորթեք, արինը խմես, որ լավանաս»: — Այ հեր,— ասաց,— թե ուզում ես լավանամ, պիտի էն տղին մորթեք, պիտի բերել տաս, թե հու չէ՝ դու գիտաս:

Թագավորը կանչում ա նազիրին:

— Մի բեռ ոսկի վերկունես,— ասում ա,— կտաս Չութչուն, նրա տղին կառնես կբերես:

Չութչու տղեն դե իմաստուն էր, էս բանը իմանում ա:

— Այ հեր,— ասում ա,— թագավորը իրա նազիրին ղրկել ա, որ գա քեզ մի բեռը ոսկի տա, ինձ առնի տանի թագավորի աղջկա համար: Մի վախի, ոսկին առ, ինձ տուր տանի: Հանգիստ կաց,— ասում ա,— որ ասես ինձ բան չի լինի. ողջ-առողջ ետ կգամ:

Նազիրն ա՝ գալիս ա հասնում Չութչու տունը.

— Բարով, բարի,— ասում ա:

— Բարով, աստծու հազար բարին,— ասում ա Չութչին,— խեր լինի, խի ես էկել,— հարցնում ա:

— Էկել եմ,— ասում ա,— տղիդ տանեմ, թագավորը ուզել ա: Հրես էս մի բեռ ոսկին էլ քեզ փեշքեշ ա ղրկել:

— Տար, փեշքեշ ա,— ասում ա Չութչին,— տղեն ի՞նչ ա, որ ես թագավորիցը խնայեմ:

Նազիրն ա՝ մի բեռ ոսկին տալիս ա Չութչուն, նրա տղին քաշում թարքն ու ճամփա ընկնում:

Ամա նազիրի սիրտը մղկտում ա՝ էս տեսակ գոզալ տղին ախար ոնց մորթի, բերում ա իրանց տուն: Նազրի կնիկը տեսնում ա մարդը դառը-տխուր նստած ա:

— Այ մարդ,— ասում ա,— խի՞ ես էդպես տխուր-տրտում նստել, ասա տեսնամ դարդդ ի՞նչ ա:

— Այ կնիկ,— ասում ա,— տեսնում ես էս տղին, սրան պտի մորթենք, որ ինչ ա թագավորի էն անսիրտ աղջիկը սրա արինը խմի, լավանա:

— Տնաշեն,— ասում ա կնիկը,— էդ ինչ ա, որ դրա համար դարդոտել վարամնոտել, նստել ես: Մի ոչխար մորթի, արինը լցրու մի ամանի մեջ, էս տղի շորերն էլ արնոտ արա, տար թագավորի աղջկանը տու, ասա. «Մորթել եմ, արինն էլ հրես բերել». նրանք շատ գիտե՞ն, թե էդ ինչի արին ա:

Նազիրը էդպես էլ անում ա, ոնց որ սովրեցրել էր կնիկը, գալիս ա թագավորի աղջկա մոտ:

— Թագավորի աղջիկը ապրած կենա,— ասում ա,— էրեխուն ինչքան բշտեցի, հետն էլ կռվեցի՝ չեղավ, չեկավ, ես էլ վերկալա, ճամփին մորթեցի. հրես էս արինը, էս էլ արնոտ շորերը:

Թագավորի աղջիկը էն րոպեին արինը խմում ա՝

— Օխա՜յ,— ասում ա,— անջաղ մի սիրտս հովացավ: Տեղնուտեղը լավանում ա՝ ոտի կանգնում: Թագավորը ուրախանում ա, որ աղջիկը լավացավ:

Ժամանակ ա անցկենում, ամա արի տես, որ ձկների ծիծաղելը թագավորի մտիցը չի գնում, օրեն մի օր կանչում ա նազիրին՝

— Մի շաբաթ քեզ ժամանակ,— ասում ա,— պիտի իմանաս, էն ձկները, որ բերիր տվիր աղջկանս, ինչի էին ծիծաղում, դրանով ի՞նչ էին ուզում ասեն:

— Աչքիս վրեն, թագավորն ապրած կենա,— ասում ա նազիրը: Գալիս ա տուն, դառը-տխուր, նոթերը կիտած նստում ա:

Չութչու տղեն հարցնում ա.

— Խի՞ ես էդպես նոթերդ կիտել: Ասա տենամ դարդդ ինչ ա:

— Է՜, այ որդի, էսպես, էսպես, էսպես բան: — Նազիրը նստում ա մին-մին տղին պատմում թագավորի հրամանը:

— Հեչ մի վախի,— ասում ա տղեն,— թագավորը թող ինձ կանչի, ես դրա պատասխանը կտամ:

Էգսի օրը նազիրը գալիս ա թագավորին, թե՝

— Թագավորն ապրած կենա, մեր տանը մի ջահել տղա կա, նա կասի թե ի՞նչի էին ծիծաղում ձկները. գնամ բերեմ:

— Գնա կանչի, գա,— ասում ա թագավորը:

Տղեն գալիս ա, ջուխտ ձեռը դնում ա դոշին, խորը գլուխ տալի, էնտեղ կանգնում:

— Դե ասա տենամ, իմ պատասխանը դո՞ւ պիտի տաս:

— Հա, թագավորն ապրած կենա,— ասում ա տղեն,— ամա որ ասեմ՝ հո չե՞ս փոշմանի:

— Չէ, չեմ փոշմանի,— ասում ա թագավորը:

— Ասե՞մ,— նորից ա հարցնում տղեն:

— Ասա,— ասում ա թագավորը:

— Լավ, թագավորն ապրած կենա: Ես որ մորից ծնվեցի, տատմերը ինձ փաթաթելիս մի առակ ասեց, հլա կաց մի էդ առակը ասեմ, հետո քո պատասխանը տամ:

— Ասա,— ասում ա թագավորը:

— Մի թագավոր մի տղա ուներ: Էդ թագավորի տղեն մի հատ թառլան դուշ ուներ: Էդ դուշը վեր էր ունում, գնում որսի: Օրվա մի օր, թագավորի տղեն, որ շատ էր բեզարել որս անելուց, էնպես էր ծարավել, որ էնա ուշը գնում էր: Մին էլ տեսավ որ, հրե՜ն, քարափի գլխիցը ջուր ա կաթում: Ծոցի թասը հանեց բռնեց էդ կաթող ջրի տակ, թասն էկավ լցվեց, ուզեցավ թե խմի, դուշը թևով տվեց թասի ջուրը թափեց:

— Դու ուզում ես, որ ես ծարավ մեռնե՞մ,— չարացավ թագավորի տղեն, քաշեց դշի գլուխը պոկեց: Հետո որ վեր էլավ քարափի գլուխը, տեսավ, ի՜նչ տեսավ, էնտեղ մի սատկած օձ ա ընկած, էդ նրա թույնն ա, որ կաթել ա ներքև:

Տղեն շատ փոշմանեց, որ դշի վիզը կտրել էր, համա էլ ու՜ր, բանը բանից անց էր կացել:

— Դե, հիմի ասա, թագավորն ապրած կենա,— ասում ա տղեն,— դուշը սպաներ լավ է՞ր, թե սաղ մնար լավ էր:

Թագավորը թե.

— Չէ, սաղ մնար, լավ էր: Էն դուշն իմաստուն էր: Հալբաթ որ տղեն կփոշմաներ:

Էս տղեն թե.

— Թագավորն ապրած կենա, որ էս ձկների ծիծաղելու պատճառն ասեմ՝ դու էլ կփոշմանես:

— Չէ, չեմ փոշմանի,— ասում ա թագավորը,— պիտի ասես:

— Դե չավ,— ասում ա տղեն,— որ զոռում ես՝ կասեմ, ամա, թագավորը ապրած կենա, իմ քավորը, որ ինձ կնքած՝ ժամիցը տուն էր բերում, ճամփին մի առակ պատմեց: Էդ առակը քեզ պատմեմ, հետո պատասխանդ տամ:

— Պատմի,— հրամայում ա թագավորը:

— Ժամանակով,— ասեց տղեն,— մի թագավոր, մի շատ խելոք ու իմաստուն օձ ուներ դռնապան: Ինչ մարդի սիրտը որ բարի էր լինում, օձը նրան ճամփա էր տալի՝ գալիս էին թագավորի մոտ, ինչ մարդի սիրտը որ չար էր լինում՝ օձը թողում չէր որ գա:

Սինոդապետները մի օր ասեցին.

— Թագավորն ապրած կենա, թե օձդ կվերջացնես, մենք էլ կգանք սինոդ, թե հու չէ՝ չենք գա:

Թագավորը մտածեց՝ «էս տասներկու մարդի խաթրը ո՞նց կոտրեմ մի օձի խաթեր»: Թուրը քաշեց օձի վրա, օձը փախավ, ամա պոչիցը կտրվեց մի թզաչափ:

Էն էր ու էն: Օր օրի վրա էս թագավորի գործերը վատացան, փչացան, սրա զորքը կոտորվեց, շատ նեղության մեջ ընկավ, նոր իմացավ, որ իրա դովլաթը էդ օձի խելքն ու իմաստությունն էր:

«Վա՜յ,— ասեց,— ափսոս իմ օձը: Էրկաթե տրեխ հագավ, էրկաթե գավազան առավ ձեռը, ընկավ աշխարքե-աշխարք՝ համա օձը չգտավ: Նոր, որ քոռ ու փոշման տուն էր դառնում, տեսավ օձը իրեն սարի տակին:

— Օձ ջան,— ասեց, իմ դովլաթը փախել ա ինձնից: Արի գնանք մեր տուն:

Օձն ասեց.

— Գնա բանիդ, ոչ իմ պոչի յարեն կսաղանա, ոչ քո սրտի յարեն: Դու գնա քու բանին, ես էլ՝ իմ:

— Թագավորն ապրած կենա,— ասեց աղեն,— ոնց որ էն օձի տեր թագավորը փոշմանեց, դու էլ կփոշմանես, որ ձկների ծիծաղելու պատճառը ասեմ:

— Չէ, չեմ փոշմանի, ասա,— հրամայում ա թագավորը:

— Որ էդպես ա, մի առակ ասեմ՝ լսի, նոր ուզածդ ասեմ:

Լինում ա, չի լինում մի թագավոր: Էս թագավորը իսկի բան չի ունենում, ինքն ա լինում՝ մի Տուղի-դուշ: Հենց էնա էս Տուղի-դշի հետ ա խորհուրդ անում: Օրվա մի օր, մի ուրիշ Տուղի-դուշ ա գալիս թագավորի

Տուղի-ղշի մոտ, կտուցը նրա կտցին քսում, փաթթվում, էրկսով էլ դառը լաց են լինում, հետո... ծիծաղում են: Էն եկվոր ղուշը թռչում ա, գնում:

— Էն ի՞նչ ղուշ էր,– հարցրեց թագավորը,— ինչի՞ լաց էլաք ու ինչի՞ ծիծաղեցիք:

— Թագավորն ապրած կենա,— ասեց Տուղի-ղուշը,— էն ղուշը իմ ախպերն էր, էկավ ասեց. «Հերներս մեռել ա»: Էհ, սիրտ էր, ջիգյար էր, մռմռաց, լաց էլանք: Հետո էլ ասեց, «Նշան եմ դրվե, թագավորիցը իրավունք առ, արի հարսանիք»: Դե, ախպեր ա, ուրախացա, խնդացինք, ծիծաղեցինք: Թագավորն ապրած կենա, հիմի թե իրավունք կտաս՝ կգնամ, թե հու չէ՝ չեմ գնա:

— Գնա,— ասեց թագավորը,— համա թեզ եղ դառ:

Տուղի-ղուշը թագավորին գլուխ ա տալի, թռնում գնում: Անց ա կենում մի օր, էրկու օր, իրեք օր, մախլաս՝ մի շաբաթ, օրվա մի օր էղ Տուղի-ղուշը ետ ա դառնում՝ գալիս: Գալիս ա, թագավորին գլուխ ա տալիս, կտցիցը մի գունդ թուղթ ա վեր զցում: Թագավորը վեր ա ունում բաց անում, տենում ի՜նչ՝ իրեք հատ խնձորի կորիզ: Կանչում ա իր այգեպանին, թե՝ «էս իրեք կորիզը կտանես էնպես ջոկ տեղ կցանես, որ ղուշ, հավ, զաղ չմոտենա»:

Անց ա կենում իրեք տարի: Էղ իրեք կորիզը մի-մի ծառ են դառնում, էնքան էլ խնձոր են տալիս, որ չափ չկա: Օրվա մի օրը այգեպանը տենում ա, խնձորները կարմրել են, հասնելու վրա են: Տեսնում ա գետնին էլ մի մեծ կարմիր խնձոր վեր ընկած, ասում ա. «Տանեմ, թագավորը տեսնի»:

Դու մի ասի էղ խնձորը օձի կծած ա լինում, թունավորված: Այգեպանը գալիս ա՝

— Թագավորն ապրած կենա,— ասում ա,— խնձորները հասնելու վրա են. էս մինը ծառի տակին գտա, վեր կալա բերի, առ տես լավն ա:

Թագավորը հենց ուզում ա խնձորն առնի բերանը, նազիր-վեզիրը չեն թողնում՝ «Բալի դեղած ա,— ասում են,— առաջ մի ուրիշի տու ուտի՝ հետո դու կեր»:

Էղ խնձորը զցում են մի հորթի առաջ: Հորթը խնձորը ուտելուն պես միջիցը տրաքում ա, վեր ընկնում: Թագավորը էս որ տեսնում ա՝ հերսոտում ա, տեղիցը վեր ա կենում, Տուղի-ղշի վիզը պոկում, զցում դեն, հետո հրամայում ա, որ են բաղի չորս կողմը հասար քաշեն, որ մարդ մուրդ չմտնի, էն խնձորիցն ուտի:

Հիմի սրանց թողնենք էստեղ՝ զանք նախրչուն ու իրա կնկանը:

Էղ զեղումը մի նախրչի ա լինում իր կնկա հետ: Էղ նախրչին կնկանը շատ էր ծեծում, անպատվում: Հայվանը գիտեր, թե ամուսնությունը կնկանը ծեծելու մեջն ա: Մի օր էլ, որ դանակը ոսկորին ա հասնում, կնիկը ասում ա՝ «ոնց անեմ, որ մեռնեմ, էս աշխարքիցը պրծնեմ»: Միտն ա ընկնում, որ թագավորի բախչի խնձորները ուտողը տեղնուտեղը կմեռնի: Մի հանգով մտնում ա բախչեն, տեսնում ա մարդ-մուրդ չկա, վռազ-վռազ մի խնձոր ա քաղում, ուտում ա, որ մեռնի, ուտում ա պրծնում, տենում ա ի՜նչ, հրես ջահելացավ, դառավ ոնց որ մի տասնհինգ տարեկան աղջիկ:

Սուս ու փուս գալիս ա իրանց դռան առաջին կանգնում: Իրիկունը մարդը տուն ա գալի որ կնկանը ծեծի:

— Աղջի — ասում ա,— իմ կնկանը չե՞ս տեսել:

Աղջիկը երդում-կրակն ա ընկնում, թե՝ «Ես քո կնիկն եմ»:

— Դե որ իմ կնիկն ես... կնկա կռնիցը բռնում ա, տուր թե կտաս, մի լավ զխկում ա, սալջարդ անում, վեր գցում:

Էս կնիկը վեր ա կենում, դառը տխուր գնում թագավորին գանգատ: Տեղը տեղին պատմում ա իր գլխով անցկացածը, անց որ ես ձեզ պատմեցի: Թագավորը մնում ա զարմացած, թե՝

— Դրո՞ւստ ես ասում, որ իմ բախչի խնձորիցը կերար, ջահելացար:

— Դրուստ, թագավորն ապրած կենա:

— Էս ռոպեին բերեք նախրչուն:

Էն ռոպեին նախրչուն բերում են թագավորի մոտ, զոռում, որ խնձորը ուտի: Չի ուզում՝ վախում ա, ամա ուտելուն պես ջահելանում ա, դառնում տասնհինգ տարեկան տղա: Թագավորը մնում ա սառած նախրչու ու նրա կնկա էրեսին մտիկ անելով: Շատ ա գլխին վայ տալի, դարդ անում, վայ իմ Տուղի-դուշ, այ իմ Տուղի-դուշ, համա էլ ո՜ւր, բանը բանից անց էր կացել:

— Թագավորն ապրած կենա,— ասում ա իմաստուն տղեն,— հիմի ասա ինձ՝ Տուղի-դշին սպանելը էն թագավորը փոշմանե՞ց, թե չէ:

— Հալբաթ որ,— ասում ա թագավորը,— փոշմանեց— բա էն տեսակ դուշը կմորթե՞ն:

— Դե, հիմի տես,— ասում ա տղեն,— ոնց որ էն թագավորը փոշմանել ա, ընենց էլ դու կփոշմանես, որ ասեմ թե ինչի՞ էին ծիծաղում էն ձկները:

Թագավորը իրեք առակից մի բան էլա չհասկացավ, ասեց.

— Անկարելի ա, ձկների ծիծաղելու պատճառը պետք ա ասես:

— Դե, որ էդպես ա,— ասեց տղեն, հրամայի, որ թագուհին, աղջիկդ, նազիր-վեզիրը, պալատականները բոլորը գան հավաքվեն:

Բոլորը գալիս են, թագավորի չորս կողմը նստոտում: Թագավորի աղջիկն էլ իր աղախիններով վեր ա կենում գալիս պալատի մեջտեղը կանգնում:

— Աղջի՛, — ասում ա հերը,— մի՞տդ ա, որ ֆլան վախտը նազիրը քեզ համար իրեք ձուկ բերեց, ամա դու չկերար:

— Թագավորն ապրած կենա,— ասում ա աղջիկը,— դու չե՞ս իմանում, որ ես որձեղենի երես չեմ ուզում տենամ, ուր մնաց թե ուտեմ:

Էստեղ իմաստուն տղեն ասում ա.

— Թագավորն ապրած կենա, աղջիկդ պիտի տկլորանա:

Աղջիկը առաջ եկավ, թե.

— Թագավորն ապրած կենա, ի՞նչ ես ընկել էդ ջահելի խելքին: Ես որ տկլորանամ վնաս չունի, դու իմ հերն ես, նա էլ իմ մերն ա, բա էն նազրին ի՞նչ անենք, բա էն ջահել տղին ի՞նչ անենք: Ես չեմ տկլորանա, ես ամոթու կմեռնեմ: Էդ անելու բան չի:

— Թող չլինի, — ասավ թագավորը,— քու բանը չի, դու տկլորվի, մեռի: Աղջիկը տկլորացավ, մնաց տկլոր կանգնած: Տղեն ասավ.

— Թագավորն ապրած կենա, պտի էս աղախիններն էլ տկլորանան:

Թագավորի աղջիկը էլի առաջ ընկավ, թե՝

— Թագավորն ապրած կենա, դուք ինձ տկլոր տեսաք, վնաս չունի հեր ու մեր, բարեկամ-ազգական եք, համա սրանք օտար աղջկերք են: Հրես էս մինը Արևելքի թագավորի աղջիկն ա: Օրը տասը տեղից նամակներ ա ստանում. Արևմուտքի թագավորի տղեն ասում ա՝ «Արի ինձ առ», Հարավի թագավորի տղեն ասում ա՝ «Արի ինձ առ», Հյուսիսի թագավորի տղեն ասում ա՝ «Արի ինձ առ»: Բա էս թավուր աղջկան խալխի մեջ կտկլորացնե՞ն: Կխայտառակվի, ամոթու կմեռնի: Ձեր արածը անելու բան չի:

— Թող չլինի,— ասավ թագավորը,— քու բանը չի. թող տկլորանա, թող խայտառակվի, թող մեռնի: Հանեք,— ասավ,— բոլոր էդ աղջկերանց շորերը:

Հանում են ու տեսնում են՝ ի՜նչ են տեսնում՝ աղախինները քառասունն էլ տղա են: Բոլորը մնում են սառած՝ իրար էրեսի մտիկ անելով:

— Դե հիմի տեսա՞ր, թագավորն ապրած կենա,— ասում ա իմաստուն տղեն,— հիմի իմացա՞ր, ինչի՞ էին ծիծաղում էն ձկները:

— Դահիճ,— ձեն ա տալի թագավորը:

Դահիճները էն սհաթը գալիս են էնտեղ կանգնում:

— Էս սհաթին քառասունի գլուխն էլ կտրեք,— հրամայում ա թագավորը: Դահիճները քառասունի գլուխն էլ թռցնում են: Հետո՝ թագավորը հրամայում ա՝ իրա աղջկանը տանեն զցեն մի հացատուն, օրը մի կտոր հաց տան, քանի կենդանի ա՝ էնտեղ մնա, արևի էրես չտեսնի:

Նոր էստեղ թագավորը վեր ա կենում, էդ իմաստուն տղի ճակատը պաչում, մի քանի բեռը ոսկի ա տալիս, էլ էդ ճամփու զնում իրա հոր մոտ...

Աստծանից իրեք խնձոր վեր ընկավ. մինն՝ ասողին, մինը՝ ասիլ տվողին, մինն էլ՝ ականջ դնողին:

ԷՐԱԶ ՏԵՍՆՈՂ ԱՇԿԵՐՏԸ

Ժուկով ժամանակով լինում ա մի հեր, մի տղա: Հերը շատ ծերացած ա լինում: Էնպես որ հայ-հայը գնացել, վայ-վայն էր մնացել: Օրվա մի օր վեր ա ընկնում՝ մեռնում: Տղեն մնում ա անփեշակ, անփող:

Ի՞նչ անի, ի՞նչ չանի, դես ա գնում, դեն ա գնում, որ շատ ման ա գալիս, ծանդր ու թեթև ա անում, գալիս ա թագավորի զարգյարի մոտ աշկերտ:

Էսպես անց ա կենում մի օր, երկու օր, իրեք օր, մի շաբաթ, մախլաս՝ մի ամիս, օրվա մի օր էլ թագավորը կանչում ա էդ զարգյարին:

— Ուստա,— ասում ա,— առ էս տասը ոսկին ու էս երկու անգին քարը, կտանես,— ասում ա,— ինձ համար լավ մատանիք կշինես, կբերես,

— Աչքիս վրա>— ասում ա զարգյարը,— գնում ա դուքան, ոսկին ու անգին քարերը դնում դազգյահի վրեն, աշկերտին պատվիրում, որ ուշ դարձնի,— ասում ա,— գնամ տուն հաց ուտեմ պրծնեմ, հետո կգամ կշինեմ:

Էս աշկերտն ա՝ ուստեն ոտը շեմքիցը դուս ա դնում թե չէ՝ գլուխը դնում ա դազգյահին, քնում:

Սատանի պես էլ հենց էդ վախտը թագավորը իրա նազիր-վեզիրի հետ դերվշի շորեր հագած գալիս ա էդ տեղերը ման գալու՝ տեսնի ի՞նչ կա, ինչ չկա: Էդ զարգյարի դուքանի մոտով անց կենալիս նկատում ա, որ աշկերտը քնել ա, իրա տված ոսկին ու անգին քարերն էլ իրեն դազգյահի վրեն:

Թագավորը էս որ տեսնում ա, ուսուլով մտնում ա ներս, առ հա, դրան մի լավ սիլլա: Տալիս ա ու դռան ետևը ծլկում:

Աշկերտը վեր ա թռնում, տեսնում մարդ չկա:

— Այ անաստված,— ասում ա,— խի՞ չթողիր մուրազիս հասնեմ, ի՞նչ ասեմ, ինձ սիլլա տվող, ոնց որ դու մուրազս փորիս թողիր, բարով դու էլ քու մուրազին չհասնես:

Էս խոսքը թագավորը որ լսում ա, թողնում ա գալի պալատ:

— Էս սհաթին,— ասում ա,— կգնաք ֆլան զարգյարի աշկերտին կբերեք էստեղ:

Ծառաները աշկերտին առաջ են անում, բերում թագավորի մոտ:

— Ֆլան զարգյարի աշկերտը դո՞ւ ես,— հարցնում ա թագավորը:

— Հա, թագավորն ապրած կենա, ես եմ:

— Այ տղա,— ասում ա,— ասա տեսնեմ ի՞նչ էր քու մուրազը, որ փորիդ թողի, ասա ես կատարեմ:

— Չէ, թագավորն ապրած կենա,— ասում ա աշկերտը,— իմ մուրազն էնենց բան ա, որ չեմ կարա ասեմ:

— Չե՞ս ասի, տես՝ կփոշմանես:

— Թագավորն ապրած կենա, ինչ ուզում ես արա, արինս քեզ հալալ ա:

Թագավորը հրամայում ա՝ տանեն սրան զցեն մի մութ հորի մեջ, բալի վախենա, ասի: Էդ գրշերը տղեն մնում ա հորի միջին:

Էգսի օրը թագավորը տղին բերել ա տալի:

— Այ տղա,— ասում ա,— աստծուց վախեցի, արի ինձ էրազդ ասա: Որ ասես, իմաց կաց՝ ինչ ուզես, կտամ:

— Չէ, թագավորն ապրած կենա,— ասում ա աշկերտը,— չեմ ասի, ինչ ուզում ես արա:

Սրան տանում են էլի դմփալեն զցում էդ հորի մեջ:

Խեղճ տղեն սոված, ծարավ մնում ա հորի միջին մի օր, էրկու օր, իրեք օր, մախլաս մի շաբաթ, տեսնում ա հորի բերանը բաց անող չկա: Էնտեղ ընկած մի փետի կտորով սկսում ա կամաց-կամաց հորի մի կողմիցը քանդել: Քանդում ա, քանդում, ըհը՛, մի ծակ ա բացվում, ծակը լենացնում ա, գոտիկը մեջքիցը ետ անում, մի տուտը էնտեղ բանդ անում, մեկելը բռնում ու սլալե վեր գալիս ներքև: Վեր ա գալիս, ի՞նչ տեսնում՝ մի օթախ մաքուր ավլած, սրբած, սարքած, միջին մի թախտ դրած, թախտի վրեն մի ձեռք խաս տեղաշոր զցած, մի սիրուն, էնքան նախշուն, հուրի-մալաք աղջիկ էլ էդ տեղաշորի միջին քնած ա, էնքան սիրուն, էնքան նախշուն, որ չուտես, չխմես, չհագնես, չմաշես, հենց նրա շարմաղ երեսին թամաշա անես:

Սրան որ չի տեսնում՝ խելքամաղ ա լինում:

Ամա, կողքին էլ՝ մի ոսկե սինու մեջը՝ փլավ, մի ղազ էլ տապակած, փլավի գլխին դրած: Էս մեր տղեն կուշտ ու կուռ փլավն ուտում ա, հետո աղջկա երկու թուշը պինդ-պինդ պաչում, նոր գոտիկի տուտը բռնում, բարձրանում, էլ ետ իրա տեղը:

Դու մի ասի՝ էդ աղջիկը հենց թագավորի իմաստուն աղջիկն ա լինում: Զարթնում ա տեսնում՝ իրա փլավը կերել են, հայելու մեջն ա մտիկ տալիս,

տեսնում էրեսի վրեն լաքա կա: Դես ա ընկնում, դեն ա ընկնում, մարդ-մուրդ չկա: Դուռն էլ ամուր փակած ա: Մնում ա զարմացած, էս ի՞նչ բան ա:

Էգսի օրը աշկերտը էլի վեր ա գալիս էս օթախը, աղջիկը՝ քնած: Նրա փայ փլավն ուտում ա, աղջկա ջուխտ թուշը պաչում, հենց ուզում ա գնա, աղջիկը նրա փեշը բռնում ա:

— Այ տղա,— ասում ա,— օձն իրա պորտովը, դուշն իրա թևովը սիրտ չի արե էստեղ ոտ դնի, դու ո՞նց սիրտ արիր մտար իմ օթախը: Հիմի ո՞նց ես գնամ հորս ասեմ, էս սահաթին գլուխդ կտրել տա:

— Թագավորի աղջիկը ապրած կենա,— ասում ա աղեն,— քու սերն ա բերե։ Քանց հորդ ես ասում,– ասում ա,– էն ա դու քու ձեռովը կտրի պրծի էլի։

Էս խոսքերը շատ ա դուր գալի աղջկանը։

— Բաս որ էտենց ա,— ասում ա,— սրանից դենը ես քոնն եմ, դու իմը։ Համաձա՞յն ես։

— Համաձայն եմ,— ասում ա տղեն։

Ու նստում են հալալ հացի։ Ուտում են, խմում, քեֆ անում, ջան ասում, ջան լսում, մինչև դառնում ա կեսգիշեր, նոր տղեն գնում ա իրա տեղը, ծակը լավ փակում, որ մարդ չիմանա։

Ըենց անցկացավ մի ամիս, էրկու ամիս, իրեք ամիս։

Օրեն մի օր թագավորը տղին հանել տվեց հորիցը։

— Հը՞,— ասեց,— էրազդ ասո՞ւմ ես, թե չէ։

— Չէ, թագավորն ապրած կենա,— ասում ա տղեն,— թեկուզ իրեք տարի էլ պահես հորի միջին, ես իմ էրազը ասողը չեմ։

Էս տղին տանում են էլ ետ գցում հորի մեջ։ Սա էլ աստծու օրը կախ ա ընկնում աղջկա օթախը, մինչև լուսադեմ մնում, լուսադեմին նոր գնում իրա տեղը։

Էսենց անց ա կենում մի ժամանակ։

Օրեն մի օր Ֆրանգստանի թագավորը էդ երկրի թագավորին իրեք ձի ա ղրկում, թե՝ «Պիտի իմանաս սրանց ամեն մեկի տարիքը, չիմացար, իմաց կաց, քու սաղ թագավորությունը քարուքանդ կանեմ, դու գիտաս»։

Էս թագավորը միտք ա անում, միտք, վերջը ասում՝ թե իմանա՝ իմ իմաստուն աղջիկը կիմանա, էլ մարդ չէ։ Ամա աղջիկը հորը պատասխան ա ղրկում, թե իմաստությունս գնացել ա, ուրիշին հարցրու։

Գիշերը թագավորի աղջիկը տղին ասում ա՝ բա չես ասի էսպես, էսպես բան։ Ես մախսուց խաբար ղրկեցի, թե իմաստությունս գնացել ա, թող ուրիշին հարցնի, որ ինչա՝ քեզ սովորացնեմ, գնաս գտնես, բալի էդ հորիցը քեզ ազատի։

— Էդ լավ էլավ, — ասում ա տղեն,— սովորացրու տենամ։

Սրանց թողանք էստեղ, գանք խաբարը տանք թագավորիցը։ Սա կանչում ա իրա նազիր-վեզիրին, պալատի մարդկերանցը բոլորին էլ հավաքում ա, բալի մի ճար անեն։ Սրանք դես են տալիս, դեն են տալիս, ինչքան խելք-խելքի են տալիս, միտք անում, բան չի դուրս գալիս, չեն կարենում գտնեն։

Մեկ էլ թագավորի միտն ա ընկնում զարգյարի աշկերտը, ասում ա,— մարդ ա։ Բալի նա գտնում ա։

Էն սահաթին գնում են հորիցը հանում բերում տղին։

— Այ տղա,— ասում ա թագավորը,— թե իմացար էս իրեք ձիու տարիքը, ինչ ուզես, կտամ։

— Թագավորն ապրած կենա,— ասում ա տղեն,— դրանում ինչ կա, որ չիմանամ։

Ոնց որ իմաստուն աղջիկը սովորացրած ա լինում, էն բոպեին ձիանոցը լավ լազաթին ջրում ա, լողացնում, գարի ածում առաջները: Տեսնում ա, որ մինը գլուխը մտցրեց մսուրը ու իրա համար հանգիստ ուտում ա՝ էս ձին իրեք տարեկան ա: Տեսնում ա էն մեկելն էլ մոտացավ գարուն, համա մեկ ուտում ա, մեկ չէ, կամ թե փռնչացնում ա՝ էս ձին էրկու տարեկան ա: Համա երրորդ ձին, որ ասես, գարի չի ուտում՝ դես դեն ա ծուլ լինում, տրտինգ տալիս: Կամ թե չէ՝ քացի զցում, խալխին վախեցնում: Էս ձին էլ մի տարեկան ա:

Ֆրանգստանի թագավորի մարդիկը, թագավորի նազիր-վեզիրը, բոլորը մնում են զարմացած, բերանները բաց իրար էրեսի մտիկ անելով:

Թագավորը չի իմանում ի՞նչ անի, ո՞նց տղի լավութենի տակիցը դուրս դա, համա բիրդան նրա էրազը միտն ա ընկնում: Թագավորը աղաչանք-պաղատանք ա անում, որ ասի, նա էլի սատանի ձին ա նստում, չի ասում: Թագավորը հրամայում ա, որ էլի էտ տանեն զցեն հորը:

Անց ա կենում էսպես մի ժամանակ՝ մի ամիս, երկու ամիս, իրեք ամիս, օրվա մի օր Ֆրանգստանի թագավորը էս թագավորին իրեք խնձոր ա ղրկում, իրեքն էլ մի տեսակի, մի ռանգի ու մի մեծության, ապսպրում ա, թե՝ «Պտի իմանաս էս խնձորից որը քանի տարվա ա. չիմացար՝ իմաց կաց, սաղ թագավորությունդ քար ու քանդ կանեմ, քեզ էլ տանով-տեղով եսիր կտանեմ»:

Թագավորը հարցնում ա աղջկանը, թե՝

— Հը՞, իմաստությունդ էտ չեկա՞վ:

Աղջիկն էլ էտ պատասխանում ա, թե իմաստությունս գնացել ա, ուրիշին հարցրու:

Գիշերը աղջիկը պատմում ա տղին, թե էսպես, էսպես, էսպես բան:

— Խնձորները վեր կունես ձեռդ,— ասում ա աղջիկը,— կգնաս հավուզի մոտ կկանգնես, մեկ-մեկ կզցես ջուրը՝ էն որ գնաց ջրի տակը ու էլ էտ էլավ ջրի էրեսը, իմացի, որ մի տարվա յա, էն որ զցելուն պես մի քիչ տակն էլավ, էլ էտ դուրս էկավ ջրի էրեսը, իմացի, որ երկու տարվա ա, համա էն որ իսկի ջրի տակը չի գնա, հենց կմնա երեսին, իմացիր, որ էն էլ իրեք տարվա ա:

Գլուխներդ ինչ ցավացնեմ: Թագավորի ճարը կտրում ա, հրամայում ա տղին հորիցը հանեն:

— Տղա,— ասում ա,— կարա՞ս իմանաս,— ասում ա,— էս խնձորներից որը քանի տարվա՞ են:

— Թագավորն ապրած կենա,— ասում ա տղեն,— դրանից էլ հեշտ բան: Աղջկա խրատը մտին, տղեն ջոկում ա խնձորները, տալիս թագավորին: Ֆրանգստանի մարդիկը, թագավորի նազիր-վեզիրը, մնում ա զարմացած՝ էս տղեն ինչքան իմաստուն, ինչքան խելոք ա, որ էս էլ երկու հետ էսպես դժվար բանը գտնում ա: Թագավորը հո՝ ուրախացել, աշխարհով մին էր էլե. ուզում էր դրան լավ-լավ փեշքաշներ տա՝ բայց էլի նրա էրազը միտն ընկավ:

— Տղա,— ասեց թագավորը,— քեզ ուզում եմ բաց թողամ գնաս, քու արևի ձենն ածես. արի փեշիդ քարը վեր ածա, ասա տեսնեմ էրազդ ի՞նչ ա:

Ամա թագավորը տեսավ, որ չէ, չի լինում, էրազը չի ասում, էլի կոշտ ու կոպիտ ա պատասխանում, հրամայեց, որ տանեն էլի գցեն հորը:

Անց ա կենում ըսենց մի ամիս, էրկու ամիս, իրեք ամիս, վեց ամիս, մախլաս, մի տարի: Օրվա մի օր մեկ էլ ի՞նչ ա տեսնում՝ Ֆրանգստանի թագավորը, իրես տասներկու երեխա ա ղրկե, տասներկուսն էլ մի բոյի, մի բուսաթի, էնքան իրար նման, էնքան իրար նման, կասենաս տասներկուսն էլ ախպրտիք լինեն, մի հորից, մի մորից, մի խոսքով՝ ոնց որ մի խնձոր տասներկու տապակ արած էնտեղ գրած, էնքան իրար նման են: Լուր ա տալիս թե՝ «Պիտի իմանաս սրանցից որ՞ն ա աղջիկ, որը տղա, չիմացար՝ իմաց կաց, զորքս կառնեմ, կգամ թախտդ քանդ ու քարափ կանեմ»:

Որ մթնում ա, տղեն հորիցը կախ ա լինում թագավորի աղջկա օթախը: Աղջիկը սրան թե՝ «էսպես, էսպես, էսպես բան»:

— Բա էդ ո՞նց պիտի գտնեմ:

— Կգնաս,— ասում ա աղջիկը,— կուժը տաք ջուր կլցնես, գիշերով գիշերիանա հաշտումը կկանգնես, էն տասներկու երեխեն, որ վեր կկենան էրեսները լվանան, կգնաս ձեռներին ջուր կածես: Ով որ տեսար տաքին չդիմացավ, ձեռքը քաշեց ու «Օ՛ֆ, օ՛ֆ» արեց, իմաց կաց նա տղա յա, ով ձեռը չքաշեց, տաքին դիմացավ, իմաց կաց նա աղջիկ ա: Տղերանցը ջոկ օթախ կանես, աղջկերանցը ջոկ:

Սրանց թողանք էստեղ, գանք խաբարը տանք թագավորիցը: Ի՞նչ անի, ինչ չանի, ո՞ւմ կանչի, որ կարենա իրա դարդին դարման անի: Վերջը հրամայում ա՝ գնան էլի հորիցը հանեն էն տղին:

— Տղա,— ասում ա,— Ֆրանգստանի թագավորը հիմի էլ էսպես մի զուլում ա ապսպրել. տես, կարա՞ս գտնես:

— Խի՞ չեմ կարա, թագավորն ապրած կենա,— ասում ա տղեն,— դրանից էլ հեշտ բան: Համա թագավորն ապրած կենա, լսել եմ, մի սիրուն, մի նախշուն, մի հուրի-մալաք աղջիկ ունես, որ Ֆրանգստանի թագավորի ուզածը գտնեմ, էդ աղջիկն ինձ կտա՞ս:

— Կտամ,— ասում է թագավորը,— մորդ կաթի նման քեզ հալալ ա:

Էն էդսի օրը տղեն, աղջկա սովորացրածի պես, տղերանցն ու աղջկերանցը ջոկում ա, կանգնում մի կողմ: Մարդիկ մնում են ապշած էս տղի խելքի վրեն:

— Աֆֆարի՛մ,— ձեն են տալիս Ֆրանգստանի մարդիկը,— դրուստ ես ջոկե:

Թագավորն էստեղ բերում ա, աղջկանը տղի հետ նշան դնում.

պսակում, յոթ օր, յոթ գիշեր հարսանիք անում: Ի՜նչ քեֆ, ի՜նչ ուրախություն, ի՜նչ դափ ու զուռնա, որ էլ չափ ու սահման չկար:

Սրանց թողանք էստեղ, գանք խաբար տանք, ումնի՞ց, խաբար տանք, Ֆրանգստանի թագավորիցը:

Սրա մարդիքը գալիք են, թե՝ «Ֆրանգստանի թագավորն ապրած կենա, էն երկրում մի ջահել-ջիվան տղա կա, էնքան խելոք, էնքան իմաստուն, որ էլ չենք կարա ասի: Էս էլ իրեք հետ ինչ հարցնում ես՝ նա յա գտնում»:

— Բաս որ էնպես ա, — ասում ա Ֆրանգստանի թագավորը,– կգանք էլ ետ էդ երկիրը, էդ տղին կառնեք կբերեք ինձ մոտ, տեսնեմ էդ ի՞նչ տեսակ իսան ա:

— Մեր աչքի վրեն,— ասում են Ֆրանգստանցիք ու ճամփա ընկնում, հասնում՝ էլ ետ էն երկիրը. թե՝ «Թագավորն ապրած կենա, մեր թագավորը քու էն իմաստուն մարդին կանչում ա»:

Թագավորն էն բոպեին մարդ ա ղրկում տղի հետևից՝

— Տղա,— ասում ա,— Ֆրանգստանի թագավորը քեզ կանչել ա, կգնա՞ս:

— Թագավորն ապրած կենա,— ասում ա, որ հրամայում ես, կգնամ, ի՞նչ անեմ:

Վեր ա կենում, ֆրանգստանցիների հետ գնում նրանց երկիրը: Գալիս են, գալիս, շատն ու քիչը աստված գիտա, մի օր, էրկու օր, իրեք օր, մի շաբաթ, մախլաս՝ մի ամիս, հասնում են Ֆրանգստան, թագավորի ամարաթը, թագավորին գլուխ տալի, ընդե կանգնում:

— Իմաստուն տղեն դո՞ւ ես,— հարցնում ա թագավորը:

— Հա, ես եմ, թագավորն ապրած կենա:

— Դե, որ էդպես իմաստուն ես,— ասում ա,— առ էս պողպատի կտորը, ինձ համար սրանից մի լավ ձեռք մախմուրի պես կակող շոր կարի, որ հագնեմ: Կարեցիր՝ աղջիկս քեզ կտամ, թե հու չէ, իմաց կաց, գլուխդ կթռչի:

Խեղճ տղի լեղին ջուր ա կտրում: Ճարն ինչ: Պողպատի կտորը ձեռին, դառը-տխուր դուրս ա գալիս գնում:

Էդ թաղավորի աղջկա պատուհանի տակով անց կենալիս, թագավորի աղջիկը դրան նկատում ա:

— Էն իմաստուն տղեն դո՞ւ ես,— հարցրեց:

— Հա, ես եմ, թագավորի աղջիկն ապրած կենա:

Ի՜նչ աղջիկ, էնքան սիրուն, էնքան նախշուն, որ չուտես, չխմես, չհագնես, չմաշես, հենց նրա շարմաղ երեսին թամաշա անես:

— Բա, խի՞ ես էդպես դառը տխուր,— հարցնում ա աղջիկը:

— Ի՞նչ անեմ, տխուր չլինեմ,— ասում ա տղեն,— հերդ ինձ մի պողպատի կտոր ա տվել, որ իրա համար մի ձեռք շոր կարեմ: Մնացել եմ մոլորած, ես ինչ պատասխան տամ հորդ:

— Տղա,— ասում ա աղջիկը,— ոնց որ սովորացնեմ քեզ, էնպես էլ արա, համաձա՞յն ես:

— Հալբաթ որ՝ սովորացրու:

Աղջիկը սովորացնում ա սրան պատասխանը: Տղեն էն բոպեին գնում ա աղլուխը լիքը ավազ լցնում, գալիս թագավորին գլուխ տալիս:

— Հը, տղա, ինչի՞ ետ էկար:

— Թագավորն ապրած կենա,— ասում ա տղեն,— էս ավազը բերել եմ՝ մանիլ տաս, որ քու ուզած շորը սրանով կարեմ:

— Իսկի էդ լինելու բան ա՞,— զարմանում ա թագավորը,— ավազից թե՞լ կմանվի:

— Ավազիցը, որ թել չի մանվի,— ասում ա տղեն,— բա պողպատից շոր կկարվի՞:

Թագավորը տղի խելոք պատասխանը որ լսում ա, ասում ա.

— Դու տարար, աղջիկս մորդ կաթի պես քեզ հալալ, գնա քու արնի ձենն ածա:

Բերում ա աղջիկը տալիս տղին, աղջկա հետ էլ լավ բաժինք տալիս, լավ մալ ու դովլաթով, լավ-լավ փեշքաշներով ճամփու գնում իրանց երկիրը:

Թագավորն ու տղեն իրար որ տեսնում են, ուրախանում, աշխարհով մին են լինում: Նստում են, ասում, խոսում, տղեն իրա գլխով անցածն ա պատմում, նրանք՝ իրանցը: Վերջը տղեն թե՝

— Թագավորն ապրած կենա, մինչև օրս իմ երազը չէի ասում, հմի պտի ասեմ:

— Ասա,— ասում ա թագավորը, ասա տեսնեմ, էդ ի՞նչ երազ էր, որ ինչ արի, չարի, ինչ Հուդի չարչարանք տվի չասեցիր:

— Երազում,— ասում ա տղեն,— տեսա մի լավ ծաղկած պարտեզում նստած եմ: Տեսա էն պարտեզի միջիցը էրկու սիրուն, նախշուն, հուրի մալաք աղջիկ դուրս էկան ու դուզ զեպի ինձ: Դրանցից մինը քու աղջիկն էր, մեկելը՝ Ֆրանգստանի թագավորի աղջիկը: Մինը մի ծնկանս նստեց, մինը մեկել ծնկանս: Դե, ջահել աղջկեք, սիրտս չհամբերեց, ձեռս զցեցի Ֆրանգստանի աղջկա ճտովը, ջուխտ թուշը պինդ պաչեցի, եդ դառա, որ քու աղջկա թուշն էլ պաչեմ, մեկ էլ շրըփ, մի սիլլա էրեսիս: Մուրազս փորիս վեր թռա, տեսա՝ ոչ թաս կա, ոչ համամ: Դրա համար ասեցի. «Ինձ սիլլա տվող, ոնց որ իմ մուրազը փորիս թողիր, բարով դու էլ քու մուրազին չհասնես»:

— Թագավորն ապրած կենա,— ասում ա,— հրես էս էր իմ տեսած երազը: Հիմի ասում եմ, չունքի ես իմ մուրազին հասել եմ:

Թագավորն էս որ լսում ա, իրա թախտիցը վեր ա գալի, տղին նստացնում իրա տեղը թագավոր:

Նրանք հասան իրանց մուրազին, դուք էլ հասնեք ձեր մուրազին:

ՀԱԼՎԱՉՈՒ ԱՇԿԵՐՏԸ

Ժամանակով մի թագավոր ա լինում: Էդ թագավորը հլա պսակված չի լինում:

Օրերից մի օր միտք ա անում՝

— Մի գնամ,— ասում ա,— իմ աշխարհը ման գամ, տեսնեմ իմ ժողովուրդը ո՞նց ա ապրում, ոնց ա յոլա գնում, քյասիբ-քյուսուբը իմ ոտի տակ չի տրորվում, մեծավորները իմ չեն նեղում դրանց:

Վեր ա կենում, դերվիշի շոր ա հագնում, իրա թախտը երկու ամիս ժամանակով տալիս ա վեզիրին, ինքն ընկնում ա ճամփա:

Շատ տեղեր ա ման գալի, շատ բաներ ա տեսնում, վերջը գալիս ա մի ցեղապետի տան դռնաղ ա ընկնում:

Էստեղ մտնելուն պես աչքը ընկնում ա մի աղջկա վրա, էդ աղջիկն էլ ցեղապետի քիրն ա լինում:

Իրիկունը հաց են գցում, համեցեք են անում դերվիշին, որ հաց անուշ անի.

Դե էն ժամանակ էլ էնպես էր, որ թե դոնախը հաց չուտի, տանտիրոջ համար անպատվություն ա:

Հիմի էդ դերվիշն էլ սատանի ձին ա նստել, թե՝

— Ես ձեր հացը չեմ ուտի, մինչև իմ խնդիրը չկատարեք:

— Ախր, այ դերվիշ բաբա,— ասում են,— դու մեր հացը խի՞ պիտի չուտես, ախր չէ, էդ մեզ համար, մեր անունի համար լավ չի: Ի սեր աստծու, արի հաց անուշ արա:

— Հա, որ իմ խնդիրքը կատարեք,— ասում ա,— ես ձեր հացը կուտեմ: Հիմի դու արի տես, որ էդ դերվիշի խնդիրն էլ ցեղապետի քիրն ա:

— Կամ պիտի ձեր աղջիկը ինձ տաք,— ասում ա,— կամ պիտի ես ձեր հացը չուտեմ:

Վերջը, որ ճարները կտրվեց, տեսան խնդրելով բան չի դուրս գալի, դա իրանց հացը ուտում չի, ասին թե՝ կտանք:

Նոր էդ դերվիշը հացին մոտեցավ, էդ աղջիկն էլ դառավ դերվիշի կնիկը:

Դերվիշն էստեղ երկու ամիս իր կնկա հետ ապրեց: Մին էլ միտն ընկան իր թախտն ու թագավորությունը:

— Այ հա՛յ,— ասեց,— ես էստեղ էկել եմ մի կնկա խելքի ընկել, էնտեղ անտեր անտիրական թողել իմ տերությունը: Ես պիտի գնամ:

— Այ տնաշեն, — ասում ա կնիկը,— դու որ գնում ես, էգուց-էլօր հրես էրեխա եմ ունենալու, ես նրան ո՞նց պահեմ:

Դերվիշը ձեռը տարավ ջեբը, հանեց մի ոսկե ապարանջան:

— Առ,— ասեց,— թե աղջիկ էլավ, կծախես, դրանով կպահես ու մարդու կտաս: Թե որ տղա էլավ՝ աչու թևից կկապես, ճամփու կդնես, թող գա: Կասես հերդ սպահանցի էր, անունն էլ Աբաս:

Դերվիշի գնալուց հետո, յոթ ամիս անցավ թե չէ, կնիկը ծունկը տվեց գետինը, մի սիրուն տղա բերեց:

Ցեղապետը շատ ուրախացավ՝

— Էս լավ էլավ,— ասեց,— ես տղա չունեմ: Քվորս տղեն ո՞րն ա, իմը ո՞րն ա: Մեռնելուցս հետո ունեցած-չունեցածս կմնա սրան:

***

Խալխի տղերքը տարով են մեծանում, սա՝ օրով: Տասը տարեկանումը էնքան սիրուն էր ու լիքը, որ կասենաս մի թավաղ լիներ:

Մի օր վեգ խաղալուս մի պառավի տղի վեգերը խլում ա, գլխին խփում : Պառավը գալիս ա, սկսում անիծել՝

— Տո բիճ լակոտ,— ասում ա,— ուժդ եթիմիս ա՞ պատում: Նրա վեգերը խլում ես: Որ էդպես ուժով ես, գնա մի իմացի թե հերդ ո՞վ ա, նոր ուժդ բանացրու:

— Ինչ պետք ա իմանամ,— ասում ա տղեն,— իմ հերը ցեղապետն ա,— ասում ա,— հրեն իմ մերն էլ տանը՝ նստած:

— Այ բիճ-սարսաղ,— ասում ա պառավը,— քու հերը մի թափառական դերվիշ էր. ցեղապետը քու քեռին ա:

Խեղճ էրեխեն լաց լինելով գալիս ա մոր մոտ:

— Ո՞ւր ա իմ հերն,— ասում ա,— ինձ ինչի են բիճ ասում:— Նոր էստեղ մերը մին-մին պատմում ա, թե՝ էսպես, էսպես, քո հերը էսպես մի մարդ էր, հիմի էլ չկա:

— Որ էդպես ա, ես պիտի գնամ իմ հորը գտնեմ:

Էստեղ մերը բերում ա իր մարթի ապարանջանը, կապում ա տղի թևիցը՝

— Գնա,— ասում ա,— որդի, աստված քեզ հետ: Քու հերը սպահանցի էր, անունն էլ Աբաս:

Տղեն մոր ծիծը պաչում ա ու ճամփա ընկնում:

***

Գնում ա գնում, շատ ու քիչն աստված գիտի, հասնում ա մի քաղաք: Ձեռը ծոցին դրած կանգնած ա լինում իր մտքերի հետ: Սրան մոտկանում ա մի վաճառական, հարց ու փորձ ա անում՝ ո՞վ ես, ի՞նչ ես, վերջը որ իմանում ա, թե եթիմ տղա ա,

— Արի,— ասում ա,— դու դառի իմ հոգևորդին, ես էլ քեզ հեր:

Չունքի էդ վաճառականը անհիշատակ ա լինում:

Արի տես, որ մի չելած տղա ա մեծանում էդ տղեն՝ էնքան սիրուն, էնքան խելոք, որ տեսնողի խելքը գնում էր:

Էդ մարթն էլ՝ էնպես ա սիրում էդ տղին, որ մարդ իրա իսկական հալալ տղին էլ չէր սիրի:

Օրերից մի օր էդ վաճառականը էրկու ամսով պիտի գնար ուրիշ քաղաքից ապրանք բերելու: Կանչում ա տղին, ունեցած չունեցածը հանձնում նրան ու ինքը վեր կենում դնում:

***

Թող սա գնա իրա ճամփովը, մենք գանք խաբար տանք վաճառականի կնկանիցը: Էս կնկա խելքը գնում էր էդ տղի համար:

— Էս լավ էլավ,— ասեց,— մարդս էստեղ չի, բանը հեշտ գլուխ կգա: Կկանչեմ, կհամոզեմ, սեր կտամ, սեր կառնեմ:

Չունքի խեղճ կնիկը ջահել-ջահել էր էդ մեծ մարթին առել, սիրտն էրված էր, մի ջահել տղամարդի կարոտ:

Իրիկունը, որ տղեն դուքանիցը տուն էկավ, կնիկը կանչեց իրա օթախը:

— Հալ-հալբաթ, էսպես, էսպես,— ասեց,— թե որ էսպես չանես, մարդուս քեզանից սուտ բաներ կասեմ, քեզ դուրս կանի տանից:

Տղեն թե՝

— Շատ լավ, մենակ թե մի օր ինձ ժամանակ տու:

Գնաց, մտավ դուքանը, դախլիցը իրեք հարիր մանեթ փող հանեց դրեց ջեբը, մի նամակ էլ դրեց էնտեղ:

Մարդը որ ետ էկավ, իմացավ հոգևորդին չկա, գնացել ա, ընկավ մտքի ծովը, թե ախր էդ տղեն խի՞ պիտի գնար, ինքն էնքան սիրում էր նրան, ամեն դուռը առաջին բաց էր, քեֆին դիպչող չկար: Կնկանը հարցրեց:

— Ես խաբար չեմ,— ասեց,— իրիկունը գնաց դուքանը՝ էլ ետ չեկավ: Մարդը մոլորված մտավ դուքանը, փողի դախլը բաց արեց տեսավ, որ փողերը տեղումն են, մի նամակ էլ կա: Բաց արեց կարդաց՝

«Անուշ հայրիկ ջան, ես եթիմ եմ: Ինչ փիս բան արել եմ՝ բախշի, ամա մեղավորը ես չեմ: Մայրիկն ինձ էսպես փիս բան ասեց, ես էլ չուզեցա իմ կերած հացը հարամ անեմ: Թողում եմ ու գնում, հետս էլ վերցնում եմ իրեք հարիր մանեթ փող, որ ճամփին խեղճություն չքաշեմ: Մնաս բարին»: Էս որ կարդաց, հենց իմացավ թե աշխարհը գլխին փուլ էկավ:

— Հէյվա՜խ,— ասեց,— դրա համար են ասում՝ հում կաթնակերին էտիբար չկա: Էն տեսակ տղեն որ կորցրի, էլ ինձ ոչ կնիկ ա հարկավոր, ոչ դոլվաթ, ոչ տուն:

Լաց լինելով գնաց տուն, ասեց՝

— Այ կնիկ, որ դու իմ գլուխ էդ օյինը հանիր, էսօրվանից էս տանիցը դուրս արի, որ աչքիս չերևաս:

Էդ կնիկն էլ ամոթու գլուխն առավ ու մի դիով գնաց:

***

Գանք, հիմի խաբարը ումի՞ց տանք՝ խաբարը տանք տղիցը: Էդ տղեն էր՝ շատ գնաց, թե քիչ, աստված գիտի, վերջը հասավ Սպահան:

Դես ու դեն թամաշ անելով մոտկացավ մի հալվաչու դուքանի: Տեսավ, որ հալվաչին իրես հալվեն էփում ա ու տաք-տաք ծախում: Կանգնեց երկար թամաշ արեց՝ հալվաչին իր հորացուին էր նման, ուզում էր կարոտը առնի:

Հալվաչին որ տեսավ դա շատ ա կանգնում, ասավ՝

— Այ տղա, թե որ փող չունես, առ մի կտոր հալվա՝ կեր ու գնա: Աստված քեզ հետ:

— Չէ,— ասեց տղան,— ես սոված չեմ, ամա էթալու տեղ չունեմ: Իմ խնդիրքը էս ա, որ ինձ վերցնես աշկերտ:

Հալվաչին տեսավ, որ դա եթիմ տղա ա, ինքն էլ շատ սիրուն, խելոք էլ երևում ա՝

— Լավ,– ասեց,— արի, ես քեզ իմ արհեստը կսովորացնեմ, վերջը դրանով գլուխդ կպահես:

***

Արի տես, որ էդ տղեն դրա մոտ աշխատելուն պես ամեն բան կարգի գցեց: Հալվաչին տեսավ, որ էդ տղի ձեռիցը ամեն բան գալիս ա, ասեց՝

— Այ որդի, էս դուքանը քեզ եմ տալիս: Դու գիտես, ոնց ուզես, էնենց յոլա տար: Ասեց ու ինքը քաշվեց իր տունը:

Էս տղի գործը էնքան աջ գնաց, որ մարդիկ սկսեցին մենակ դրանից հալվա առնել: Որը գալիս էր դրա կարգ ու սարքը տեսնելու, որն էլ սիրունությունը: Էն տեղը հասավ, որ էդ քաղաքի հալվաչիք սկսեցին գանգատվել, թե դա մեր բոլորի հացը կտրեց:

Վերջը էս խոսքերը հասան թագավորի պալատը: Էդ թագավորին մի վեզիր ուներ, վեզիրն էլ մի շատ սիրուն աղջիկ, էդ աղջկանն էլ քառասուն աղախին:

Արի տես, որ աղախիններից մինը լսում ա էդ տղի անունը, վազելով գնում ա խանումի մոտ՝

— Այ՛ խանում,— ասում ա,— ֆլան հալվչու դուքանը մի տղա ա էկել աշկերտ, որ չուտես, չխմես, դրա շենք ու շնորքին կանգնես թամաշ անես:

Էս խոսքերը վեզրի աղջկա գլուխն ա մտնում, ասում ա.

— Ես պիտի գնամ, էն տղին տեսնամ:

Էգսի օրը վեր ա ունում իր քառասուն աղախիններին, ու ընկնում քաղաքի քուչեքը:

Հալվաչու դուքանի մոտով անց կենալիս, հանկարծ աչքն ընկնում ա էդ տղին ու ուշքը գնում ա:

Աղախինները վրա են հասնում, ուշքի բերում.

— Ախր ի՞նչ էլավ, էդ խի՞ նվաղեցիր:

— Ոնց ուզում ա լինի,— ասում ա վեզիրի աղջիկը,— ես էդ տղին պիտի առնեմ, թե որ չառնեմ,— ասում ա,— կմեռնեմ:

Կանչում ա աղախիններին:

— Աղջկերք,— ասում ա,— ով որ կարենա էդ տղին մի հանգով բերի ինձ մոտ, նրան քաշովը մին ոսկի կտամ:

— Խանում,— ասում ա աղախիններից մեկը,— իմ հերը ջրանցք փորող ա, նա էստեղից մինչև էդ տղի դուքանը կփորի:

Ի՞նչ երկարացնեմ, հայտնի բան ա՝ ոսկին մթի միջին լիս կտա: Մի քանի օրվա միջին էդ մարդը իր գործը պրծնում ա, տղի օթախի տակն էլ ծակում ա, վեզրի աղջկա աղախինը հանկարծ որ դուրս ա գալի տղի օթախի մեջը, տղեն հենց իմանում ա սատանա յա:

— Մի վախենա,— ասում ա աղախինը,— էկել եմ, որ քեզ տանեմ վեզրի աղջկա մոտ:

Գետնի տակի ճամփովը, քաշում ա տղին, բերում իր խանումի օթախը:

Վեզրի աղջիկը ընկնում ա տղի վզովը:

— Ես քոնն եմ,— ասում ա,— դու՝ իմը:

Ջահել սիրուն աղջիկ, ջահել սիրուն տղա: Կրակն ընկնում ա դրանց սիրտը էրում, փոթոթում:

Էդ օրվանից հետո էդ տղեն ցերեկը հալվայա ծախում, գիշերը գնում իր սիրեկանին տեսության:

***

Հալվաչոնց զանգատը վերջը հասնում ա թագավորին: Սա վերցնում ա իրա վեզրին, դերվիշի շորեր են հագնում, թե՝

— Հապա գնանք տեսնենք, էդ ի՞նչ տղա ա, որ էդքան վրեն խոսում են: Իրիկունը գալիս են էդ տղի մոտ, որ գիշերը ղոնախ մնան՝ տղեն ուզում ա տանի սրանց խազեինի տուն, զլուխն ազատի, համա չի լինում՝ ուզում են մնան էստեղ:

Տղեն էլ ի՞նչ անի, ղոնախն աստծունն ա՝ հո դուրս չի անի...

Էդ խոսք ու զրիցի մեջ, մին էլ բիրդան օթախի մեջտեղիցը մի աղջիկ դուրս էկավ՝

— Խանումս ասում ա,— ասեց,— էսօր խի՞ ես եղացել, խի՞ չես գալիս: Էդ աղջկան որ տեսավ՝ վեզիրը ռանգը զցեց, չունքի ճանաչեց իր աղջկա աղախնին:

— Էսօր ես չեմ կարա գալ,— ասեց տղեն,— ղոնախներ ունեմ: Աղախինը էլի էն ճամփովը ետ դառավ, համա չանցկացավ մի քիչ ժամանակ, մին էլ էկավ թե՝

— Խանումս ասում ա «Քեզ էլ դուրբան, քու ղոնախներին էլ, ամենքդ էլ էկեք»:

Տղեն ճարը կտրած, վեր կալավ ղոնախներին, էդ գետնի տակովը բերեց վեզիրի տունը:

Թե ճամփին էդ դերվիշները ի՞նչ հալի էին՝ ասելու չի, համա որ վեզրի սրտին դանակ խփեիր՝ արին չէր կաթի:

Վեզրի աղջիկը դերվիշներին թե՝

— Դերվիշ բաբեք, ինչքան չլինի, դուք էլ հողածին եք: Թե ուզում եք էդ աղախիններիցը ջոկեք, գնացեք, ժամանակ անցկացրեք:

— Չէ, — ասին դերվիշները,— մեզ մի ջոկ օթախ տվեք, մենք պետք ա աղոթք անենք:

Հենց որ թագավորն ու վեզիրը մենակ մնացին, վեզիրն ասեց՝

— Այ-հա՜յ, թագավոր, ես քո պես թագավորի վեզիրը լինեմ, դա իմ աղջկանը էդ օրը գցի՞: Էգուց դրանց դատը ինձ պետք ա տաս:

Թագավորն էլ, դրուստ ա, տղին մեղք էր գալիս— ախր շատ ջահել-ջիվան ու սիրուն տղա էր— համա վեզիրի խաթրը չկոտրեց՝ էգցվա դատը տվեց նրան:

Էգսի օրը էդ տղին կանչեցին թագավորի մոտ: Էդ տղեն մատը կծեց ասեց էն դերվիշները որ կային, իսկական դերվիշներ չէին՝ էստեղ մի բան կա:

Վեզիրը նստած էր թագավորի թախտին, իսկ թագավորը՝ վեզիրի տեղումը, թախտի կողքին էր կանգնած:

Տղի գալուն պես, բերին վեզրի աղջկան՝ գույնը գցած, դողդողալեն, քիչ էր մնում, որ ուշքը գնար: Էստեղ վեզիրը թե՝

— Դու էլ իմ աղջիկը չես: Դու որ իմ նամուսը ոտնատակ տվիր, պետք ա գյուլլախորով լինես, իսկ քու սիրեկան, էն փչացած գյադին ցցին պետք ա բարձրացնիլ տամ:

Ուզեցին հրամանը կատարեն, թեկուզ մեղք էին գալիս աղջկանն ու տղին: Մանավանդ թագավորը՝ մղկտալով լաց էր լինում, ամա որ իրավունքը տվել էր վեզրին, ի՞նչ կարար աներ:

Աղջկան տարան որ՝ գյուլլեն, տղին էլ որ՝ ցիցը բարձրացնեն: Տղի շորերը որ վրից պոկում են, տեսնում են, որ՝ աջ թևին ապարանջան կա կապած, վազում են՝

— Թագավորն ապրած կենա,— ասում են,— էն քո անգին ապարանջանը որ էսքան տարի կորած էր հրեն էն տղի թևին կապած:

Տղին բերում են թագավորի մոտ: Սա որ իր ապարանջանը ճանաչում ա, քիչ ա մնում ուրախությունից ուշքը գնա: Ընկնում ա որդու վզովը, պաչում-պաչպչում: Շուտ կանչում ա վեզիրի աղջկան, տեղն ու տեղը դրանց նշան դնում:

Էրկու շաբաթ հետո հարսանիքն են անում:

Էլ ի՞նչ քեֆ, ի՞նչ ուրախություն՝ աշխարքումը էլ մարդ չի մնում, որ չլիանա էդ հարսանքիցը:

Թագավորն էլ իր թախտը տալիս ա որդուն, ու իր համար հանգիստ ապրում:

Նրանք հասան իրանց մուրազին՝ դուք էլ հասնեք ձեր մուրազին:

ՄԻԱՄԻՏ ԳԵՂՑՈՒ ԽԵԼՈՔ ԱՂՋԻԿԸ

Հին ժամանակով Լոռու գեղերից մնում ապրում էր մի պառավ մարդ: (Ասենք թե էդ գեղը հենց հայի Գյառ-Գյառն էր): Նա ուներ երկու աղջիկ: Մինը մարդու էր տվել Փամբակում, մինն էլ տանն էր: Էդ տան աղջիկը շատ խելոք էր, տնարար ու շատ էլ սիրուն: Խելքով ու շնորհքով սաղ գեղումը գովական էր: Էնպես շնորհքով ձեռք ուներ, էնպես սուր միտք, որ ամենքը ասում էին, թե նրա շնորհքը տվողի ա, աստվածատուր ա, թե նա իմաստուն ա ու հնարագետ: Մի օր աղջիկը ասավ հորը.

— Ապի, գնա տես մեծ քիրս, փեսեն, էրեխեքը ո՞նց են ու խաբարը բեր:

Ալևորը վեր կացավ, գնաց Փամբակ, մի քանի օր մեծ աղջկա մոտ կացավ ու ետ էկավ: Ճամփին նրան ռաստ էկան երկու ջահել տղա: Երբ հասան Փամբակա ջրին, նրանցից մինը ասավ.

— Հայրիկ, ջրի վրա կարմունջ չկա, արի մինս ու մինս կարմունջ դառնանք, մեկելներն էլ վրովն անց կենան:

Ալևորը զարմացավ, ասեց.

— Այ որդի, ոնց որ տեսնում եմ, դուք խելոք տղերք եք, ամա հիմի էնպիսի սարսաղ բան եք ասում, էդ ո՞նց կլինի: Մի մարդ կարա՞ էս ջրի վրա կարմունջ դառնա:

Էդ տղերքն էլ բան չասին: Չիմն էլ բոբիկացան ու ջուրն անց կացան: Երբ որ հասան Դվալա սարին, նրանցից մինն ասավ.

— Հայրիկ, էս սարը շատ բարձրն ա: Մենք մինչև սարի գլուխ հասնիլը շատ կբեզարենք: Արի մինս ու մինս նարդիվան դառնանք, մեկելներս էլ վրովը բարձրանանք սարը:

— Այ որդի,— ասավ ալևորը,— էլի մի սարսաղ բան ասեցիր, մի մարդ կարա էս եքա սարին նարդիվան լինի՞:

Անծանոթ տղերքը էլ բան չասացին, բարձրացան Դվալա սարը. էդ

սարի գլխից Լոռին ոտքից տակին ա, թամաշ արին, ի՞նչ տեսան. սար ու ձոր ալ ու ալվան ծաղիկի մեջ կորած, ղեզերն էլ կանաչ արտերով, անդ ու անտառով զուգված զարդարված: Չորս կողմը սարեր, կլոր պար բռնած, մեջտեղը ձորեր՝ խոր ու ահռելի, աջ ու ձախ կտրած:

Դվեր եկան Դվալա սարից: Մայիս ամիսն է, արտերն եկել, հասկեր էին քշել ու ցնծին էին տալիս: Մի լավ արտի կշտով անց կենալիս էդ տղերանցից մինն ասավ.

— Հայրիկ, յարաբ էս արտի տերը սրա ցորենը կանանչ ա կերել, թե պտի հնձի, կալսի ու հետո ուտի:

Ալևորը զարմացավ, ասավ.

— Այ որդի, էլի մի սարսաղ բան ասեցիր, ախար արտը կանանչուց կուտվի՞: Մին չի որ չհասնի, չհնձեն, չկալսեն, չչորացնեն ու տանեն ջաղացումը աղան, եղնա հաց անեն, ո՞նց կարան ուտեն:

Տղերքն էլի սուս կացան:

Երբ հասան գեղը, մութն ընկել էր, նրանք հալիվորին հարցրին.— Էս գեղումը ո՞վ կա, որ մեզ ղոնախ ընդունի:

— Գնացեք,— ասավ,— Խամցոնց տունը, նրանք գյուռ օջախ են ու ղոնախասեր:

Էն տղերքը գնացին՝ Խամցոնց, ալևորն էլ էկավ իրա տուն: Աղջիկը հարցրեց.

— Ապի, քիրս ո՞նց էր, էրեխեքը, մեր փեսեն ո՞նց էին:

— Շատ լավ էին բալա ջան, քեզ ու հարցնողանցը շատ բարով էին անում:

— Է, լավ, ապի, գնացիր աշխարիման էկար, էլ ուրիշ ի՞նչ տեսար, ի՞նչ իմացար, պատմի տենանք:

— Ի՞նչ պետք է անեի, այ բալա, աշխարք ա էլի, ով ունի՞ ուտում ա, խմում, քեֆ անում: Ով չունի՝ վայ ա տալի իր սև օրը, արին քրտինք ա անում, որ մի կտոր չոր հաց ունենա: Հա, էսօր ճամփին ինձ ընկերացան էրկու ջահել տղա, ամա խոսելիս մի էրկու սարսաղ բան ասին:

Ու ալևորը պատմեց կարմունջի բանը: Աղջիկը ասավ,— Ապի, դու շատ միամիտն ես, նրանք քեզ կապանք են ասել, դու գլխի չես ընկել: Դու նրանց սարսաղ ես ասել, ամա նրանք սարսաղ չեն:

— Բա ո՞նց որդի, մի մարդ կարա՞ եքա ջրին կարմունջ դառնա:

— Է, ապի, երբ նա ընենց ասավ, դուն էլ կասեիր. «Ես ծեր եմ, որդի, չեմ կարող կարմունջ դառնալ, մինդ ու մինդ կարմունջ դառեք, ես էլ վրովն անց կենամ»: Էն վախտը նրանցից մինը կբռբիկանար, քեզ կշալակեր, ջուրն անց կկտցներ. նա կդառնար քեզ համար կարմունջ:

— Ղորթ որ է,— գլխի ընկավ ալևորը,— էդ լավ, ասենք, ամա մի մարդ կարա՞ Դվալա սարին նարդիվան դառնա՞:

Ու պատմեց նարդիվանի բանը:

— Է, ապի,— ասավ աղջիկը,— էլի գլխի չես ընկել: Երբ նա էդպես

ասավ, դուն էլ կասեիր. «Ես ծեր եմ, որդի, կարալ չեմ նարդիվան դառնալ, մինդ ու մինդ նարդիվան դառեք, ես էլ վրովը բարձրանամ սարը»: Էն վախտը նրանցից մինը կսկսեր մի լավ հեքիաթ, յա մի պատմություն, դուն էլ ականջ կանեիր ու սարը հենց կբարձրանայիր, որ չէիր իմանալ, թե ոնց բարձրացար: Էդ կդառնար քեզ համար նարդիվան:

— Ղորթ որ է,— ասավ հալիվորը,— էդ էլ ես լավ ասում: Լավ, էդ ասենք էդպես: Ամա արտը կանանչունց կուտվի՞:

— Է, ապի, ապի,— ասաց աղջիկը,— էս հասարակ կապանքն էլ չես գլխի ընկել: Ախար մի մարդ երբ պարտքով ա վարում, ցանում, որ հնձի, կալսի, պարտքատերը կգա, կտանի, ուրեմն, նա արտը կանանչուց ա կերել: Իսկ էն մարդը, որ իրա աշխատանքով ա վարել ու ցանել, նա, իհարկե, որ հնձի, կալսի՝ ամբարը կլցնի ու ինքը կուտի: Բա էն տղերքը ի՞նչ էլան, ապի,— հարցրեց աղջիկը:

— Գնացին Խամցոնց տուն, բալա:

— Էհ, ապի, էստեղ էլ կացինը քարովն ես տվել: Ախար նրանք ի՞նչ կմտածեին: Չէին ասի՞լ էս մարդուն իսկի հասկացողություն չուներ: Սաղ օրը նրանց հետ ճամփա ես էկել: Անծանոթ մարդիկ քեզ հետ էկել են քու գեղը: Բա դու տուն չունեի՞ր, մի կտոր հաց չունեի՞ր, մի էրկու տեղաշոր չունեի՞ր, որ քու ճամփի ընկերներին համեցեք էիր արել քու տունը, քան թե վեր ես ունում՝ ղրկում ուրիշներին: Որ էդ բանը իմանան, մենք ծիծաղատեղ կդառնանք մարդկանց աչքին:

Ու աղջիկը ձեռաց մի եղալի կլոր գաթա թխեց, տասներկու հատ էլ ձու էփեց, բոխչումը կապեց ու ասավ.— Ապի, էս տար էն տղերանցը տուր, ասա. աղջիկս նեղացավ, որ ձեզ իմ տունը չեմ կանչել, հիմի ձեզ համար էս ղրկել ա, անուշ արեք:

Ալևորը բոխչեն վեկալավ գնաց, ամա միտն էկավ, որ բան չի կերել՝ սոված ա, մի ձուն կլպեց, գաթի պռնկիցն էլ մի քիչ կտրեց, կերավ, նոր բոխչեն բերեց էն տղերանցը:

Տղերքը գլխի ընկան, որ աղջիկն էլ իրանց ա կապանք ղրկել.— Էս ո՞նց ա, հայրիկ,— ասեց մեկը,— ձեր աշխարհումը տարին տասնմեկ ամիս ունի՞: Լիսնյակն էլ օրապակաս ա՞:

Հալիվորը էլի բան չհասկացավ, էկավ տուն, ասավ.

— Մի սարսաղ բան էլ հիմի ասին, թե ձեր տարին տասնմեկ ամիս ա ու լիսնյակն էլ՝ օրապակաս:

— Է՜, ապի, ապի, ինձ խայտառակ արիր: Բերանդ կրակ էր ընկե՞լ: Ի՞նչ կլիներ, որ ճամփին ձուն չէիր կերել ու գաթի պռնկիցն էլ չէիր կտրել:

Միամիտ ալևորը որտեղի՞ց հասկանար, որ աղջիկը իր կապանքովը ասել ա տղերանցը, որ իրա տարիքը թամամել ա ու ինքն էլ թամամ լուսնի պես հասած ա:

Մեկել օրը աղջիկն ասեց.

— Ապի, գնա, էն տղերանցը համեցեք արա մեր տունը, թող գան քու օջախումը մի կտոր հաց կտրեն:

Ալևորը գնաց հրավիրեց: Տղերքը էկան: Նրանք սրտով ուղում էին միամիտ ալևորի խելոք աղջկանը տեսնել: Աղջիկը նրանց շատ քաղաքավարի ընդունեց, ասավ.

— Շատ ցավում եմ, որ իմ հերը ձեր ասածները չի հասկացել, ձեզ պես ճամփի ընկերներին իր տունը չի հրավիրել, հիմի ես խնդրում եմ մեր մի կտոր հացը կտրեք ու հետո բարով գնաք ձեր ճամփեն:

Աղջիկը նրանց հետ զրից էր անում, հերն էլ կերակուրը պատրաստում, հացի թաղարեք տեսնում, դուս ու տուն անում:

Տղերքը տեսան, որ աղջիկը համ շատ խելոք ա, համ իմաստուն ա, համ էլ շատ սիրուն ա: Համա չեն հասկանում. շատ ամաչելուցը, թե մորուց ա՝ աչքերի մինը վախտ-վախտ շլվում ա: Տղերանց մեկը ասավ.— Օթախը շատ լավն ա, ամեն բան կարգին սարքին, ամա ափսոս, որ բուխարիկը մի քիչ ծուռն ա:

Աղջիկը գլխի ընկավ, որ խոսքն իր մասին ա, ետ դառավ ու քաղաքավարի ասաց.

— Սեր պատվական ղոնախներ, դուք բուխարիկի ծռնությունը թողեք, նրան թամաշ արեք, թե ծուխը ինչքան կանոնավոր ա դուրս տանում:

Տղերքը խելքամաղ են լինում աղջկա շնորհքի, տեսքի ու խելքի վրա: Նրանցից մինը առաջ ա գալիս ու ասում.— Խանում աղջիկ, մենք ճամփորդ չենք, ես էս երկրի իշխանի որդին եմ, սա էլ իմ ընկերն ա: Մենք շորներս փոխել ենք, ման ենք գալի, որ ժողովրդի չարն ու բարին իմանանք: Դրա հետ ես մի նպատակ էլ ունեմ. ուզում եմ ինձ համար խելոք մի նշանած ճարեմ: Հիմի քեզնից լավը սաղ աշխարհումը չեմ գտնի: Դու ես, որ կաս ինձ համար: Թե դու համաձայն ես, ձեռքդ տուր, մենք հույս աստծու՝ բախտավոր կլինենք:

Աղջիկն էլ շատ հավանեց տղին: Սրանք նշանվեցին, հետո պսակվեցին ու իրանց մուրազին հասան:

* * *

— Շաքար բիձա,— ասեց տատս,— վերջերս քաղաք էիր գնացել մի հեքիաթ էլ ա բերած կլնես հետդ:

— Չէ, հեքիաթ չեմ բերել, համա տեսածս կպատմեմ:

ԱՇԽԱՐՀՔԻ ԿՆԻԿԱՐՄԱՏՆ Ա ՇԱ՞Տ, ԹԵ՞ ՏՂԱՄԱՐԴԸ

Ժամանակով մի թագավոր ա լինում: Սրա մեռնելու ժամանակը որ գալիս ա, կանչում ա որդուն.

— Հրես ես մեռնում եմ,— ասում ա,— թագս ու թախտս թողնում եմ քեզ: Տարիքդ էլ հասել ա, կարգվելուդ ժամանակն ա: Ման արի,– ասում ա,– ժողովրդի միջից նամուսով, համեստ աղջիկ ջոկի, պսակվի հետը: Կնկա բերած բաժինքն ու հարստությունը ինչի՞դ ա: Էս ա, սաղ աշխարքը մնում ա ձեռքիդ տակին:

Դե, էս թագավոր ա, խրատը տալիս ա որդուն, ձեռները ծալում ա դոշին, աչքերը երկինք ա գցում ու հոգին տալիս աստծուն:

Թագավորին տանում են առոք-փառոք թաղում, գալիս տուն: Հիմի որդին ա նստում թագավոր:

Նազիր-վեզիրը գալիս են նորընծա թագավորի ձեռն ու ոտը պաչում.

— Թագավորս ապրած կենա,— ասում են,.— հիմի մնում ա, որ քեզ պսակենք: Ի՞նչ ես ասում:

— Ի՞նչ պետք ա ասեմ,— ասում ա թագավորը,— հորս կամքն ա՝ պետք ա կատարեմ:

— Հայտնի բան ա,— ասում են նազիր-վեզիրը,— որդին ծնողի խոսքը գետնովը չի տալ, ամա դե օղորմածիկ հերդ մի բանում սխալվել ա էլի: Քեզ ժողովրդի միջից առած աղքատ աղջիկը ի՞նչ սազական ա: Հրեն ֆլան աշխարհի թագավորը մինուճար մի աղջիկ ունի մարդու տալու, իր թագավորության կեսն էլ բաժինք ա տալու վրեն: Հրամայի, գնանք նրա դուռը խնամախոս: Հազիր ունեցվածքիդ վրա մի կես թագավորություն էլ կավելանա: Հարստությունը էն ո՞ւմ փորն ա ծակել, որ քունը ծակի:

Դե, ջահել, անփորձ տղա, նազիր–վեզիրը որ մտնում ա նրա տամարը՝ համաձայնվում ա: Գնում են, թագավորի աղջկանը բերում, պսակում սրա հետ:

Էս աղջիկն էլ շատ սիրուն ա լինում: Էնքան սիրուն, որ արևին ասում ա, դու դուրս մի գալ, հրես ես էստեղ եմ:

Ախ անտեր լինի էդ սիրունությունը: Մարդի քոռացնողը, խելքը շաղացնողը, հարստին աղքատացնողը՝ կնկա սիրունությունն ա էլի: Էս թագուհուն տեսնողը հենց իմանում ա, թե սա տեղովը մեկ հրեշտակ ա, որ կա:

Ամա մարդու բախտը իր հետ պետք ա լինի: Բախտ ասածը թագավոր ու ռամիկ չի ճանաչում: Դրա համար են ասում էլի «քոռ բախտ»: Էս թագավորի քոռ բախտիցը՝ էս սիրուն աղջիկը դուս ա գալի մի՛, մի՛, մի՛ անպետքի մեկը՝ իրա ասած, էրես առած, մարդի պատիվ չիմացող: Չէ՞, մինուճար աղջիկ ա ըլել, ինչ ուզեցել ա, արել ա, նրա ասածը օրենք ա եղել: Հորանց տանը ո՞վ կարար ասի նրան՝ թե աչքիդ վերևը ունք ունես:

Թագավորն էլ սիրուց խելքը կորցրած, քոռացել ա, չի տեսնում, որ չէ թե հրեշտակ, տեղով մեկ՝ հրեշ ա իր խաս ու խասիաթով: Թե հորանց տանը մարդ էր զարմացնում, հիմի թագուհի դառած՝ աշխարք ա զարմացնում իր արք ու արարմունքով:

Օրվա մի օրը, էս օձի կծած սիրուն թագուհին մարդուն ասում ա,

— Դու ինձ իսկի էլ չես սիրում:

Թագավորը թե՝

— Ինչի՞, այ կնիկ, քեզ որ չեմ սիրում, բա ու՞մն եմ սիրում:

— Ինձ որ սիրելիս լինես,– ասում ա թագուհին,— իմ սրտի ուզածը կանես:

— Ի՞նչ ա սրտիդ ուզածը, ասա, էն րոպեին կատարեմ:

— Խոստանում ե՞ս, որ սրտիս ուզածը կատարես,— հարցնում ա թագուհին: Թագավորական խոսք ես տալի՞ս:

— Էն ի՞նչն ա աշխարհի էրեսին, որ ես քու սիրուն մատաղ չանեմ: Ի՞նչ ա ուզածդ, ասա:

— Ոչ մի բան էլ: Ոչ մի բան աչքիս չի գալիս, ամեն ինչից բեզարել եմ,— տնքում ա թագուհին,— մեր կերած-խմածիցն էլ ա զահլես գնացել: Հորանցս տանը, երբ ուզում էի, փլավ էին գցում ինձ համար, մսի տեղն էլ բլբուլի լիզուներ էին դնում գլխին: Ամա բլբուլի լիզուներից էլ եմ բեզարել: Հիմի ես ուզում եմ, որ դու հրամայես, ինչքան աշխարքիս երեսին տեսակ-տեսակ թև ու թռչունք կա, բռնեն բերեն, նրանց սրտերը հանեն, արդար եղի միջին տապակեն, տան ինձ, որ ես մի իշտահով հաց ուտեմ, վրեն էլ ջրի տեղը ծտի կաթ խմեմ:

Թագավորը կարծում ա, որ կնիկը պատճառավոր ա դրա համար ա չեղած բաներ պահանջում ուտելու ու խմելու համար.

— Էդ շատ լավ ա,— ասում ա,— ուրեմն կնիկ ջան՝ էրկու հոգիս ես...

— Լափ, հենց մի հոգիս եմ,— ասում ա թագուհին,— ես տռզած փորով ման էկողը չեմ:

— Էդ ի՞նչ ես ասում, այ կնիկ,– ասում ա թագավորը,– ո՞նց թե «տռզած փորով ման էկողը չեմ»: Բա թագաժառանգ մեզ ո՞վ կտա:

— Իմ բանը չի,— ասում ա թագուհին,— ով ուզում ա թող տա:

— Ինչ միամիտ ա մեծացել կնիկս,— մտածում ա թագավորը,— տեղով մեկ էրեխա յա: Դե, հայտնի բան ա, առանց մոր, հոր ձեռի մեծացրածն էլ պետք ա էդ ըլի, էլի: Դե լավ ա, լավ, ամեն ինչ լավ կլի,— ասում ա,— դու քեֆդ հեչ խարաբ մի անիլ:

— Հենց լափ խարաբ եմ անելու,— լաց ա լինում թագուհին,— բա ո՞ւր ա, ինչի թագավորական խոսքդ չես կատարում:

Խեղճ թագավորը մնում ա դարդոտած:

— Էս կնիկը յա խելքապակաս ա,— ասում ա,— յա չար սատանեն մտել ա փորը: Ո՞վ կիմանա, թե աշխարքիս էրեսին ի՞նչ տեսակ-տեսակ թև ու թռչուն կա, որ բռնեն-բերեն: Ծտի կաթ ո՞վ ա իմացել:

Թագուհին էլ հիմի ոտը գետնովն ա տալի՝ թե ուզածս չանես, հրես սոված կմնամ՝ կմեռնեմ:

— Ի՞նչ անեմ,— ասում ա թագավորը,— բալի ուրիշ երկրներումը կթվող հավ ու հավքեր կան, հենց ես ա, որ բանից բեխաբար եմ: Բա էլ ի՞նչ թագավոր եմ, որ կնկանս ուզածն էլ չկատարեմ:

Տեղն ու տեղը հրաման ա տալիս, թե ինչքան իր երկրում խելոք, իմաստուն, գիտնական մարդիկ կան, խելք-խելքի տան, որ տեսնեն, թե ինչպե՞ս կատարեն թագուհու կամքը:

Գալիս են, հավաքվում են բոլոր խելոքները, իմաստուններն ու գիտնականները, ասում են խոսում, ամա դե, ոնց որ մաղով ջուր ըլեն կրելիս՝ բան չի դառնում: Ոչ էլ համարձակվում են թագավորին հասկացնեն, թե ուր ես կնկանդ խելքին ընկած անկատարելի բաներ պահանջում:

Թագավորը հարցնում ա, թե բոլո՞ր գիտնականներն են եկել:

— Թագավորն ապրած կենա,— ասում են,— մի կենտ գիտնական ա մնացել տանը, ձեռից-ոտից ընկած ալոր ա, ինքն էլ հիվանդ:

— Գնացեք բերեք էդ մարդուն:

Գնում են բերում:

— Էս հիվանդանալու վախտ ա՞,— ասում ա թագավորը,— ի՞նչ բանի էիր տանը, որ չեկար:

— Թագավորն ապրած կենա,— ասում ա գիտնականը,— հաշիվ էի անում, որ տեսնեմ, թե աշխարքիս էրեսին կնիկարմատն ա շա՞տ, թե տղամարդը:

— Մեր ինչի՞ն ա էդ քո հաշիվը,— բարկանում ա թագավորը,— մեր հարցի պատասխանը տուր, թե չէ թագուհին, հրեն ուզում ա սովամահ լինի:

— Համբերի, թագավորն ապրած կենա,— ասում ա գիտնականը,— ես տեսա, որ մարդկությունը որ ստեղծվել ա, մահն էլ հետն ա ստեղծվել, ինչքան ապրում են՝ բոլորն էլ մեռնում են: Ուրեմն մեռածները ավելի շատ են, քան թե սաղ մնացածները: Էս հո պարզ հաշիվ ա: Ամա արի տես, որ ապրողների միջին հաշվի տախտակի վրեն կնիկարմատը տղամարդուց շատ ա դուրս գալիս:

— Էդ ո՞նց կլնի,— զարմանում ա թագավորը,— պետք ա, որ հավասար լինեն:

— Թագավորն ապրած կենա, կլինի,— ասում ա գիտնականը,— կլինի, քանի որ ամեն բեղ ու միրուք ունեցող դեռ հալա տղամարդ չի, ոնց որ, ասենք, ամեն թագավորի կնիկ դեռ թագուհի չի: Թագուհին էն ա, որ իր թագավոր-մարդու հետ հավասար լուծ քաշի, ժողովրդի մասին մտածի և ոչ թե քու կնկա նման...

— Ի՞նչ «իմ կնկա նման», ասա, վախիլ մի,— ասում ա թագավորը:

— Թագավորն ապրած կենա,— ասում ա գիտնականը,— ես քեզ նման ոչ վախեցնող եմ, ոչ էլ վախեցող: Հրետ դու էնպես աh ու դող ես գցել գիտնականների ջանը, որ մինն էլ սիրտ չարեց էրեսիդ ասի, թե ի՞նչը ընչոց ա: Մի ոտս գերեզմանի միջին ա, կես մահը շալակիս՝ մի նոր քու տված աhը ինձ ի՞նչ կանի: Ուզում ես, դե լսի: Քու կնիկը իր թագավոր հորիցը բոլ ու բոլ էրես ա առել, դու էլ պակաս աստառն ես տվել գլխից նստացրել ու հենց գիտես, թե տղամարդ ես, քանի որ բեղ ու մորուք ունես: Կնկադ գյամը քաշի քանի ուշ չի, թե չէ խամ, տրճիկ տվող կին քեզ էլ գետնովը կտա, իրան էլ կվնասի: Հաշիվն անելու վախտը ես կնիկարմատ հաշվեցի էն տղամարդկանց, որ քեզ ու քեզպեսների պես կնանոց ձեռին խաղալիք են դառել, որ սիրուց քոռացած էլ չեն իմանում, թե ինչ են անում:

— Էլ սուս, իմաստուն մարդ,— ասում ա թագավորը,— աչքիս փառը վեր ընկավ: Դրուստ որ՝ հոր խրատը չկատարողի ոտը քարին կդիպչի: Ես ընչի՞ չառա մի աղքատ, նամուսով, համեստ աղջիկ: Ախր, սա ի՞նչ սիրելու բան էր, որ ես սիրեցի սրան: Էլ հերիք ա, կնկանս գյամը կքաշեմ, թե կարացի խելոքացրի, հու լավ, թե հու չէ՝ չկարացի, իմաց կաց, իմաստուն մարդ, բեղերս ու մորուքս կածիլեմ, որ իմ անումն էլ գրես կնիկարմատների հաշվի տախտակին...

— Էդ որ թագավորի խելքի գալը ասեցիր, մի խելքի եկողի պատմություն էլ ես անեմ:

***

... Տեսնես, էն թագավորը բեղ ու միրուքը ածիլեց, թե մնաց էրեսին: Տո, դե ո՞վ գիտի՝ նայած մարդուն: Թե՝ նայած կնկանը:... Հը՞...

ԽԵԼՔԻ ԵՄ ԵԿԵԼ

Լինում ա չի լինում մի հարուստ մարդ ա լինում: Էս հարուստ մարդը հազարներով տավար ու ոչխար, մալ ու դոլվաթ, տուն ու տեղ ա ունենում: Համա ի՞նչ օգուտ, որ մի չտեսնված գծուծ, ժլատ մարդ ա լինում, որ կոպեկի համար հոգի ա տալի: Ոչ տանը, ոչ դուրսը մի մարդ էլա նրանից ոչ մի խեր ու բարիք, ոչ էլ մի պատիվ ու ուրախություն տեսած չի լինում:

Արի տես, որ օրեն մի օր, էս հարուստը գլխացավի ա բռնվում: Շատ էլ չի ուզում բժշկի ու դեղի փող ծախսի, ամա ճարը կտրած գալիս ա բժշկի դուռը, թե՝ այ բժիշկ, ախր ես մեռա, ինձ մի ճար արա լավանամ:

Բժիշկը սրան, թե՝ քու գլխացավի դեղը ոչխարի գլխի միջին ա: Մի քանի ոչխար մորթի, գլխների ուղեղը կեր, տեղնուտեղը կլավանաս, թե հու չէ, քեզ ուրիշ ճար չկա:

Հարուստը միտք ա անում, թե ինչի եմ իմ ոչխարներին մորթում, հազիր գնամ միս ծախողիցը ոչխարի գլուխ առնեմ, ուտեմ: Ձի ա նստում, գնում միս ծախողի մոտ, թե, այ ախպեր, ոչխարի գլուխ ունե՞ս ծախու:

Միս ծախողը, թե բա իմ բանի անունը ի՞նչ ա: Հրես գլուխ էլ ունեմ, ոտ էլ ունեմ: Գլխի հատը՝ երեսուն կոպեկ: Էս հարուստը, թե՝ վա՜յ քու տունը շեն, ես ինչի տեր եմ, որ ոչխարի գլուխը առնեմ երեսուն կոպեկով: Էդ հո տնաքանդություն ա: Չէ, ես չեմ կարա: Շատ թանկ ա:

— Դե, որ թանկ ա,— ասում ա միս ծախողը,— էժանն էլ կա, իրեն մեր հարևան գեղումը ոչխարի գլուխը քսան կոպեկ են ծախում:

Հարուստը ձին քշում ա, գալի էս գեղը, տեսնում ա իրեն միս ծախողը կռները քշտած, ոչխար ա մաշկում:

— Բարի աջողում, ախպերացու,— ասում ա հարուստը,— ոչխարի գլուխը քանիսով ես ծախում:

Սա թե.

— Աստծու բարին, ախպերացու, ոչխարի գլխի հատը քսան կոպեկով եմ ծախում:

— Վայ քու տունը շեն,— ասում ա հարուստը,— էս ի՞նչ ա ես մի բռան չափ գլուխը, որ սրան քսան կոպեկ տամ: Չէ, ես չեմ կարա: Շատ թանկ ա:

— Դե, որ թանկ ա,— ասում ա միս ծախողը,— սրանից էժանը, մեր մոտիկ քաղաքումը մեծ ղասաբխանա կա, էնղեղ ոչխարի գլուխը հատը տասը կոպեկ են ծախում:

Դե, էլ գլխներդ ի՞նչ ցավացնեմ, հարուստը հասնում ա էդ ղասաբխանեն, տասը կոպեկով մի ոչխարի գլուխ ա առնում զցում խուրջինի մեջը, խուրջինը զցում ձիուն, ինքը նստում ձիու վրա: Ամա մինչև դես ու դենը՝ օրը մթնում ա: Տեսնում ա, որ չի կարա իրանց տուն հասնի, գիշերով մի դուռ ա ծեծում, ղոնախ ա ընկնում մի հարուստ կնկա տուն:

Մին էլ դուռը բացվում ա, տուն ա մտնում մի սիրուն, բոյ ու բուսաթով ջահել տղա: Բարով ա տալի, բարով առնում, նստում էդ կնկա կշտին:

Ըստե, կնիկը հարցնում ա ջահել տղին, թե.

— Թակենք նոր ուտենք, թե ուտե՞նք նոր թակենք:

Հարուստի լեղին ճաքում ա՝ վայ թե ինձ են ուզում թակեն...

Ջահել տղեն ասում ա, «Թակենք նոր ուտենք»:

Սա որ էս ասեց, կնիկը էն ռոպեին գնաց կողքի օթախիցը մի խուրջին բերեց, խուրջինի միջից հանեց, ի՞նչ հանեց, հանեց մի գլուխ, մի տղամարդի գլուխ: Կնիկն ու տղեն, մի մի ճիպոտ վեր կալած լավ, լազաթին թակեցին էդ խուրջնիցը հանած մարդի գլուխը: Համ ծեծում էին, համ էլ անպատիվ ուշունց տալի: Կնիկը հո, յաման էր ծեծում ու թքում: Վերջը գլուխը էլ ետ զցեցին խուրջինը, տարան կողքի օթախը:

Կնիկը մի սեղան բաց արեց, որ աչքդ էն բարին տեսնի, սուփրեն մեկ, միջինը հազար, էլ ինչ ուտելիքներ, ինչ խմելիքներ: Նոր սրանք հանգիստ նստեցին սեղան, կերան, խմեցին, ջան ասեցին ջան լսեցին, երգ ու խաղ ասեցին...

Հարուստը մնացել էր բերանը բաց, չէր իմանում ի՞նչ էր իրա տեսածը. երա՞զ էր բալի...

— Այ քույրիկ,— հարցրեց կնկանը,— էս ի՞նչ բան էր, որ տեսա, էն ում գլուխն էր, որ էնպես ծեծում, թքում ու մրում էիք:

Էս կնիկը, թե՝ էս տուն ու տեղը, որ տեսնում ես, իմ մարդուն էր պատկանում, շատ մեծ հարստության տեր էր, էլ ոչխար, էլ տավար, էլ, էլ, էլ ի՞նչ ասեմ ամեն բան ուներ, ամա աստված նրան անիծել էր, թե սատանեն տամարն էր մտել, մի չտեսնված գծուծ, ժլատ մարդ էր անխիղճը, կոպեկի համար դողդողում ու հոգի էր տալի: Օր ու գիշեր իր մալի ու ոչխարի մոտ էր անց կացնում: Ոչ նրա երեսն էի տեսնում, ոչ էլ մի քաղցր խոսք լսում նրա բերանիցը:

Դե, ես էլ տեսա, որ նրան ոչ տուն ա պետք, ոչ կնիկ ու սեր, էս ջահելին առա ինձ սիրեկան ու սրա հետ էի տանը կյանք վայելում, չունքի չուտողի մալը՝ ուտողին հալալ ա: Վերջը մարդս հիվանդացավ, մեռավ: Նրա մահից հետո էր, որ ես նոր մի լավ օր ու կյանք տեսա: Սաղ հարստությունը մնաց ինձ: Սիրեկանիս հետ օրինավոր պսակվեցի: Հիմի ուտում, խմում ենք նրա հարստությունը, գլուխն էլ կտրած պահում ենք ու ամեն սեղան նստելուց առաջ մի լավ թակում ենք նրա համար, որ իմ կյանքն էլ իրանի նման սև էր անց կացնում, քանի սաղ էր: Ի՞նչի չէր շուտ սատկում, որ իմ ջանն էլ ազատվեր նրա ձեռիցը...

Էս որ լսում ա հարուստը, մատը կծում ա: Գլխի ցավը տեղն ու տեղը կտրում ա:

Հենց որ լիսը բացվեց, բարին բացվի ձեր գլխին, ձեր որդկերանց գլխին, էս հարուստը ձին դուրս քաշեց գոմիցը ու յալլա դբա իրանց գեղը: Տաբը կոպեկանոց ոչխարի գլուխը հանեց խուրջինիցը, դեն շպրտեց, «Այ քու էսենցն ու էնենցը,— ինքն իրան ուշունց տվեց,— էլի ժլատություն կանե՞ս:

Հասավ տուն, կանչեց իր գլխավոր չոբանին, թե՝ էս ռոպեին իրեք հատ լավ դոշ ջոկիր, որ մորթենք:

— Վա՜յ, աման, տունս քանդեց,— ծղրտաց հարուստի կնիկը,— քեզ ի՞նչ էլավ, այ մարդ, հիվանդ հո, գժվե՞լ ես: Էսքան տարի մենք մարդ ու կնիկ ենք, էսքան հարստության տեր, մի անգամ էլա էսպես բան չես արած դու: Մեր կերածը էն ա էլել, որ դու ամիսը մի հետ բազարիցը մի գրվանքա միս ես առել:

Մարդը թե՝

— Վախիլ մի, կնիկ ջան, հեչ վախիլ մի: Ոչ թե գժվել, լափ խելքի եմ էկել: Ժլատ մարդը շուտ կմեռնի, հետևիցն էլ ուշունց կտան, էսենց ու էնենց խոսք կիիշեն գերեզմանին...

— Այ մարդ, յանի դո՞ւզ ես ասում, թե սուտ,— հարցնում ա կնիկը:

— Սուտ ասողի հերը, մերը... սուտ ասողը խավար-խասին մնա, սուտ ասողը խորով-խորով լինի, աչքը տրաքի, դարաչի դառնա... Սուտ ասողի... հը, բերանս ինչա գալի...Ասում ա պրծնում, կնկանը խտտում, պաչպչում:

— Վա՜յ, այ մարդ, մեռնեմ արևիդ,— ձեն ա տալի կնիկը,— հիմի որ տեսնում եմ՝ խելքի ես եկել:— Ինքն էլ ա մարդուն խտտում, պաչպչորում, թե իմ ջան ու ջիգյարն ես, թե իմ բոթոտ շունս ես յանի թե՝ քեզ շատ եմ սիրում:

Դե դրուստ ա էլի՝ ուզում ես շուն ասա, ուզում ես գել ասա, մենակ թե խոսքի տակին սեր ընի:

ԴԱՐԴՈՏԱԾ ՎԱՃԱՌԱԿԱՆԸ

Ողորմի ձեր անցավորանց՝ ողորմի իմ պապին՝ էս նրա պատմած հեքիաթն ա...

Լինում ա չի լինում մի վաճառական:

Սրան ունենում ա մի կնիկ: Սրանք շատ հարուստ են լինում ու շատ էլ սիրով են ապրում:

Ամա, օրվա մի օրը էս վաճառականը, որ էլի իրա գործերով ուրիշ քաղաք ա գնում, ետ ա գալի տուն՝ իմանում ա, որ կնիկը սիրեկան ա պահել:

—Իմ կնիկը էդ բանը չի անի,— ասում ա,— Լինելու բան չի: Էստեղ չար լիզու ա խառը:

Համա էլ ու՞ր: Պապս կասեր՝ աչքի տեսածը հաստատ ա, քանց ականջի լսածը: Իրա աչքովը տեսնում ա, որ կնիկը սիրեկան ունի:

Դե, ինքը անունով, պատվով մարդ, ո՞նց դիմանար: Կնկանը դուրս ա անում տանից:

Անց ա կենում մի առ ժամանակ, էս վաճառականը տեսնում ա, որ տունը՝ առանց տանտիրուհու՝ տուն չի: Ամեն բանի համն ու լազաթը կորել ա: Ի՞նչ անի: Մեկ պսակվողն ա փոշման, մեկ՝ չպսակվողը: Համ էլ ասված ա՝ մենակությունը աստծուն կվայելի: Միտք ա անում, միտք, նորից մի ուրիշ կնիկ ա առնում՝ հետը պսակվում:

Ամա արի տես, որ էս վաճառականի բախտը իրա հետ ա լինում: Էս թազա կնիկն էլ ա հարամ դուրս գալի: Ուզած-չուզած սրան էլա տանից դուրս անում:

Խեղճ վաճառականը ընկնում ա դարդի ծովը: Դարդից ու ամոթից ուզում ա թե խեղդվի, մարդու էրես չի ուզում տեսնի:

Օրվա մի օր տուն ա մտնում սրա չքավոր հարևանը:

— Այ մարդ,— ասում ա,— ի՞նչ ա էլել քեզ: Ռանգդ գցած, ունքերդ կիտած, մտքերիդ հետ ընկած, ուրբաթախոս ես դառել: Աստված դարդը որ տալիս ա՝ դարմանն էլ հետը:

Վաճառականը սիրտը բաց ա անում, պատմում ա իր դարդը: Համ պատմում ա, համ էլ հանկարծ միտն ա բերում, որ էդ հարևանի կնիկը էրկու-հոգիս ա, ասում ա՝

— Իմ դարդի դարմանն էն ա, որ համաձայնվես քեզ հետ մի պայման կապենք: Էս ա կնիկդ էրեխով ա,— ասում ա,— էսօր էգուց ազատվելու ա: Թե որ տղա բերեց, էդ հո քու բախտիցը: Թե որ իմ բախտիցը աղջիկ բերեց, արի, էդ վեց ամսական աղջիկը ծծից կտրած ինձ տուր, ես պահեմ, իմ զիդեցածով մեծացնեմ ինձ համար: Ինչքան փող կուզես՝ կտամ, աղջկադ էլ առոք-փառոք, աչքիս լսի պես կպահեմ:

Շատ երկար չասենք: Չքավոր հարևանին շատ որ զոռում, մեծ փող ա խոստանում վաճառականը, վերջը պայման են կապում:

Հարևանի կնիկը, իրա ժամանակին ծունկը գետինն ա տալիս, բերում մի սիրուն աղջիկ:

Վեց ամիսը թամամած, ծծից կտրում, էդ աղջիկ էրեխուն բերում են տալիս վաճառականին:

Դե, էս վաճառականն էլ, ի՞նչ ասել կուզի, աշխարհի պետք էլածը ճարում ա, ամեն մի հարմարություն ստեղծում, որ էրեխուն թաքուն մեծացնի, օտար աչքից հեռու:

Կարճ կտրենք՝ անց ա կենում տասնվեց տարի, աղջիկը մնում ա՝ անարատ աղջիկ:

Վաճառականը մին էլ որ գնում ա ուրիշ քաղաք առուտուրի, հասած աղջիկը մնում ա տանը փակված...

Աղջկա աչքը ընկնում ա երդիկին, ասում ա տեսնաս դուրսը ի՞նչ կա:

Իրար վրա բաներ դնելով, բարձրանալով, հասնում ա երդիկին, երդիկովը դուրս գալի կտուրը, կտրանը նստում: Անմեղ արարած՝ իրա համար խաղում ա կտրան կանաչի, քար ու հողի հետ, քար ու հող ա շպրտում դես ու դեն:

Մին էլ որ քար ա գցում, քարը գնում դիպչում ա մի ջահել տղի: Աղջիկը միամիտ ա՝ ամա տղեն ասում ա. «Հալբաթ ինձ սիրում ա՝ դրա համար ա քարով տալի»:

Վեր ա ունում աղջկան, մտնում սրա հետ տուն:

Դե, էլ ի՞նչ ասեմ... Սրանք ապրում են իրար հետ: Ապրում են, յոթանասուն ու ութ օր:

Վրա յոթանասուն ու ինը օրը, վաճառականը, իր գործը պրծած, գալիս ա տուն, դուռը բաց անում... Տղեն աղջկա ծոցիցը փախչում ա, թաքնվում, ամա դե վաճառականը տեղն ու տեղը գլխի ա ընկնում թե՝ ինչը-ինչոց ա. աղջիկը էլ աղջիկ չի:

Մի բան էլա չի ասում, մտիկ ա տալի աղջկա աչք-ունքին, ախ ա քաշում, ասում ա, գլուխս առնեմ, գնամ կորչեմ, որ էնքան անբախտ եմ ես: Դուռը ետ ա դնում՝ ընկնում ճամփա, գնում:

Գնում ա, գնում շատն ու քիչը աստված գիտի, արևամուտին հասնում ա մի աղբրի: Էն զուլալ սառը ջրիցը մի լավ կուշտ խմում ա, սիրտը հովացնում, ուզում ա թե պառկի՝ հանգստանա, մինել միտք ա անում, թե գետնին հազար տեսակ սողուն ու կարիճ կլինի՝ բարձրանում ա ծառին՝ որ քնի:

Ամա օձը կծածին քուն կգա՝ նրա աչքերին քուն չի գալիս:

Մին էլ տեսնում ա, իրես մի մարդ էկավ, ախպրիցը ջուր խմեց: Հետո նստեց, ջեբիցը մի աղլուխ հանեց փռեց, վրեն հաց ու պանիր դրեց: Էն մեկել ջեբիցն էլ հանեց մի կարմիր խնձոր:

Էս խնձորը ձեռների մեջին ոլորեց-պոլորեց, էնքան մինչև էդ կարմիր խնձորը դառավ մի շահել սիրուն կնիկ:

Սրանք հաց կերան պրծան: Դեսից-դենից խոսացին: Մարդը գլուխը դրեց կնկա ծնկանն ու քնեց: Մարդը որ քնեց, էս կնիկը մարդու գլուխը դրեց գետին, ծոցիցը հանեց մի ասեղ, ձեռների միջին էնքան ոլորեց-պոլորեց, որ ասեղը դառավ... մի ջահել, սիրուն տղա, էս կնկանը սեր տվեց, սեր առավ:

Մարդու զարթնելու վախտը որ էկավ, էս կնիկը էդ ջահել տղին էնպես ոլորեց-պոլորեց, որ էլի ասեղ շինեց, դրեց ծոցը, մարդու գլուխը էլ ետ դրեց իր ծնկանը, դառավ մի անմեղ հրեշտակ:

Մարդը զարթնեց, պաչեց կնկանը, ոլորեց-պոլորեց, էլ ետ շինեց մի կարմիր խնձոր, ջեբը դրեց ու ճամփա ընկավ:

Վաճառականը իրան մի լավ կմշտեց՝ էս էրա՞զ էր, թե տեսիլք, ամա տեսավ որ քնած չի, զարթուն ա, էլի:

Վեր էկավ ծառիցը, գնաց մարդու հետևից, հասավ սրան, հարցրեց.

— Ու՞ր ես գնում, ախպեր, ճամփեդ բարի:

— Չեմ գիդում,— ասավ մարդը,— գնում եմ էլի:

— Դե որ էդպես ա,— ասավ վաճառականը,— մեկ չլինենք՝ երկու լինենք, դառնանք ընկեր, ի՞նչ կասես:

— Լավ, ի՞նչ եմ ասել, դառնանք ընկեր:

Սրանք ճամփա են ընկնում, ամենը իր դարդիցն ա խոսում, վերջը վաճառականը թե՝

— Ազնիվ ընկերը ընկերոջիցը բան չի թաքցնի, էդ ի՞նչ կարմիր խնձոր էր, որ ջեբիցդ հանեցիր, ոլորեցիր-պոլորեցիր՝ կնիկ դարձավ: Ախար ես ծառին նստած՝ ամենը տեսա:

Ընկեր թե.

— Քեզանից թաքցնեմ, աստվածանից ոնց թաքցնեմ: Որ տեսա կնիկս հարամություն ա անում, ընկա մի դերվիշի ոտը աղաչեցի, պաղատեցի, ինձ սորվացրեց, թե ոնց անեմ կնկանս խնձոր դարձնեմ, որ միշտ ջեբիս լինի, հարամություն չանի:

— Հայտնի բան ա,— ասում ա վաճառականը,— ջեբիդ միջին էլ ո՞նց կարա դավաճանի քեզ: Բա էդ դերվիշի տեղը չե՞ս գիտի:

— Չէ, որդի՛ան, մի քանի տարի առաջ Հնդստանից էկել էր մեր կողմը:Ետ գնաց իրանց երկիրը:

Վաճառականը մտքումը ծիծաղում ա միամիտ ընկերոջ վրա, ամա էլ ոչինչ չի ասում նրան: Բերում, հասցնում ա իրանց շենը՝

— Դու էստեղ կաց,— ասում ա,— սպասի ինձ: Ես մի ծանոթ տուն ունեմ, գնամ ետ գամ, գիշերն էնտեղ մնանք:

Գալիս ա, իրա տան դուռը ծեծում:

Էդ վախտն էլ աղջիկն ու տղեն սեր են անելիս լինում: Տղեն մտնում ա թախտի տակը, թաքնվում:

Վաճառականը տուն ա մտնում, հրամայում ա աղջկան, որ վռազ ուտելիք ու խմիչք պատրաստի վեց հոգու համար, ինքը գնում ա ընկերոջը տուն բերում:

Նստում են հացի: Աղջիկն ասում ա թե՝

— Բա ու՞ր են մեկել ընկերներդ:

— Նստի, կգան,— ասում ա վաճառականը,— էն տղին էլ նստացրու, նա էլ սոված կլի, թող նստի մեզ հետ հաց ուտի:

— Ի՞նչ տղա, ի՞նչ ես ասում,— լաց ա լինում աղջիկը,— մեռնողը ճակատիս ա: Ինչի՞ ես էդ ծանր խոսքը ինձ ասում:

— Շուտ արա, բեր էդ տղին, թե չէ էս ա գլուխդ կպոկեմ:

— Ամա՛ն,— ճչում ա աղջիկը,— այ տղա դուրս արի, նստի էստեղ:

Տղեն դուրս ա գալի, նստում:

— Դե հիմի դու,— ասում ա վաճառականը ընկերոջը,— ջեբիդ էն բանը հանի: Մեղք ա, նա էլ սոված կլի:

Ընկերը հանում ա խնձորը, ոլորում-պոլորում, դառնում ա սիրուն կնիկ՝ էնտեղ նստում:

Էնա ուզում են հաց ուտեն, վաճառականը դառնում ա ընկերոջ կնոջը՝

— Դոշիդ ասեղը հանի,— ասում ա,— սոված կլի, թող նա էլ հաց ուտի մեզ հետ:

— Էն ի՞նչ ասեղ ա, ի՞նչ բան ա,— զարմանում ա ընկերը,— հանի, թե չէ էս ա սպանեցի քեզ:

Էս կնիկը, ճարը կտրած, հանում ա դոշիցը ասեղը, ոլորում-պոլորում, շինում ա մի ջահել սիրուն տղա, կողքին նստեցնում:

— Պա-հո՜,– ասում ա ընկերը, — էս ի՞նչ բան էր: Այ վիզդ կոտրվի, այ դերվիշ, ուրեմն կնկանս էլ ես սովորացրել: Վայ ձեր ջինսը կարվի, կնանիք, վայ ձեր յոթ պորտը անիծվի, վա՜յ ձեր... Մեղա, մեղա, բերանս ինչ ա գալի...

— Վեր կալեք բաժակներդ,— ասում ա վաճառականը,— էս էլ խմենք՝ որտեղ միամիտ մարդ կա նրա կենացը: Ինչ արինք՝ չարինք՝ բախտ չունեցանք: Ձուկը ձկանն ասավ. «Դենը պառկի: —Ու՞ր պառկեմ,— ասեց,— երկուսս էլ մի թավումն ենք տապակվում»: Վեր կաց, բախտակից ընկեր, թող սրանք էստեղ մնան, մենք վեր կենանք գնանք էս փուչ աշխարքիցը:

Սրանց թողնում են էստեղ, իրանք գնում: Թե ու՞ր, իրենք էլ չեն իմանում...

***

Պապս որ հեքիաթը թամամացրեց՝ տատս շատ նեղացավ նրա վրա:

— Ալնոր,— ասեց,— էլ բան չգտար պատմելու, որ էդ պատմեցիր:

Գլխիդ ես հավաքել հարսն ու աղջիկ, ազապ տղա ու տան երեխա: Քարոզ էս կարդում գլխներին, որ սրանք էլ ոչ քիր ու մեր ճանաչեն, ոչ հարսն ու աղջիկ: Քու հեքիաթին մտիկ տված, ուրեմն բոլոր կնանիք դալբ ու հարամ ե՞ն: Բա էդ ասելու բան ա՞: Բա էդ պատմելու հեքիաթ ա՞: Տեսնում եմ՝ քանի տարիքդ երկարում՝ խելքդ կարճանում ա:

Պապս մի թեթև ծիծաղեց, հետո դառավ տատիս՝

— Հերիքնազ,— ասեց,— էդ ձեզ, կնանոցդ համար ա ասած՝ «Մազը՝ երկար, խելքը՝ կարճ»: Հիմի դու ո՞ւր ես ինձ վրա շուռ տալի: Ես ե՞րբ ասի թե բոլոր կնանիքն են դալբ ու դավաճան: Ես հո խելքս հացի հետ չեմ կերել, որ էդպիսի շաշ բան ասեմ: Հեքիաթը նրա համար ա ասվում, որ ջահելները իմանան աշխարքիս լավն ու վատը, խերն ու շառը: Առակ ասողին՝ լող պիտի: Դե, դու հիմի տաք արա, ես մի հեքիաթ էլ պատմեմ, լսի՝ նոր վրես խոսա...

Էս հեքիաթը իմ հերը պապիցս ա լսել, պապս էլ՝ իրա հորիցը:

Ժամանակով մի ջահել տղա ա լինում— մի ջահել սիրուն աղջիկ: Սրանք շատ սիրելիս են լինում իրար: Տղի հերն ու մերն էլ են հավան կենում աղջկան:

Բերում, նշանում են սրանց, մնում ա պսակն ու հարսանիքը:

Ամա, երկու երանի մի տեղ չի լինի...

Էս տղեն նշանդրեքի գիշերը մի էրազ ա տեսնում, դուշմանս տեսնի

էդ տեսակ երազ: Էրազում տեսնում ա, որ ինքը նշանածին կարոտով համբուրելու ժամանակ հանկարծ մահը էկավ առաջին կանգնեց, ձեն տվեց.

— Քու պսակի օրը,— ասեց,— դու պիտի մեռնես:

Էս տղեն մի ճչում ա ու զարթնում, սառը քրտինքը կտրած: Ահ ու զարզանգի բռնված, սա առավոտը էլ ոչովի բան չի ասում, տանից դուրս ա գալի, ընկնում սար ու ձոր: Շատն ու քիչը՝ տերն ինքը գիտի: Մին էլ տեսնում ա, իրես մի ոսկեղեն աթոռ, էս աթոռին բազմած երկար սպիտակ միրուքավոր մի ալևոր, ձեռին մի գավազան: Երեսն էնքան պարզ ու հանդարտ ա, ասես աշխարքիս դարդն ու ցավը, խաղն ու պարը իսկի վեջը չի.

— Այ տղա,— ասում ա ալևորը,— էդ ինչի՞ ես ռանգդ գցել՝ դեղնել: Էդ ու՞ր ես գնում:

— Մահիցս եմ փախչում, պապի,— ասում ա տղեն,— ու պատմում ա՝ էսենց, էսենց, էսենց, բանս բուրդ ա:

— Ճիշտ ա,— ասում ա ալևորը,— Մահի ձեռից փախչող չի լինի, ամա,— ասում ա,— Մահի միրուքը իմ ձեռում ա, ես եմ հրամայում Մահին՝ ֆլան մարդու հոգին առ: Ֆլան մարդը թող երկար ապրի, ֆլան մարդը՝ կարճ:

— Պապի, բա դու ո՞վ ես,— զարմանք կտրած հարցնում ա տղեն:

— Ինձ Ժամանակ կասեն,— ասում ա ալևորը:

— Այ պապի,— աղաչում ա տղեն,— բա որ էդ չափ զորություն ունես, ոտդ եմ պաչում, ինձ ազատի նրա ձեռիցը: Ջահել տղա եմ, մուրազի տեր, ինչի ա ուզում հոգիս առնի, ես ի՞նչ մեղք ունեմ արած:

Ալևորը տեսնում ա, որ էս տղեն անարատ հոգի ունի, մաքուր սեր ունի սրտում: Խղճում ա սրան:

— Էդ ինչքան ես վախեցել նրանից, որ փախստական ես դառել: Մահն ի՞նչ ա, որ մարդ վախենա նրանից: Հրես իմ կողքի զուլալ աղբրիցը խմի՝ համ վախդ կկորչի, համ համբերություն կգա վրեդ:

Տղեն ալևորի ձեռն ու ոտը պաչում, շնորհակալ ա լինում, խմում ա էն զուլալ աղբրիցը, վախը կտրում, համբերություն ա գալիս վրեն, ճամփա ա ընկնում:

Ճամփա ա ընկնում, գնում ա դարիբություն, որ աշխատանք անի, մի քիչ բան վաստակի, նոր գա տուն՝ պսակվի: Չէ՞ դարիբի համար, մի օրը մի տարի ա: Տանջանքի մեջ էս տղի համար անց ա կենում մի տարի, էրկու տարի, իրեք տարի, ասենք՝ հինգ տարի: Էս տղեն վաստակն առած ետ ա դառնում իրանց տունը:

Էնենց իմ որդիքն ու թոռներս ուրախանան՝ ինչ ուրախանում են տղի հերն ու մերը, նրա նշանածը: Ուրախանում են՝ աշխարքով մին լինում: Հարսանիքի թադարեք են տեսնում: Պսակի օրը նշանակում:

Հենց էդ իրա պսակի օրը, Մահը գալիս ա, տղի առաջին կանգնում:

— Փախել էիր, հա՞,— ասում ա,— էդ ո՞վ ա կարացել իմ ձեռիցը պրծնի որ դու պրծնես: Հոգիդ տուր:

Էստեղ, էս տղի մերը ընկնում ա Մահի ոտները՝

— Իմ ջահել-ջիվան տղին ինչի՞ ես մեռցնում, հոգի ունես առնելու ,— ասում ա,— հրես իմ հոգին առ:

— Դե, որ էտենց ա,— ասում ա Մահը,— արի, առնեմ:

Մահը որ չի քաշում դրա հոգին՝ ոտներից մինչն բուկը, մերը չի դիմանում՝

— Ամա՜ն,— ասում ա,— իմ հոգին մի առնի:

Էստեղ, տղի հերն ա մեջտեղ ընկնում.

— Իմ մինուճար,— ասում ա,— իմ տան սյուն ու ճրագ որդուն մի մեռցնի,— ասում ա,— ուժդ կնկա վրա՞ յա զոռում, հոգի ունես առնելու՞, հրես, իմ հոգին առ:

— Դե, արի,— ասում ա Մահը,— արի առնեմ:

Մահը որ դրա հոգին չի քաշում՝ չոքերից մինչն լեզվի ծերը, հերը չի դիմանում

— Ամա՜ն,— ասում ա,— իմ հոգին մի առնի:

Էստեղ առաջ ա վազում տղի նշանածը: Կասես Մահը էնտեղ կանգնած չլինի, փաթաթվում ա տղին, պաչում պաչպչորում, էնպես ա փաթաթվում տղին, ասես մի շունչ ու մի մարմին լինեն:

— Դե, պրծեք,— ասում ա Մահը,— էլ ժամանակ չունեմ, մենակ դուք հո չե՞ք: Հիմի ի՞նչ եք ասում:

— Առ,— ասում ա նշանածը,— առ, իմ սիրած տղի հոգու տեղակ, հրես իմ հոգին առ:

Մահը վռազ քաշում ա նշանածի հոգին, քաշում ա ոտի եղնգներիցը սկսած մինչն գլխի մազերի ծերը:

— Ինչի՞ ես ինձ իզուր տեղը տանջում,— ասում ա նշանածը,— միանգամից առ հոգիս ու պրծի, մենակ թե,— ասում ա,— թող մի հատ էլ նրան պաչեմ, կարոտս առնեմ, նոր անելիքդ արա, որ էդքան վռազ ես:

Մահը մնում ա զարմացած՝ քար կտրած: Մտիկ ա տալի էս աղջկան, էն տղին:

— Ես դրանց հոգին ո՞նց առնեմ,— ասում ա,— կարող ա ալնոր ժամանակը էս անգամ սխալմունքո՞վ ա ինձ ղրկել: Կամ ուզեցել ա փորձել սրանց սերը: Ես սրանց հոգին չեմ առնի: Թող ապրեն՝ իրենց բախտին ձեն տան:

Թողնում ա սրանց, վռազ գնում:

***

Էս հեքիաթը թամամացնելով, պապս հարցնում ա՝

— Իմացա՞ր , թե ո՞ւր ա վռազում Մահը: Մահը վռազում ա, գնա, որ

առաջի պատմած հեքիաթիս էն հարամ կաթնակերներ կնանց հոգին առնի, նրանց հոգին առնի, որ աշխարքիս դալբն ու հարամը քչանա, լավն ու ազնիվը՝ շատանա:

Հանգած չիբուխին կրակ ա դնում, բուխարուցը մի էրկու նաքաս տալի, կորչում թութունի մխի միջին:

— Հերիքնազ,— ասում ա,— հիմի ի՞նչ ունես ասելու:

— Անունիդ մեռնեմ,— ասում ա տատս,— էլ ի՞նչ պետք ա ասեմ: Շատ լավ հեքիաթ էր: Դե, որ խելոք ես, էն ա խելոք ես, էլի: Էն էլ ասեմ՝ որ խելոք չլէիր, ես հո շաշ չէ՞ի, քեզ առնեի:

— Տեսա՞ք,— ասեց պապս,— ո՞նց ուստավարի իր գլուխը գովեց:

— Մեր տատը որ կա, մի հատ ա,— ձեն տվինք մենք:

— Դե, լավ ա, որ էդքանը հասկանում եք,— ասեց պապս:— Ուշ ա, վեր կացեք՝ քնեք:

Նրա խոսքը՝ օրենք էր մեզ համար: Սուս ու փուս մտանք տեղներս ու քնեցինք:

ԱԳՌԱՎ ԽՆԱՄԱԽՈՍՆԵՐԸ

Մի օր թագավորն ու նազիր-վեզիրը դուրս էկան ման գալու, տեսնեն՝ երկիրը ո՞նց ա կառավարվում, ժողովրդի հալը ի՞նչ ա: Մի ամայի, անբնակ գեղամիջով անց կենալիս, տեսան մի դերվիշ նստած ա մի քանդած օջախի մոտ, գլուխը կախ գցած, դարդոտած:

— Դերվիշ բաբա,— ասեց թագավորը,— էդ ինչի ես էդպես դարդոտել:

— Թագավորն ապրած կենա,՝— ասեց դերվիշը,— տեսնում ե՞ս էն ծառի գլխին երկու պառավ ագռավ են նստած, նրանց խոսքակռվին եմ ականջ անում:

— Դու ի՞նչ ա, հասկանում ե՞ս թռչունի լեզուն: Դե, ասա տեսնենք,— էդ ի՞նչ են կռկռոցը գցել:

— Թագավորն ապրած կենա,— ասեց դերվիշը,- ես գլխի եմ ընկնում, թե ի՞նչ ա նրանց խոսքակռիվը, ամա չեմ համարձակվում ասել քեզ:

— Համարձակվի, ասա:

— Թագավորն ապրած կենա,— ասեց դերվիշը,— երդվիր, որ չես պատժի ինձ, որ ասեմ:

— Երդվում եմ, ասա:

— Էն աջու կռանը նստած պառավ ագռավը՝ պսակվելու տղա ունի: Էն ձախու կռանը՝ պսակվելու աղջիկ:

Աղջկա հեր ագռավն ասում ա.

— Իմ աղջկա բաժինքը էլած-չելած մենակ հարյուր հատ անբնակ քար ու քանդ արած գեղ ա, ուրիշ ոչինչ չունեմ:

— Կունենաս հոգեպահուստ,— ասում ա տղի մեր ագռավը,— ժլատություն մի անի աղջկադ համար: Տվածդ՝ քիչ ա:

— Համբերիր մի քիչ, խնամի ջան,— ասում ա տղի հեր ագռավը,– եթե էս թագավորը առաջվա պես կառավարի երկիրը, ժողովուրդը սովի բերանը ընկած պետք ա գաղթի իր երկրիցը, փախչի ուրիշ երկրներ: Մի տարուց հետո քեզ հարյուրի տեղ հազար անբնակ ու քարուքանդ գեղ կտամ բաժին:

— Դերվիշ բաբա,— ունքերը խոժոռում ա թագավորը,— քու ագռավին լսելով, իմ երկիրը ավերակի, սովի ու գաղթի երկիր ա՞: Բա ինչի՞ պալատումս ես էդ բաները չեմ լսել: Նազիր-վեզիր, ինչի՞ ես լիզուդ կուլ տվել, միշտ ասում էիր ամեն բան լավ ա: Խոսի, է:

— Թագավորն ապրած կենա,— ասեց նազիր-վեզիրը,— ես ասել եմ, ասում եմ, էլի կասեմ, մեր ժողովուրդը աչքածակ, անբան ու թամբալ ժողովուրդ ա: Չեն աշխատում, չեն ուզում քրտինք թափեն, ինչքան էլ տալիս ենք՝ մորեխի նման խժռում են ու էլի սոված նստում: Չէ որ վերնային աստծանից ա կարգված՝ ինչ ա վայել ռանչպարին ու ռամիկին, ինչը՝ ազնվականին ու իշխանին, թե որ երկիրը պահելու համար մի նոր հարկ ու խարջ եմ նշանակում, տեղով-ընտանիքով փախչում են մեր երկրից, գաղթում ուրիշ աշխարհ

— Տեղին ա ասում նազիր-վեզիրը,— չարացավ թագավորը,— բա մարդ էլ իր երկիրը, իր հողն ու ջուրը, իր տուն ու տեղը կթողնի՞, կհեռանա՞, կգաղթի՞:

— Թագավորն ապրած կենա,— ասեց դերվիշը,— որ մարդու տեղը շատ նեղանա՝ կթողնի, կգաղթի:

Այ լսի պատմեմ քեզ:

ԹԱԳԱՎՈՐԻ ՀԱՐԿԸ

Մի անխիղճ ու անսիրտ թագավոր ա լինում: Սա իր ժողովրդիցը ամեն տեսակ հարկ ա հավաքում, ամա արի տես, որ ինչքան ավել ա հավաքում էնքան ավել ա ուտում իրա նազիր-վեզիրների, սինոդականների ու պալատականների հետ: Թագավորական խազինեն դատարկվում ա: Սա կանչում ա նազիր-վեզիրներին.

— Խազինեն լափ դար ու դատարկ ա: Դե հիմի ո՞նց եք էշը ցեխիցը հանում: Մի հնար գտեք,— ասում ա թագավորը:— Էկեք մի նոր հարկ դնենք:

— Լավ, դրեցինք, բա հարկի անունը ի՞նչ դնենք, որ հարկը կարենանք հավաքենք:

Պալատականների ու սինոդականների, նազիրների ու վեզիրների խորհուրդ են կանչում: Թագավորը նստում ա թախտին, դահիճները կանգնում են թագավորական թախտի աջ ու ձախ կողմը.

— Դե, սկսեք սինոդական խորհուրդը, թե նոր հարկահավաքության միջոցը չգտանք, իրես դահիճները պատրաստ սպասում են, բոլորիդ գլխները կթռցնեմ:

Խոսքը վեր ա ունում ամենահասակով ու ամենափորձված սինոդապետը.

— Թագավորն ապրած կենա,— սկսում ա նա իր ճառը... Թագավորը նրա խոսքը կտրում ա.

— Քու տունը չքանդվի,— ասում ա,— ես էլ ո՞նց «ապրած» կենամ, որ խազինեն լափ դար ու դատարկ ա, դուք էլ մի խելքը գլխին բան չասեցիք, թե էս էշը ո՞նց ենք ցեխիցը հանում:

— Դե հենց իմ ուզածն էլ էն ա, որ իմ թագավորը ապրած կենա,— ասեց սինոդապետը,— դրա համար ա, որ խնդրում եմ իրավունք տաս խոսքս թամամացնեմ, թե հավան կացար հու լավ, թե հու չէ՝ գլուխս կտրիլ տու:

— Կարճ կտրի,— վրա բերեց թագավորը,— երկար ճառի աչքակապություն չանես, ասելիքդ պարզ ասա, որ էշի գլուխն էլ հասկանա, պոչն էլ:

— Թագավորն ապրած կենա,— ասում ա սինոդապետը,— արի մի էս տեսակ կարճ ու, ոնց որ դու հրամայեցիր՝ էշի գլխին էլ, պոչին էլ հասկանալի հրաման գրի. ում անունը Մահմադ լինի՝ հինգ ոսկի տա: Ում կնկա անունը Ֆաթմա լինի՝ հինգ ոսկի տա: Ում մի էշ ունենա, նա էլ հինգ ոսկի տա: Ով փինաչի լինի՝ նա էլ հինգ ոսկի տա: Ով որ քաչալ ա՝ նա էլ:

— Ապրի մեր սինոդապետը,— ձեն տվին աջից ու ձախից,— նրա խելքը մեզ համար, ոնց որ արեգակը՝ մթնազիշերին:

— Հալբաթ որ,— ասեց թագավորը,— հալբաթ որ, երկրիս ու ժողովրդիս գլխին ես եմ բազմած, ամա հայտնի բան ա, որ իմ աջ ու ձախ ձեռներս իմ նազիրներն ու վեզիրներն են, իմ աջ ու ձախ տեսնող աչքերս՝ իմ պալատականներն ու սինոդականները: Ապրի իմ սինոդապետը, էս անգամ էլ նա տերությանս էշը ցեխի միջիցը հանեց: Դե, մինչև հրամանը կգրվի, էկեք մեր սինոդապետի պատվին մի չավ քեֆ անենք, նոր էգուցվանից թող հրամանը ուժի մեջ մտնի:

Նստում են քու հավանած քեֆն ու ուրախությունը անում, որ էս անգամ էլ կառավարության էշը ցեխիցը դուրս քաշեցին:

Էգսի օրը, հարկ հավաքողները ճամփա են ընկնում, ամենը երկրի մի կողմի վրա: Մին էլ տեսնում են հրես մի փինաչի, ասում են.

— Էս քո՞ւ դուքանն ա:

Ասում ա.

— Հա:

Ասում են.

— Դու փինաչի՞ ես:

Ասում ա.

— Հա, էս ա հինգ տարի ա փինաչություն եմ անում:

Ասում են.

— Թագավորի հրամանն ա, ով որ փինաչի ա, պետք ա հինգ ոսկի հարկ տա:

Սա դալմադալ ա անում.

— Ես կարալ չեմ, որդիա՞ն տամ էդքանը:– Ամա որ տեղը նեղանում ա, սա կնկանը կանչում ա. —Ֆաթմա,- ասում ա,– գնա մի հինգ ոսկի բեր, տանք, սրանք ռաղ լինեն՝ կորչեն:

Հարկ հավաքողը ասում ա.

— Էս ո՞վ ա:

Ասում ա.

— Իմ կնիկն ա, ո՞վ ա:

Հավաքողը թե.

— Մոլլեն կիաստատի՞, որ սա քու կնիկն ա:

— Ի՞նչ ես ձութի պես կպել ինձանից պոկ չես գալի, իմ կնիկն ա, բա հո քունը չի:

— Պա հո՜,— ասում ա հարկահավաքը,— թագավորի հրաման ա, ում կնկա անունը Ֆաթմա լինի, հինգ ոսկի էլ պետք ա նա տա:

Մարդը ձեն ա տալի թե

— Ֆաթմա ջան:

Կնիկը էն տեղից.

— Էս ա, Մահմադ ջան, հրես կբերեմ:

Ասում են.

— Անունդ Մահմադ ա՞:

Ասում ա.

— Հա: Ասում են.

— Հինգ ոսկի էլ դրա համար տուր:

— Ֆաթմա ջան,— ասում ա կնկանը,— տասնհինգ ոսկի բեր:

— Մահմադ ջան,— ասում ա կնիկը,— կացի էշը կապեմ բերեմ:

Ասում են.

— Քո՞ւ էշն ա:

Ասում ա.

— Հա,

Ասում են.

— Թագավորի հրամանն ա՝ հինգ ոսկի էլ էշիդ համար տուր:

— Հարուստ մարդ ես,— ասում են,— այ մարդ, համ փինաչի ես, համ անունդ Մահմադ, համ կնկանդ անունը՝ Ֆաթմա, համ էշը դռանդ կապած՝ էլ ի՞նչ ես ուզում:

Մահմադի սիրտը քիչ ա մնում, թե տրաքի.

— Տո անհավատներ,— ասում ա,— բա դուք խիղճ ու նամուս չունե՞ք: Դե որ եկել եք, էնա միանգամից ինձ մորթեք ու կաշիս մաշկեք տարեք, որ ձեր խազինեն հարստանա: Թքած ձեր նամուսին,— ասում ա ու փափախը գետնովն ա տալի:

Սրանք տեսնում են, որ սա քաչալ ա, ասում են.

— Թամամ, որ բախտդ բերել ա, Մահմադ, մարդն էլ միանգամից հինգ հարկ կարենա տա :

Նստացնում են փինաչուն իրա էշի վրա, քաղաքում ման ածում, հետն էլ ձեն տալի.

— Այ ժողովուրդ, թամաշ արեք էս պատվական մարդուն, սա իրա փինաչի տեղովը, միանգամից հինգ հարկ ա տալի, իրա ունեցած հինգի դիմաց քսանհինգ ոսկի ա տվել խազինին:

Կնիկը նստում ա ծնկներին խփում, մազերը փետում, էրեսը ճանկռոտում, վայ տալի իր գլուխը:

— Իրեք տարի, կես կուշտ, կես քաղցած, հավաքել էի, սև փողերից իրար զցել, ոսկի շինել, թե ինչ ա մի քիչ տակն ու վրաններս կարգի զցենք, բան-ման առնենք: Վեր կաց, այ մարդ, գնանք էս մեր գեղիցը:

Մահմադն ու Ֆաթման հավաքում են իրանց ելած-չելածը, բարձում էշին ու փախչում: Որ դուրս են գալիս գեղիցը, Ֆաթման ասում ա.

— Մահմադ, հլա մի համբերի, մի խոսք ունեմ ասելու թագավորին:

Այ թագավոր, աստվածանից եմ խնդրում, որ դու քո տանը լավ օր չտեսնես քու կնանոնցիցը...

Էստեղ փինաչու կնիկը մի զարհուրելի անեծք ա ղրկում թագավորի կնանոնց գլխին: Քանի որ անիծողը հալալ կաթնակեր, չարքաշ մարդու կնիկ, մարդուն շատ սիրող ու հավատարիմ Ֆաթման ա լինում, աստվածը տեղն ու տեղը կատարում ա նրա խնդիրքը:

Թե ի՞նչ էր նրա անեծքը, էդ կիմանաք էս մի հեքիաթիցը:

ԻՐԵՔ ԿՆԿԱ ԽԱՍԻԱԹԸ

Էն անխիղճ ու անսիրտ թագավորին աստված պատժում ա, իրեք կնիկ ա տալի, մեկը մեկելիցը բեթար: Դրանցից ամեն մեկը մի ուրիշ տեսակ խասիաթ ա ունենում. մինը՝ գող, մինը, հեռ լողանց, բոզ, էն մինն էլ՝ իրա ասած, լեզվանիկ, անամոթ, լիրբ ու այասզ: Խեղճ թագավորը չի կարում ս րանց հախիցը գա: «Էլ ի՞նչ թագավոր եմ,— ասում ա,— որ կնանիքս ինչ ուզում են, խաղում են գլխիս: Ժողովրդին հարկերի տակ ճկռացնում եմ, չոքացնում, գլխներին պոպոք եմ ջարդում— ամեն տեղ խոսքս անց ա կենում, ամա էս իմ կնանոնց ձեռին կրակն եմ ընկել»:

Մի օր էս թագավորը գնում ա իրա հողերը ման գալու, տեսնում ա, որ իրա ռանչպարներից մեկը համ իր բանն ա անում, համ էլ հետը՝ հանդի էս ծերին էլ ա պար գալի, էն ծերին էլ:

Չէ՞ որ ամեն մարդ իրա դարդը լաց կլի, էս թագավորն էլ իրա դարդի հետ ընկած, ուզում ա իմանա, թե էս ռանչպարը ի՞նչ տեսակ կնիկ պետք ա ունենա, որ համ հանդի էս ծերին ա պար գալիս, համ էն ծերին:

Դերվիշի շորեր ա հագնում, գալիս էդ ռանչպարի տունը, կնիկը տանն ա լինում, թե.

— Ղոնախ չեք ընդունի՞:

— Ղոնախն աստծունն ա,— ասում ա կնիկը:

Թագավորը սպասում ա մինչև ռանչպարը գալիս ա տուն: Նոր կնիկը պատրաստություն ա տեսնում: Էս կնկանը ցորեն հաց թե չի ունենում, ցորեն լեզու ա ունենում: Գնում ա ջուր ա բերում, էս դերվիշի ոտն ու ձեռը լվանում, հաց ա շինում, հաց տալի, պատվով ճամփու զցում:

Թագավորը գալիս ա իր պալատը, մեկ էլ առավոտը հրամայում ա իրա նազիր-վեզիրին.

— Գնա, էս սհաթիս էն ռանչպարին ու իրա կնկանը բեր ինձ մոտ:

— Թագավորն ո՞վ՝ ես ո՞վ,— ասում ա ռանչպարը,— ամա ինչ էլ որ լինի, պետք ա գնանք, թագավորի հրաման ա:

Էս ռանչպարը իրա կնկանը վեր ա ունում, նազիր-վեզիրի հետ գալիս կանգնում թագավորի առաջին:

Թագավորն ասում ա.

— Ես իրեք կնիկ ունեմ, դու՝ մինը, իմ իրեք կնիկը տալիս եմ քեզ, դու քու մինը ինձ պետք ա տաս: Դրանց հետ ես քեզ բոլ-բոլ ոսկի կտամ, որ տանես քեզ համար տներ շինես, քու կնանոնց հետ մարդավարի ապրես:

Ռանչպարը մի քիչ չեմ ու չում ա անում, ամա թագավորի հրամանն ա, ի՞նչ կարա անի, վեր ա ունում էդ թազա իրեք կնկանը, ճամփա ա ընկնում, գալիս ա հասնում մի գետի: Շորերը հանում ա, որ իրա կնանոնցը անց կացնի: Առաջ շալակում ա գող կնկանը, գալիս ա կանգնում գետի մեջտեղը:

— Դու ի՞նչ փեշակի ես,— հարցնում ա ռանչպարը,— դուզն ասա, թե քեզանից խելքս բան կտրեց՝ անց կկացնեմ:

— Էս գլխից քեզ խոստովանեմ,— ասում ա կնիկը,— ես գող եմ. ինչքան ուզում եմ գողությունից ձեռ քաշեմ չեմ կարում:

— Հա՞-ա, չես կարո՞ւմ, վնաս չունի, գողին էլ ա ճար լինում, — ասում ա ռանչպարը, սրան թողում ա գետի էն էրեսին, հիմի գալիս ա շալակում հեռ լողանց՝ բոզ կնկանը:

Հենց որ հասնում ա գետի մեջտեղը.

— Քու ցավիդ անունն ի՞նչ ա,— հարցնում ա ռանչպարը:

— Ես,— ասում ա կնիկը,— հեռ լողանց՝ բոզ եմ, իմ փեշակը՝ բոզությունն ա, ինչքան ուզում եմ էդ բանը չանեմ՝ չեմ կարում, սիրտս ուզում ա:

— Հա՞-ա, չես կարո՞ւմ, սիրտդ ուզո՞ւմ ա, վնաս չունի, քեզ էլ մի ճար կլինի,— ասում ա ռանչպարը,— ու սրան էլ գետը անց կացնում: Հիմի հերթը հասնում ա լեզվանիկին:

— Ասա տեսնեմ, դու ի՞նչ պտուղ ես,— գետի մեջտեղը կանգնած հարցնում ա ռանչպարը:

— Դե, որ գողն ու հեռ լողանց՝ բոզը առանց ամաչելու ասեցին իրենց փեշակը, ես ի՞նչ ունեմ ամաչելու: Ես մի անմեղ խասիաթի տեր եմ, այազ եմ, լեզվանիկ, իսկական մկրատ եմ, ինչ որ ասեմ, դու էնպես պետք ա կատարես:

— Հա՞-ա,— ասում ա ռանչպարը,— դե որ դու այազ ես, մկրատ, քեզ ճար չի լինի,— ասում ա ու էդ կնկանը զցում ա գետը: Կնիկը էնա խեղդվում ա, ամա իրա խոսքից ետ չի կանգնում: Ջրիցը հանում ա էրկու մատը, շանց ա տալիս, որ ինքը մկրատ ա, իրա խոսքիցը ետ չի կանգնի:

— Աստված քեզ հետ,— ասում ա ռանչպարը,— գնա, ամա մեղքս գալիս են էս գետի ձկները, ի՞նչ օրը կդնես դու նրանց:

Վեր ա ունում իրա էրկու կնկանը՝ գալիս ա տուն, ուստեք ա կանչում, էրկու կնկա համար էրկու ջոկ օթախ շինել տալի:

Գող կնկա համար ընենց օթախ, որ էրկու պատուհան ունենա, իսկ, հեռ լողանց, բոզի համար՝ էրկու դուռ: Գողը հարցնում ա.

— Այ մարդ, էս պատուհանները ինչի՞ համար ես շինել տվել։

— Նրա համար,— ասում ա մարդը,— որ եփ որ գողություն անես, գողացածդ մի պատուհանիցը մեկելը տանես, ես քու արածը չտեսնեմ։

Հմի էլ, հեռ լողաց, բոզն ա հարցնում.

— Այ մարդ, էս էրկու դուռը ինչի՞ ես շինել տվել։

Մարդն ասում ա.

— Որ ուրիշ մարդ գա քու մոտ՝ մի դռնովը ընդունես, մեկելովը ճամփու դնես։ Աչքս արածդ տենա ոչ, թե չէ կռիվ-ղալմաղալ կընկնի։

Էս կնանիքը մարդու խոսքերը լսելուց հետո ասում են իրար.

— Հերիք ա, բոլ էլավ, լավն էն ա խելքի գանք, ուրիշ պատվական կնանոնց նման ապրենք մեր պատվական մարդու հետ։

Կնանոնցից մինը տան թաղարեքն ա տեսնում, ամեն բան եփում-թափում, մեկելը՝ եզներն ու անասունը տեղավորում, գոմը ավլում, քերում, ջուր տաքացնում, մարդու ոտն ու գլուխը լվանում։

Ռանչպարը, առաջ թե մենակ հանդի էս ծերին ու էն ձերին էր պար գալիս, հիմի հանդի մեջտեղումն էլ ա պար գալիս։

Մի օր թագավորը մտածում ա՝ տենաս էն խեղճ ռանչպարը ի՞նչ օրումն ա էն իմ անիծված կնանոնց ձեռին։ Իրիկունը դերվիշի շորեր ա հագնում, մտնում ա ռանչպարի տուն.

— Ղոնախ չե՞ք ընդունի,— ասում ա։

— Ղոնախն աստծունն ա,— ասում են ռանչպարի կնանիքը, ամա թագավորին չեն ճանաչում։

Ռանչպարն էլ էնա տուն ա դալիս, էս դերվիշ-թագավորս տեսնում ա, որ կնանիքը դուրս վազեցին, մինը եզներն ու անասունն ա տեղը քշում, մինը մարդին ծառայում, բերում առոք-փառոք թախտին նստացնում։

Հաց ուտելու վախտը դերվիշ-թագավորն ասում ա.

— Ռանչպար ախպեր, լսելով քեզ իրեք կնիկ ես ունեցել, բա հիմի ինչի՞ են էրկուսը։

Ռանչպարը գլխի ա ընկնում, որ սա թագավորն ա, ահ ու դող ընկած ասում ա.

— Թագավորն ապրած կենա, քեզանից թաքցնեմ, աստծուցն ո՞նց թաքցնեմ, էն մի կնիկը լաչառ-լեզվանիկ էր, գցեցի գետը, ջուրը տարավ կորցրեց։

— Շատ լավ ես արել, ռանչպար ախպեր,— ասում ա թագավորը,— էդ տեսակ կնիկը կարող ա մարդուն գժվացնի ու մարդասպան դարձնի։ Շատ լավ ես արել։ Հիմի, ռանչպար ախպեր, արի ծուռը նստենք՝ դուզ խոսենք։ Դու էդ ի՞նչ տեսակ մարդ ես, որ կարեցար իմ գող ու հեռ լողանց, բոզ կնանոնցը խելքի ու նամուսի բերել։

— Թագավորն ապրած կենա,— ասում ա ռանչպարը,— մեկ, որ խելոք մարդը կնկանը էրես չի տա՝ կնանիքը շատ էրես առած են էլել։

Մեկել, որ ոչ աշխատանքի համ են իմացել, ոչ էլ ջրի պես ծախսած փողի հաշիվն են զիդացել, թագավորական խազինեն ոնց որ քեֆները տվել ա՝ կերել են ու խարջել: Վրա իրեքն էլ, կասեմ, էն տղամարդը, որ պսակվում ու կնիկ ա տուն բերում, կնկա հետ շատ համբերություն պետք ա ունենա: Մեր պապերն ասել են. տան մեծի մի աչքը քոռ, մի ականջը՝ խուլ պետք ա լինի: Հիմի, ես ու դու մեր տան մեծերն ենք. ամեն բան չպետք ա տեսնենք, ամեն բան չպետք ա լսենք: Կնկա հետ զոռով ու զարբով չեն խոսիլ՝ սիրով ու խաթրով մեկի տեղը տասը անիլ կտաս: Կնկանը որ հավատաս ու սիրես՝ նա էլ քեզ կսիրի ու հավատարիմ կլինի:

— Խելոք ես ասում, ռանչպար ախպեր, ես հենց գիտեի, որ թագավոր եմ, կհրամայեմ՝ ինձ կսիրեն: Չէ, սերը սրտից պետք ա լինի: Պարտական եմ քեզ, որ կնանոնցս խելքի ես բերել, նրանց հետ հիմի ես էլ խելոքացա: Դե, արի, ռանչպար ախպեր, իմ ապրանքը՝ երկու կնիկս, ետ տուր ինձ, ես քեզ ետ կտամ քունը: Վախիլ մի, քու հալալ կաթնակեր կնիկը իմ պալատումը խարաբ չի էլել:

Դե, թագավորի հրամանն ա, կարա՞ս չկատարես, էն րոպեին գլուխդ կֆռռա: Բա՞:

ԹԱԳԱՎՈՐԸ, ԱՂՔԱՏՆ ՈՒ ՕՁԸ

Ասում են մի գիշեր Արևելքի թագավորը էրազ ա տեսնում, որ երկնքիցը գելեր են թափվում: Զարհուրած վեր ա թռչում տեղից, չի իմանում, թե ո՞նց հասկանա էս էրազը: Հրաման ա տալիս, թե ով էս էրազը մեկնի, բացատրի, նրան հարիր ոսկի կտամ:

Մի աղքատ մարդ էդ որ լսում ա, բերնի ջուրը գնում ա: Արտումը աշխատանք ա անում, ամա ուշք ու միտքը էն հարիր ոսկին ա:

Մին էլ տեսնում ա հրես իր բնիցը դուրս էկավ մի օձ, ասավ. «Մարդ-ախպեր, որ թագավորի էրազի միտքը քեզ ասեմ, հարիր ոսկին որ առնես, կբերես ինձ հետ կկիսե՞ս:

— Հա,— ասում ա աղքատը,— դու ասա՝ ես կկիսեմ:

— Գնա,— ասում ա օձը,— թագավորին ասա, որ նազիր-վեզիրները, փաշա-փուշեքը, մեծամեծները գել ու գազան դառած աշխարքը կերան, աղքատ ու չքավորներին հալից գցեցին: Ժողովուրդը մեղք ա, մինչև էդ մեծամեծ-ների գյամը չքաշի, կարգի չբերի, աշխարքը չի խաղաղվի:

Աղքատը գնում ա թագավորի մոտ, նրա էրազը մեկնում, հարիր ոսկին ստանում, ետ գալի, ամա էնպիսի ճամփով, որ օձին չպատահի, նրա փայը չտա:

Անց ա կենում մի առ ժամանակ: Էս թագավորը հիմի էլ էրազում տեսնում ա, որ երկնքից աղվեսներ են թափվում: Կանչում ա աղքատին, թե բա չես ասիլ էսենց, էսենց էրազ եմ տեսել, որ էս էրազի միտքը չկարենաս հասկանալ գլուխդ կտրիլ կտամ:

Աղքատը մնում ա էրկու կրակի մեջտեղը, թե էրազը չկարենա բացատրի՝ գլուխը կկտրվի, օձի մոտ էլ սևերես ա մնացել: Չի իմանում ի՞նչ անի: Մին էլ տեսնում ա օձը սողաց, մոտեցավ ասեց.

— Գնա, ասա թագավորին, որ էս տարին ստի ու խաբեության տարի ա: Ուշքդ վրեդ պահի, աչքդ՝ բաց: Չհավատաս ոչ կնկանդ, ոչ որդկերանցդ, ոչ բարեկամներիդ ու ազգականներիդ:

Աղքատը գալիս ա թագավորի էրազը բացատրում, հարիր ոսկին ստանում գալիս ա տուն, էլ ետ օձի փայը չի տալիս:

Էս թագավորը վրա իրեք անգամն էլ ա էրազ տեսնում, հիմի էլ երկնքիցը գառներ են թափվում: Աղքատին կանչում են, որ թագավորի էրազը հասկանա-մեկնի: Աղքատը ժամանակ ա խնդրում, գնում ա օձի մոտ ասում.

— Ես արել եմ, դու մի անի, իմ էրեսը քու առաջ սև ա, էրկու անգամ քեզ խաբել եմ՝ էլ չեմ խաբի: Թագավորը էս տեսակ էրազ ա տեսել: Սրա միտքը ինձ հասկացրու՝ գնամ թագավորին ասեմ, թե գլուխս կտրիլ կտա, էրեխեքս կմնան անտեր անտիրական:

Օձը սովորացնում ա, մարդը գնում ա ու ասում.

— Գելերին որ ջարդես, աղվեսներին բնաջինջ անես, գառան պես կապրեն մարդիկ, էլ դարդ ու ցավ չեն ունենա:

Աղքատը շատ ոսկի ա ստանում, բերում ա դնում օձի առաջին թե՝

— Վեկալ, ինչքան քեֆդ տա:

Օձը ծիծաղում ա, ասում.

— Մարդ ախպեր, էն անգամ, որ իմ փայ ոսկին չտվիր, աշխարհի տերը գելերն էին, դու էլ նրանց նման իմ փայը կերար: Աղվեսի աշխարհում, աղվեսի պես ինձ խաբեցիր, հիմի գառան ժամանակը դու էլ ես գառ դառել: Էդ նրանից ա, որ մարդ արարածի մեջը գելն էլ կա, աղվեսն էլ ու գառն էլ կա: Ոսկին որ բերել ես ինձ համար, ես ի՞նչ անեմ: Տար, քու դարդերին դարման արա, ամա աշխատի, որ քու միջի գելն ու աղվեսը սատկեն ու միշտ գառը մնա կենդանի:

ԽԵԼՔ ԾԱԽՈՂԻ ՀԵՔԻԱԹԸ

Լինում ա, չի լինում, մի թագավոր ա լինում: Օրվա մի օրը, էս թագավորը դուրս ա գալիս ման գալու իր քաղաքումը, որ տեսնի, թե ինչ կա, ինչ չկա: Մին էլ տեսնում ա, որ հրես, մի դուքանի ճակատին գրած ա՝ «Խելք եմ ծախու՛մ»: Խելքը կծախվի՞: Մտնում ա ներսն:

— Այ դուքանչի,— ասում ա,— դորթ որ խելք ե՞ս ծախում:

Թե՝

— Հա, թագավորն ապրած կենա, խելք եմ ծախում:

— Բա, ի՞նչ արժի:

Թե՝

— Հիսուն ոսկի:

— Առ քեզ հիսուն ոսկի,— ասում ա թագավորը,— դե տուր, տենամ, խելքը:

— Գնա,— ասում ա դուքանչին,— էգուց կգաս կտանես ապրանքդ:

Մեկել օրը թագավորը գալիս ա, որ իր առած ապրանքը տանի, դուքանչին ասում ա.

«Ինչ որ անելու ես՝ մտածելով արա», տեսնում ա, որ իր առածը խելոք խելք ա:

Թագավորը տեսնում ա, որ խաբվել ա, մի կուշտ ծիծաղում ա, թողնում ա գնում իրա պալատը: Որ միտն ա ընկնում իր առած ապրանք-խելքը, թե՝ «ինչ որ անելու ես՝ մտածելով արա», տեսնում ա, որ իր առածը խելոք խելք ա:

Էդ օրվանից էս թագավորը սովորություն ա անում՝ նստեր, թե վեր կենար, ուտեր, թե խմեր՝ կասեր ու կծիծաղեր. «Ինչ որ անելու ես՝ մտածելով արա»:

Հմի սրան էստե թողենք, գանք խաբար տանք ումնի՞ց: Գանք խաբարը տանք թագավորի կնկանիցը: Արի տես, որ էս թագավորի կնիկը հարամ կաթնակեր ա լինում: Դառնում ա վեզրի սիրեկանը: Սրանք խոսքը մեկ են անում՝ դալլաքին կաշառում են, որ թրաշվելու ժամանակը դալլաքը ածիլովը տա, թագավորի վիզը կտրի, վեզիրը դառնա թագավոր:

Թրաշվելու օրը դալլաքը գալիս ա, որ թագավորին թրաշի: Թագավորի կնիկն ու վեզիրն էլ տապ են կենում փարդի ետևը, որ ինչ ա թագավորի վիզը կտրելու պահին նրան կորցնեն, վեզիրը տեղնուտեղը նստի թախտին՝ լինի թագավոր:

Դալլաքը ձեռն ա առնում ածելին, որ մոտենում ա թագավորին, թագավորը միամիտ, իր սիրած խոսքն ասում ա ու ծիծաղում. «Ինչ որ անելու ես, մտածելով արա»:

Էստեղ, դալլաքը ընկնում ա թագավորի ոտները, ձեն տալի.

— Ես մեղավոր չեմ: Քու կնիկն ու վեզիրն են էդ խորհուրդը արել: Ես մեղավոր չեմ, ես մեղավոր չեմ:

Թագավորի մարդիկը վրա են հասնում, բռնում են դալլաքին, թե՝ ի՞նչ ես ասում, ո՞վ ա մեղավոր՝, փարդեն ետ են քաշում, ի՞նչ տեսնան՝ հրեսիկ թագավորի կնիկը ու վեզիրը էնտեղ տապ կացած:

Գլխներդ էլ ի՞նչ ցավացնեմ՝ քննություն են անում, տեսնում են, թե ո՞վ ա խառը էս գործին, ո՞վ ա մեղավոր, էն րոպեին սրանց գլխները կտրում են:

Նոր էստեղ թագավորը վեր ա կենում, գնում խելք ծախողի մոտ, մի հարիր ոսկի էլ նորից ա տալիս՝

— Ղորթ որ,— ասում ա,— այ մարդ, խելք ես ծախում: Քո ծախած խելքը շատ մարդու կօգնի, շատ մարդ կփրկվի: Թող մարդիկը սովորեն ու մտներին լավ պահեն քու խոսքերը՝ բան անելուց առաջ մտածիր՝ նոր արա:

ԼԱՎՈՒԹՅՈՒՆՆ ԱՐԱ ՈՒ ՋՈՒՐԸ ԳՑԻ

Մի շատ աղքատ մարդ ա լինում: Սրա ունեցած-չունեցածը մի կնիկ ու մի տուն էրեխեք են լինում: Ամեն օր գնում ա, ման գալի, որ մի աշխատանք գտնի: Մի օր մի մարդ ա պատահում, ասում ա.

— Էդ ո՞ւր ես գնում:

Ասում ա.

— Աղքատ մարդ եմ, գնում եմ մի գործ ճարեմ:

Ասում ա.

— Արի ինձ հետ գնանք ձուկ բռնենք:

Էս աղքատը դրա հետ գնում ա ձուկն են բռնում, էդ իրիկուն բոլ ձուկ ա բերում տուն, էրեխեքը լավ ուտում են:

Էգսի օրն էլ ետ իրար հետ գնում են ձուկ բռնելու:

Թոռչին ասում ա.

— Էրեգ տեսա՞ր ես ոնց թոռը գցեցի:

Ասում ա.

— Հա:

Ասում ա.

—- Դե առ էսօր էլ դու գցի, էսօր քու հերթն ա, մի օր դու գցի, մի օր ես:

Էս աղքատը թոռը գցում ա թե չէ, մի սիրուն, պուճուր ձուկն ա բռնում. «Էս պուճուր ձկան մալիաթը ի՞նչ ա: Մեղք ա,— ասում ա,— բաց թողնեմ գնա, իր արևին ձեն տա«,— ասում ա ու ձուկը գցում ջուրը:

Թռոչին էս որ տեսնում ա՝ կատաղում ա.

— Էդ ինչի՞ ձկանը ետ ջուրը գցիր, ես քեզ բերել եմ ձուկ բռնե՞ս, թե ձկների հետ խաղ անես: Թոռը վեր դիր, կորի էս տեղից, էլ աչքիս չերևաս:

Էս աղքատը քոռ ու փոշման գնում ա թռոչու մոտիցը, բալի էլի մի աշխատանք ճարի: Դարդակալած, գլուխը կախ գնալիս ա լինում, մին էլ տեսնում ա, (դուշմանս չտեսնի) մի ուշաբ մի կով առաջն արած, կանգնեց, ասում ա.

— Էս ո՞ւր ես գնում:

Ասում ա.

— Աղքատ մարդ եմ, հինգ-վեց քորփա էրեխա ունեմ, հացի կարոտ եմ, գնում եմ մի գործ ճարեմ, աշխատանք անեմ, էրեխանցս մի հանգով պահեմ:

Ուշաբը ասում ա.

— Էս կովը օրեկան մի մեծ կովկիթ լիքը կաթն ա տալիս, առ տամ, կթի թող երեխեքդ ուտեն մինչև մի տարի: Տարին որ թամամի, ես կգամ քեզ հարց կտամ, թե պատասխանը տվիր, կովը կթողնեմ քեզ, թե հու չէ, կուտեմ քեզ:

Էս մարդը ընկնում ա մտքի մեջ, տանի, թե՞ չտանի: Մեկ էլ ասում ա. «Ջհանդամը, հլա մի տարի էրեխեքս լավ կապրեն, մինչև տարին թամամիլը կամ կովը կսատկի, կամ կովատերը:

Կովը բերում ա տուն, կնիկը, էրեխեքը ուրախանում են, կովի ճակատը պաչում-պաչպչում, կանաչ խոտ են քաղում, դնում կովի առաջին: Մարդը կնկանը ասում ա.

— Ախչի, արի կովը կթի:

Կնիկը մի պղինձ ա բերում, կթում, պղինձը լցվում ա, համա կաթը գալիս ա ու գալիս: Մարդը տանում ա պղինձը դարտակում, բերում կթում են, էլի ա լցվում: Սրանք մնում են զարմացած. իրեք հետ պղինձը լցվում ա: Էս կովը օրեկան իրեք պղինձ կաթն ա տալիս:

Էրեխեքը բոլ-բոլ կաթը, մածունը, կարագը ուտում են, ավելացածն էլ ծախում:

Թե ժամանակը ոնց ա անց կենում, իրենք էլ գլխի չեն ընկնում: Տարին որ թամամում ա, մարդը կնկանը ասում ա.

— Բա իսկի միտք ես անում, որ ուշաբի գալու օրն ա էսօր:

Դրանք էդ օրը բոլորը սգի մեջ են լինում: Յարաբ ուշաբը ի՞նչ տի հարցնի: Ինքը ո՞նց կարա նրա պատասխանը տա: Իրիկունը մի մարդ ա գալի դրանց տունը.

— Ղոնախ չեք ընդունի՞:

— Ղոնախն աստծունն ա,— ասում են,— ամա ախպեր ջան, էսենց,

էսենց, էսենց բան ա պատահել, էսօր ուշաբը պետք ա գա մեզ կուլ տա, դու ինչի մեզ հետ գնաս՝ կորչես, գնա ոտիշ տեղ ղոնախ ընկի:

Էս մարդն ասում ա,

— Բան չկա, ինձ դռան տակին մի տեղ տվեք, ես նրա հարցերին կպատասխանեմ:

Էս մարդու հետ նստում, հաց են ուտում: Քնելու վախտը ղոնախն ասում ա.

— Իմ տեղը դռան տակին գցեցեք:

Ասում են.

— Չէ ախպեր ջան, ղոնախ մարդ ես, ո՞նց կլի որ դռան տակին քնես:

Ասում ա.

— Չէ, դռան տակին գցեցեք, որ ուշաբը հարց տա թե չէ, ես շուտ լսեմ, ձեռաց պատասխանեմ: Մրա տեղը դռան տակին գցում են՝ էնտեղ էլ քնում ա:

Գիշերվա մի վախտը ուշաբը գալիս ա դուռը թակում ա:

Ղոնախն ասում ա.

— Էդ ո՞վ ա:

Ասում ա.

— Ուշաբն եմ, էկել եմ:

Սա ասում ա.

— Ես էլ եմ էկել:

Ուշաբն ասում ա.

— Դու որտեղի՞ց ես էկել:

Ղոնախն ասում ա.

— Յոթ ծովի էն կողմիցն եմ էկել:

Ուշաբն ասում ա.

— Հալբաթ ծովը պուճուր էր:

Ղոնախն ասում ա.

— Ի՞նչ պուճուր, տնաքանդ, արծիվը մի ամսումը հազիվ մի ծերիցը մեկել ծերը թռչի:

Ուշաբն ասում ա.

— Բալքի էդ արծիվը պուճուր ա էլել:

Ղոնախն ասում ա.

— Ա տնաքանդ, ի՞նչ պուճուր, ամեն մի թևը մի քաղաք կծածկի:

Ուշաբն ասում ա.

— Բալի քաղաքն ա պուճու՞ր էլել:

Ղոնախն ասում ա.

— Չէ, տնաշեն, մի լավ, քու հավան կացած ձին մի ամսումը հազիվ էդ քաղաքի չորս կողմը պտիտ գա:

Ուշաբն ասում ա.

— Բալի ձին քուռա՞կ ա էլել:

Ղոնախն ասում ա.

— Չէ, ի՞նչ քուռակ, յոթ հարիր տղամարդ նրա սանձը չեն կարում բռնել:

Ուշաքն ասում ա.

— Բալի էդ մարդիկ էրեխե՞ք են էլել:

Ղոնախն ասում ա.

— Չէ, ի՞նչ էրեխեք, աքլորը ոտների տակին որ կանչում ա, իրանք իմանում չեն:

Ուշաքն ասում ա.

— Բալի էդ մարդիկ քա՞ռ են էլել:

Ղոնախն ասում ա.

— Ի՞նչ քառ, պախրեն քոլումը փռշտում ա, նրանք ձենը իմանում են:

Ուշաքը էլ չի կարում բան ասի, տեսնում ա, որ կոտր ընկավ, թողնում ա գնում, կովը մնում ա աղքատին:

Լիսանում ա թե չէ, ղոնախն ասում ա.

— Դե մնացեք բարի, ես գնացի:

Ասում ա.

— Ախպեր, դու ո՞վ ես, ասա, որ մենք քու լավութենի փոխը ետ տանք:

Ասում ա.

— Ես էն ձուկն եմ, որ բռնեցիր ու էլ ետ ջուրը գցեցիր... Դրա համար եմ ասել լավություն արա, գցի ջուրը, թե ջուրը չիմանա՝ ձուկը հո կիմանա:

***

... Տատի, — ասեց տան պուճուր թոռը,— էդ հեքիաթը ես էլ գիտեմ, Հովհաննես Թումանյանի հեքիաթներիցն ա: Թե կասես՝ սազական ա, գիրքս բերեմ՝ կարդամ:

— Շատ սազական կլներ բալիկ ջան, ամա հրեն պապդ պատմեց ինչ որ լսել էր իր պապիցը: Հովհաննես Թումանյանն էլ, երբ որ քեզ նման փոքր ա էլել, լսել ա իր պապիցը, հետո որ մեծացել ա, հեքիաթ ա գրել, որ ուրիշներն էլ կարդան ու իմանան: Դե էն ա հեքիաթը լսեցինք, մեկ էլ գրքիցը կարդալը էսօր սազական չի:

***

Մեր տան մեծն ու փոքրը միշտ մոր լեզվիցը լավն են լսել, լավը՝ սիրել, ամա դե մոր լեզու կա, որ մի բան ա սովորացնում, մոր լեզու էլ կա՝ մի ուրիշ բան:

ՄՈՐ ԼԵԶՈՒՆ

Մի հինգ-վեց տարեկան էրեխա ա լինում: Սա, մի օր խաղ անելիս մտնում ա հարևանի հավաբունը, տեսնում ա էնտեղ հավը ձու ա դրել, ձուն վեր ա անում, բերում տուն:

Մերն ասում ա.

— Մենք հավ ու ձու չունենք, էդ որդիա՞ն ես գտել:

Էրեխեն, թե.

— Չեմ գտել, մեր հարևանի հավաբնիցն ա: Տեսա մարդ չկա, վեր կալա բերի:

— Էդ ինչ լավ ես արել, բալա ջան,— ասում ա մերը,— թե կարաս էլի բեր: Էդ ձուն տուր ինձ, հրես քեզ համար ձվածեղ անեմ՝ ուտես:

Էս էրեխեն ձվածեղը ուտում ա, համը մնում ա բերանին ու հիմի քանի կարենում ա, տեղն ընկած տեղը, ձու ա գողանում, բերում, տալիս մորը:

— Ապրի իմ բալեն,— ասում ա մերը,— դու բեր, քանի կարաս բեր, ամա տես, որ չբռնվես, տեսնող չլի, թե չէ շալվարդ կիանեն, բանջարով կծեծեն:

Էս էրեխեն էնպես ուստա գող ա դառնում, որ տասնմեկ-տասներկու տարեկանումը սրա-նրա հավաբնիցը հավ ու ձու ա, որ գողանում ա ու բերում տուն: Մարդիկ գեղով մեկ չեն կարենում գողին բռնեն: Տղի մերն էլ ուրախանում ա, որ որդին ճարպիկ ու հունարով ա: Միշտ գովում ա տղին տուն բերածի համար:

Էս տղեն, որ դառնում ա տասնվեց-տասնյոթ տարեկան, հիմի էլ օրերով կորչում ա գեղիցը: Մին-մին էլ մութ գիշերներով տուն ա գալիս, ոչխար բերում, մորթում օթախի միջին, որ տեսնող չլինի:

Մերն էլ չի հարցնում, թե էս որդիա՞ն ա: Էնա գիտի, որ գողացած ա, էլի: Գլխներդ էլ ի՞նչ ցավացնեմ:

Քսան-քսանհինգ տարեկանում էս տղեն դառնում ա շատ ճարպիկ, հայտնի ձիու գող: Ամա գեղ ու քաղաքով ընկել են չեն կարենում սրան բռնեն:

Տղի օրն էլ մի օր չի: Դատ ու դատաստանից փախած, անտուն ու անտեր, հենց մի քանի իր նման գող ավազակ ընկերների ու փչացած կնանոնց հետ ա ժամանակ անցկացնում:

Մի օր էլ, սրանց փողը, որ պակասում ա՝ չէ՞ որ քամու բերածը քամին կտանի, սրանք դուրս են գալի կողոպուտի, մարդկանց ճամփեն կտրում, որ թալանեն՝ ամա պատահած ճամփորդները ղոչաղ ու սրտոտ մարդիկ են լինում, թն ու թիկունք են տալի իրար, սրանց հետ կռվում:

Ընկերները փախչում են, իրանց գլուխն ազատում: Տղեն մնում ա մենակ, չորս կողմիցը շրջապատված, վախից վրա ա ընկնում, խանչալը կոխում դիմացինի սիրտը:

Էլ ի՞նչ ասեմ: Բռնում են, տալիս դատի: Դատն էլ դատաստան ա կատարում:

— Քանի որ հարյուրավոր մարդի վնաս ա ավել էդ հերիք չէր, հիմի էլ մարդ ա սպանել, դա արժանի ա կախաղանի:

Բերում են քաղաքի մեյդանումը, ժողովրդի միջին, կախաղան կանգնացնում:

Դահիճը պարանը գցում ա տղի վզովը, սպասում ա հրամանին, որ կախ տա:

Էստեղ դատավորն ասում ա.

— Մահապարտյալ,— ասում ա,— իրավունք ունես հայտնելու քո վերջին կամքը:

— Իմ վերջին կամքը,— ասում ա տղեն,— էս ա: Մուրազ ունեմ,— ասում ա,— որ մեռնելուցս առաջ մորս մի հետ էլ տեսնեմ:

Հայտնի բան ա՝ մահվան դատապարտվածի վերջին կամքը օրենք ա: Վռազ մարդ են ղրկում մոր ետևից:

Դահիճը էնդեղ ա սառել կանգնած տեղումը, ժողովուրդը էնդեղ ա պապանձված քար կտրել: Սպասում են մոր գալուն:

Մորը բերում են, տղի կախաղանի առաջին կանգնացնում:

— Այ ժողովուրդ, — ձեն ա տալի տղեն,— իրավունք ունի որդին մահվանից առաջ իր մորը պաչի:

— Իրավունք ունի, իրավունք ունի,— եռում ա ժողովուրդը,— կնանիքը սկսում են լաց ու կոծը:

— Մոտիկ գնա, մոտիկ գնա, այ անբախտ մեր, վերջի օրհնանքդ տուր որդուդ, թող որ քեզ պաչի, մուրազը փորումը չմնա:

Մերը խելքը կորցրածի պես մոտենում ա որդուն:

— Լեզուդ տուր,— ասում ա տղեն,— տուր լեզուդ, որ պաչեմ: Անիծելու տեղը, քու լեզուն միշտ գովել ա ինձ գողության համար: Մի՞տդ ա,— ասում ա,— որ ես դեռ թիզ ու կես մի լակոտ էի, որ հավի ձուն գողացա, բերի տվի քեզ, դու ինձ գովեցիր, ձվածեղ արիր, տվիր ինձ: Ինձ սիրելով արիր էդ բանը: Պարանը վզիս, մահվան դռանը կանգնած, նոր եմ հասկանում մեր պապենական խոսքը, թե.

«Ձվի գողը ձիու գող կդառնա»:

Էդ քու լեզվիցն էր, որ ես ձվի դող էլ դառա, ձիու գող էլ: Հիմի էլ մարդասպան եմ դառել: Դե հիմի արի պաչեմ քեզ:

Խտտում ա մորը, բերնիցը պաչում ու նրա լեզուն պինդ կծում: Ոտի տակի քոթուկը դեն ա գցում, ինքն իրան կախ տալի:

Մոր սիրտը չի դիմանում, տրաքվում ա, վեր ա ընկնում մեռնում կախ ընկած որդու մոտ:

Ժողովուրդը սարսափած, շիվար ու մոլոր, իրանց տներն են քաշվում:

— Տեր աստոծ, էս ի՞նչ տեսանք մեր աչքովը, ի՞նչ լսեցինք մեր ականջովը: Տերը թափի ու ազատի ծնողին էս տեսակ օրվանից:

***

Պապս, որ հեքիաթը թամամացրեց, մեր հարսները ամեն կողմից ձեն տվին՝ վո՛ւյ, վո՛ւյ, վո՛ւյ, թամամ, որ տերը թափի ու ազատի ծնողին էն տեսակ օրվանից:

— Տերը գլուխը ո՞ր քարովը տա,— ձեն տվեց տատս:— Ոնց որ ծնողը կմեծացնի՝ էնպես էլ կմեծանա որդին:

— Շատ տեղին ասիր, այ կնիկ,— ասեց պապս,— ոնց որ ծնողը կմեծացնի, էնպես էլ կմեծանա որդին:

ՄԱՏՆԻՔԻ ԱԿԸ

Մի խեղճ պառավ կնիկ ա լինում, սրան ունենում ա մի տղա: Շատ աղքատ են ապրում: Տղեն ամեն օր գնում ա անտառ, շալակով փետ ա բերում, ծախում, հացի փող շինում, դրանով յոլա դնում:

Մերը տղին փոքրուց միշտ խրատում ա, որ մարդու չվնասի, կենդանի ու հավք չսպանի:

Մի օր էս տղեն տեսնում ա, որ գեղի էրեխեքը մի կատու են բռնել, ծեծում են, չարչարում: Անլեզու կատվի աղեկտուր մլավոցը բռնել ա աշխարքը: Պառավի տղի սիրտը մղկտում ա.

— Էրեխեք,— ասում ա,— բաց թողեք էդ կատվին, մեղք ա, խեղճ ա:

— Դե, որ էդքան խղճում ես, հանի մեզ փող տուր, կատվին թողնենք:

Կատուն էնպես ա մլավում, ասես լաց ա լինում: Էս տղի սիրտը փուլ ա գալիս, էդ օրվա ծախած փետի գինը տալիս ա էրեխանցը, կատվին ազատում, հետը տանում տուն: Էդ իրիկունը մեր ու տղա սոված են մնում:

Մեկել օրը տղեն որ գնաց փետ անելու, կատուն էլ հետը գնաց: Էն օրվա բերած փետը ծախեց քառասուն մանեթի, քանը տվեց հացի, քանը ձեռին տուն էր գալիս, տեսավ գեղի էրեխեքը հիմի էլ մի շուն են բռնել կապ-կապել, չարչարում: Նրա կլանչցի ու ռռնցի վրա ծիծաղում, հռհռում: Պառավի տղեն ձեռի մնացած քսան փարեն տվեց շանը ազատեց, բերեց տուն:

Էն մեկել օրը տղեն, Շունն ու Կատուն, իրեքով են գնում փետի: Էդ օրվա արած փետը ծախում են վաթսուն մանեթի: Քսանը տալիս ա տղեն ու մոր համար հաց առնում, քսանով էլ շանն ու կատվին կերակրում, մնացած քսանը ձեռին տուն ա գնում: Մին էլ տեսնում ա, որ գեղի էրեխեքը հիմի էլ

օձ են բռնել, տանջում, չարչարում են: Պառավի տղեն մնացած քսան մանեթը տալիս ա օձին ազատում, բերում տուն:

Էգսի օրն էլ չորսով են գնում անտառ փետի: Պառավի տղեն, Շունը, Կատուն, Օձն էլ մի պուլիկի մեջ դրած: Որ գալիս են անտառը, բարեսիրտ տղեն օձը պուլիկիցը հանում ա, որ ազատ բաց թողնի, ամա օձը չի հեռանում նրանից: Կես օրվա հացին նստում են մի սառն աղբրի գլխին, տղեն իր հացն ա ուտում, Շունն ու Կատուն իրանց բաժինը: Պառավի տղեն մի կտոր հաց էլ իրա ձեռովը դնում ա Օձի բերանը: Ու էստեղ, մին էլ ի՞նչ ա տեսնում՝ փառքդ շատ լինի տեր աստված, մի արմանալի ու զարմանալի, մի չտեսնված բան, Օձը իր կաշվիցը դուրս սողաց, կանգնեց տեղումը մի սիրուն, ջահել տղա: Մեր պառավի տղեն, շունը, կատուն մնացին զարմացած, բերանները բաց: Էստեղ օձի շապկիցը դուրս էկած տղեն ասավ.

— Մի զարմանաք, ես էս՝ երկրի թագավորի տղեն եմ: Չար կախարդները թշնամացել էին հորս հետ, նրանք ինձ գողացան, օձ դարձրեցին ու ասեցին, թե ես նորից տղա կդառնամ, եթե մի մարդ իր ձեռքովը ինձ հաց տա: Ես հենց դրա համար էի մարդամեջ եկել, որ բալի մեկը ինձ իր ձեռովը հաց տար: Դու ինձ ազատեցիր չար էրեխանց ձեռիցը, դու քանդեցիր կախարդանքը: Հիմի ինչքան էլ լավություն անեմ քեզ, մինչև մահ հավիտյան քու պարտքիցը չեմ կարա դուրս գա:

Նոր էս տղեն գնաց իր թագավոր հոր մոտ ու.

— Բա չե՞ս ասի, այ հեր,— ասեց,— էսենց, էսենց, էսենց բան:— Ու պատմեց հորը, ոնց որ ես ձեզ պատմեցի:

Թագավորը կանչեց պառավի տղին, ճակատը պաչեց, շատ սիրեց, շատ պատվեց, ասեց.

— Դու փրկել ես իմ որդուն, իմ աչքի լուս, իմ հույս ու թագաժառանգ տղին, ասա ինչ որ սիրտդ կուզի, ինչ որ լեզուդ ասի, էն րոպեին կստանաս:

— Թագավորն ապրած կենա,— ասեց պառավի տղեն,— բան էլ ա չեմ ուզի դու ողջ ու առողջ լինես:

Վերջը, թագավորը որ շատ զոռեց, պառավի տղեն ասեց,— ուրիշ բան չեմ ուզի, մատիդ էդ մատնիքը տու ինձ:

Էդ էլ թագավորի տղի սովորացրածն էր, ամա թագավորը ի՞նչ իմանար:

— Վա՜յ, քու սովորացնողի վիզը կոտրվի,— ասեց թագավորը, ամա էլ ուր, հո ետ չէր կանգնի իր խոսքիցը, հանեց մատիցը ավեց տղին: Հետն էլ հրամայեց՝ մի խուրջին ոսկի, մի խուրջին արծաթ տան:

Բարի պառավն ու նրա բարեսիրտ տղեն հիմի թագավորից պակաս չէին հարուստ: Տղեն էլ հասակն առել էր, կարգվելու ժամանակն էր: Պառավն ասեց,

— Այ որդի, ես գնամ թագավորի աղջիկը քեզ համար ուզեմ, ի՞նչ կասես:

— Դու գիտես, այ մեր, ոնց որ հարմար կտեսնես՝ էնպես արա: Պառավը վեր կացավ գնաց նստեց թագավորի խնամաքարին: Թագավորն էլավ ասեց,

— Ի՞նչ ա ուզածդ, այ պառավ:

— Թագավորն ապրած կենա, — ասեց պառավը, — էկել եմ, որ խնամի դառնանք, աստծու հրամանով քու աղջիկը ուզում եմ իմ տղի համար, պետք ա, որ տաս:

— Կտամ,— ասեց թագավորը,— թե որ կարենաս իմ ուզածը տալ: Քեզանից կուզեմ խազինա, կուզեմ իմ պալատների պես տուն ու տեղ, կուզեմ իմ տնից մինչև քու տունը երկու շարք ծառեր տնկած, մեջտեղը գլուխ-գլուխ խալի փռած, երկու կողմերից սպիտակ ձիավոր կանգնած:

— Հա՜յ, հա՜յ,— ասեց պառավը,— թող քու ասածն լինի: Էկավ պատմեց տղին թագավորի ուզածը: Տղեն չէ՞ որ գիտեր մատնիքի զորությունը, ակը շուռ տվեց թե չէ՝ երկու արաբ կանգնեցին տղի առաջին, ասին.

— Մեր տեր ու տիրական, ասա շինե՞նք, թե քանդենք:

— Շինեք,— ասեց պառավի տղեն,— հրամայեց, որ կատարեն թագավորի պահանջածը: Առավոտը վեր կացան տեսան ամեն ինչ շինած պատրաստ ա: Հարկ ու հարսանիք կապեցին: Թագավորի աղջիկը դառավ պառավի համար խելոք, համեստ հարս, պառավի տղի համար՝ սիրուն, հավատարիմ ամուսին: Ուրախ սրտով, լիացած աչքով մտան իրանց պալատը ու քաղցր ապրեցին, իրանց աստծուն փառք տալով ու իրարով ուրախանալով:

Անց կացավ մի առ ժամանակ: Պառավը մնացած իր ումբրը որդուն տվեց, օրշնեց տղին ու հարսին, մեռավ: Մորը տարան պատվով թաղեցին, տղեն իր գործերով դուրս էլավ տանից: Կնիկը մնաց տանը մենակ:

Հենց էդ վախտը, մի ակնավաճառ, որ գիտեր մատնիքի զորությունը, էկավ սրանց տուն, իբր թե մատնիքներ ա ծախում.

— Այ լավ մատնիք, այ լավ ուլունք, այ լավ ականջի օղ: Թագավորի աղջիկ, վեր կալ, որը ուզում ես:

Թագավորի աղջիկը ջոկեց իրեք մատնիք, միտք էր անում, թե դրանցից որը վերցնի: Ակնավաճառն ասեց.

— Էդ իրեքն էլ թող քեզ լինեն: Քու չարը տանեն: Քու սիրունությանը սազական են: Դրանց տեղակ ինձ տուր էն մի մատնիքը, ես մի տեսնեմ էդ ի՞նչ շենքի մատնիք ա:

Թագավորի աղջիկը միամիտ, մատնիքը մեկնեց ակնավաճառին: Սա վերցրեց ու ակը շուռ տվեց, երկու արաբ կանգնեցին սրա առաջին, ասին.

— Մեր տեր ու տիրական, ասա.— շինե՞նք, թե՞ քանդենք: Ակնավաճառը ասեց.

— Էս պալատները, մենք էլ մեջը, հասցրեք յոթը ծովի կղզու մեջտեղը: Տղեն որ ետ եկավ տուն, տեսավ, ոչ պալատ կա, ոչ թագավորի աղջիկը, իրա հին ու աղքատ տնակն՝ ա մնացել: Ինքը մնաց մեն-մենակ, ոչ մեր, ոչ կնիկ: Սևը սիրտը պատեց, ընկավ սար ու ձոր իր օրը վայ տալով:

Շունն ու կատուն շատ ցավեցին իրանց բարերարի համար: Խոսքը մեկ արին, որ գնան, ընկնեն ծով ու ցամաք, մատնիքը գտնեն՝ բերեն: Գնացին, գնացին, վերջը հասան Մկների թագավորությունը:

Սահմանի գլուխ պահող ու պահպանող զորքերը, ահ ու սարսափով փախան, թաքնվեցին: Կատվի գալը հայտնի էլավ թագավորության չորս կողմը: Մկնաց թագավորը մեծ ժողովք հավաքեց, հրամայեց, որ բերդերը ամրացնեն, թոփ ու թվանքը պատրաստ պահեն: Գիր գրեց Կրիաստան, Կրիայի թագավորին, որ մի քանի հազար զրահապատ զորք ղրկի, որ ծովի կողմից Կատվին պաշարեն, առաջն առնեն: Հետո գրեց Ոզնիստանի թագավոր Ոզնուն, որ մի քանի հազար տեգավոր զորք էլ նա ղրկի: Պայման դրեցին, որ եթե նրանց քաջությամբ փրկվեն Կատվի ձեռիցը, Մկնաց ազգը տասը տարի խարջ տա Կրիայի ու Ոզնու թագավորներին:

Դեռ պայմանը չգրված, չկնքված, Մկնաց թագավորի դուռը հասավ Շունը, երկու թաթը դոշին դրեց՝ պատիվ բռնեց, գլուխ տվեց ու ասաց.

— Մկնաց թագավորը ապրած կենա, ես Անհաղթ Կատվի կողմից պատգամավոր եմ էկել. Եթե կուզեք, որ ամենազոր Կատուն ձեր ազգը չջնջի հրամայեք, որ մի քանի հայտնի լողորդ՝ իշխանազուն մկներ, քու որդու հրամանի տակ մեզ տանեն հասցնեն կղզիները:

Թագավորը ջոկեց յոթը փառավոր իշխան ու կտրիճ լողորդ: Շունն ասեց,

— Էդքանը մեզ հերիք ա:

Մկները լող տվին առաջից, Կատուն էլ թռավ Շան շալակը, գնացին, ծովե-ծով կտրեցին անցան, մինչև որ հասան Յոթ ծովի մեջտեղի Կղզին, տեսան՝ իրեն պալատը երևաց:

Կատուն մռռաց, բաշի մազերը կանգնեցին սուր-սուր, աջու թաթը բարձրացրեց ու զարզանդ ազդող ձենով մլավեց.

— Մկներ, շուտ արեք, ներս մտեք, ակնավաճառի ձեռիցը մատանիքը բերեք:

Մութ զարգանդ գիշեր ա, խավարը պատել ա երկինք ու երկիր, մատղ որ մարդի աչքը կոխես՝ չի տեսնի, ամա դե Կատուներն ու Մկները մութ տեղն էլ են տեսնում, ոնց որ ցերեկը:

Մկները պատը ծակեցին, ներս մտան, տեսան ակնավաճառը քնած ա, դես դեն ման էկան, ամեն քունջ ու պուճախ նայեցին՝ չկա ու չկա: Մկների մեծ իշխանը, որ շատ փորձված ու ամեն տեսակ նեղ տեղից ազատված էր, ասեց.

— Կա-չկա, ակնավաճառը մատնիքը բերանն ա դրել, որ գողացող չլինի: Բաց արեց ակնավաճառի կողքին դրած բռնոթու դութիկը, կանչեց իր որդուն, ասեց,— պոչդ թաթախի բռնոթու միջին, տար կոխի ակնավաճառի քիթը: Հը՞, էդ ինչի՞ ուշացրիր, վախու՞մ ես մարդուցը, իշխան մուկը վախլուկ չի լի, իմ ջահել ժամանակը, ես պատահել ա, քնած մարդու ականջը կծել եմ: Վախիլ մի, ես էստեղ եմ, դու գնա:

Իշխանազուն մուկը բռնոթոտ պոչը որ կոխեց ակնավաճառի քիթը, ակնավաճառը հենց փռշտաց, ասես թոփ կրակեցին: Մատնիքը վեր ընկավ բերնիցը, Շունն ու Կատուն մատնիքը վեր կալան: Մկները սրանց հասցրին ցամաքը: Նոր էստեղ Կատուն ազատություն տվեց էս մկներին:

Շունն ու Կատուն էկան հասան իրանց տունը, մատնիքը դրին պառավի տղի առաջ, էնպես ուրախանաք դուք, ձեր որդիքն ու թոռները, ինչ նա ուրախացավ: Մատնիքի ակը շուռ տվեց, էն երկու արաբը կանգնեցին տեղնուտեղը առաջին, ասին.

— Մեր տեր ու տիրական, ասա, շինե՞նք, թե՞ քանդենք:

Ասեց.

— Ամեն ինչ առաջվա պես լինի: Հենց էդ ասելն էր՝ պալատները կանգնեցին իրանց տեղումը, թագավորի աղջիկն էլ մեջը: Ակնավաճառը որ տեսավ պառավի տղին, ահ ու սարսափից տեղն ու տեղը փետացավ՝ մեռավ:

Մնացին մարդն ու կինը, իրանց հավատարիմ, բարին չմոռացող, չարը խափանող Շունն ու Կատուն:

Նրանք հասան իրանց մուրազին, դուք էլ հասնեք ձեր մուրազին:

ԻՐԵՔ ՏԻԿՆԻԿԻ ԳԱՂՏՆԻՔԸ

Լինում ա, չի լինում, մի թագավոր ա լինում: Էս թագավորը պսակվում ա, մի ջահել, սիրուն կնիկ ա առնում:

Անց ա կենում ինն ամիս, ինն սհաթ, ինն րոպե, թագուհին ծունկը գետին ա տալիս բերում մի սիրուն տղա: Կնիկը որ տղա բերի, տան պատերն էլ են խնդում, ուրախանում:

Թագավորը ուրախանում ա, աշխարքով մեկ ա լինում, համ էլ միտք ա անում, ոնց պետք ա մեծացնի իր որդուն: Հավաքում ա իրա նազիր-վեզիրներին, պալատականներին, ասում ա.

— Իմ թագաժառանգի համար էնպես մի խաղալիք ճարեք, որ համ ոսկեղեն լինի, համ էրեխու նման լինի, համ էլ իրա էրեխա տեղովը՝ իմ էրեխուն խելք սովորացնի:

Նազիր-վեզիրը, պալատականները աշխարհով մեկ ման են գալի, թագավորի ուզածը չեն կարում գտնեն: Ոսկերիչները ասում են.

— Խաղալիքը ոսկուց ա ուզու՞մ թագավորը, էդ մեր փեշակն ա կանենք, էդ մեկը՝ լավ: Ասենք թե, խաղալիքը լինի էրեխու նման, շատ լավ, էդ վրա երկուսն էլ արեցինք: Բայց, թե ո՞նց անենք, որ ոսկուց շինած էրեխեն թագաժառանգին խելք սովորացնի, էդ մեր խելքը չի կտրում: Չենք կարալ:

— Տո, տնաքանդներ,— ասում են պալատականները,— բա էս քամբախ երկրումը մի խելքը գլխին ոսկերիչ չգտնվի՞, որ թագավորի հրամանը կատարի՝ համ մեր էրեսը պարզ անի, համ ինքն ուզածի չափ փող ստանա իր կատարած գործի համար:

— Դե, ի՞նչ անենք,— ասում են,— մեր մեծ ուստեն կարելի ա աներ էդ գործը, ամա ո՛ւ ր՝ շատ ա ծերացել, ձեռ ու ոտից ընկել:

— Նա արհեստանոց չունի,— ասում են,— տանը մլուլ ա տալի, մանդր-մունդր բաներ շինում:

— Բա, որտե՞ղ ա ձեր մեծ ուստեն:

— Էսքան չարչարվեցինք, ման էկանք,— ասում են պալատականները,— էս մեկն էլ փորձենք, բալի մեր բախտը բանում ա:

Գալիս են էս մեծ ուստի դուռը կտրում, էրկու ոտը մի փաբուջի մեջ դնում, թե.

— Թագավորի հրամանն ա, պետք ա մի ճար անես, թե չէ, որ թագավորը չարացավ՝ ոսկերիչներիդ քոքը կկտրի:

— Դե, որ էդպես ա,— ասում ա մեծ ուստեն,— իրեք օր ինձ ժամանակ տվեք, կարելի ա ձեր ուզածը կատարեմ:

Էս պալատականները իրեք օր, վայ էն համբերելուն, համբերում են: Չորրորդ օրը, լուսը նոր բացված՝ գալիս են մեծ ուստի մոտ.

— Հը՞, ի՞նչ էլավ, մի բան արիր, թե՞ չէ:

Ուստաբաշին հանում ա դարակիցը իրեք հատ մի չափի, մի քաշի, մի շենքի, իրար նման ոսկե տիկնիկ, դնում նրանց առաջին:

Պալատականները ասում են.

— Էրկու պահանջը կատարված ա՝ համ ոսկեղեն են, համ էլ էրեխու նման: Բա վրա իրե՞քը, սրանք ոնց են խելք սովորացնելու թագաժառանգին:

— Լավ մտիկ արի՞ք էդ տիկնիկները,— հարցնում ա մեծ ուստեն:

— Էլ ի՞նչ մտիկ անենք, իրեքն էլ մի տեսակ են, էլի:

— Դե, որ մի տեսակ են,— ասում ա մեծ ուստեն,— ինձ տարեք թագավորի պալատը, բալի նա մի բան հասկանա:

Սրան բերում են թագավորի պալատը:

— Թագավորն ապրած կենա,— ասում ա մեծ ուստեն,— իրես քու ուզածը բերել եմ:

Թագավորը վեր ա ունում տիկնիկները, դես ա շուռ տալի, դեն ա շուռ տալի, բան չի հասկանում, իրեքն էլ ոսկուց, մի չափի, մի քաշի, մի շենքի: Ասում ա.

— Այ մարդ, խաղալիքը ոսկուց ա՝ էդ լավ: Մեկի տեղը իրեքն ես շինել՝ էդ էլ լավ, չունքի էրեխու ձեռին էրկուսը թե կորչի, մեկն էլ ա կմնա, որ խաղա: Դու էն ասա, սրանք ո՞նց են խելք սովորացնելու իմ որդուն:

— Թագավորն ապրած կենա,— ասում ա մեծ ուստեն,— թե սրանք չսովորացնեն, ուրիշ սովորացնող չի ճարվի: Սրանք թանկագին սովորացնողներ են, սրանց գինն էլ տարբեր ա: Լավ մտիկ արա տիկնիկներին,— ասում ա,— էս մեկի գինը դու նշանակի, էս մեկելը սրանից ավելի թանկ ա, ամա ամենաթանկը էս ա, որ կա: Ուրեմն, ասում ես, լավ տնտղեցի՞ր էդ տիկնիկները:

— Քու տունը շեն,— ասում ա թագավորը,— էստեղ ի՞նչ կա տնտղելու: Հրես՝ էս մեկի աջ ու ձախ ականջներն էլ ծակ են, ամա էն երկուսինը՝ մի ականջն ա ծակ:

— Հա՞, օղորմի հորդ,— ասում ա մեծ ուստեն,— որ էդքան սուր աչք ունես, քեզ հետ խոսելը հեշտ ա: Դե, վեր կալ,— ասում ա,— էս ծղոտը մտցրու առաջին տիկնիկի աջ ականջը: Ի՞նչ էղավ:

— Պահո՜,— զարմացավ թագավորը,— դուրս էկավ ձախ ականջիցը:

— Հրամանք ես,— ասեց մեծ ուստեն,— ուրեմն էս տիկնիկը նման ա էն մարդուն, որ ինչ էլ անես, չի կարում մտքումը պահի, գլխումը խելք չկա: Ինչ որ մի ականջիցը մտնում ա, մեկելիցը դուրս ա գալի:

— Դե, հիմի,— ասեց,— ծղոտը կոխի մեկել տիկնիկի ականջը: Ի՞նչ էղավ:

— Պույ,— ասեց թագավորը,— իրես բերնովը դուրս էլավ:

— Հրամանք ես,— ասեց ուստա բաշին,— էս տիկնիկն էլ նման ա էն մարդուն, որի բերնումը լոբի չի թրջվի: Մի բան որ լսեց, տասն էլ վրան ավելացրած, սուտն ու դրուստը իրար խառնած, փորը կծակի՝ մինչև սրան-նրան չասի, մարդկանց իրարից խռովացնի, կռվացնի:

— Լիս գա հորդ հոգուն, մեծ ուստա, շատ արդար ես,— ասում ա թագավորը,— էլ ո՞ւր ես հեռու գնում, իրես առաջիդ կանգնած պալատականների գործը բա ի՞նչ ա, էդ ա, էլի:

— Դե, հիմի թագավորն ապրած կենա, ծղոտը մտցրու սրա ականջը,— ասում ա մեծ ուստեն:

— Վայ, էս ի՞նչ պատահեց, մեծ ծղոտը գնաց վեր, մտավ գլու՞խը:

— Հրամանք ես, — ասեց մեծ ուստեն,— էս տիկնիկն էլ նման ա էն մարդուն, որ լսածը մտքին պահում ա, լավն ու վատը ջոկում, չարը՝ խափանում, լավին պաշտպան կանգնում: Քու որդուն խելք սովորացնողը սա պետք ա լինի:

Էն էրկու տիկնիկի վրա, թող քու որդին ծիծաղի, նրանց ծաղր ու ծանակ անի: Ամա էս տիկնիկը, թող օրինակ դառնա որդուդ՝ թե ուզում ա խելոք ու արդար թագավոր լինի, թող միշտ ժողովրդի ասածին ականջ դնի, նրա ասածը հասկանա: Ինքը բախտավոր կլինի, ժողովուրդն էլ՝ գոհ:

Թագավորը խորը մտածմունքի մեջ ա ընկնում:

— Իմաստուն մարդ ես,— ասում ա,— վարպետ ոսկերիչ: Մինչև իմ որդու խելքի գալը, հրես ինձ սովորացրին քու տիկնիկները: Դատարկագլուխ ու բերան պատռած պալատականների խոսքը լսելով ես ի՞նչ հասկանամ ժողովրդի դարդ ու ցավից: Հիմի, ես իմ անելիքը դիտեմ:

***

Պապս հեքիաթը որ թամամացրեց, ասեց.

— Տեսա՞ք, ոսկերիչը ո՞նց խելոքացրեց էն թագավորին: Տատս, ասած կլինեմ ձեզ, շատ խելոք կնիկ էր:

— Ալնոր,— ասեց,— թագավորի խելոքանալը ո՞րն ա: Չես իմանու՞մ, որ թագավորի միրուքը պալատականների ու հարուստների ձեռքին ա՞: Որ կուռն ուզեն, էն կուռը շուռ կտան:

— Ուրեմն հեքիաթն էլ չասե՞մ,— նեղացավ պապս:

— Չէ,— ասեց տատս,— խչի չէ, հեքիաթը դաս ա լսողներին, ամա թագավորի խելոքանալը լինելու բան չի:

— Դու էլ ես արդար, այ կնիկ,— ասեց պապս:

Իհարկե՝ արդար ա:

ՊՍԱԿՎՈՂ ՏՂԵՆ

Մի ջահել տղա ա լինում: Սա սիրելիս ա լինում մի սիրուն աղջկա, ամա թարսի պես էդ աղջկա մորը ոչ ով չի սիրում, չի հարգում, էդ մերը փիս անուն ա ունենում, մարդամիջում հայտնի ա լինում իր փիս վարքովը:

Էս ջահել պսակվող տղեն տարակուսում ա.— Բա, որ աղջիկը մոր ճամփովը գնա, էդ հո տնաքանդություն կլինի: Շատ մտածելուց հետո ասում ա.— Մի հլա փորձեմ էդ աղջկան, տեսնեմ սա ի՞նչ խելքի, ի՞նչ վարքի ա:

Աղջիկը որ կուժը վեր ա ունում գնում ջուրը, էս տղեն նստում ա մի ձիու քուռակի, գալիս ա ախպրի կշտի ծառի տակին կանգնում, քուռակին ծեծում, չարչարում, որ քուռակը ծառը բարձրանա:

Աղջիկը էս որ տեսնում ա, շատ ա զարմանում:

— էդ ի՞նչ ես անում,— ասում ա,— ինչի՞ ես ծեծում ու տանջում էդ անմեղ քուռակին:

— Ուզում եմ,— ասում ա տղեն,— որ քուռակը էս ծառը բարձրանա:

— Էդ ձիու մերը,— հարցնում ա աղջիկը,— իր օրումը մի անգամ ծառ բարձրացած կա՞:

— Բա ո՞նց չէ,— ասում ա տղեն,— սրա մերը շատ անգամ ա ծառը բարձրացել:

— Դե, որ էդպես ա,— ասում ա աղջիկը, — ծեծի, ջարդի էդ քուռակին, մերը որ բարձրացած կա՝ ինքն էլ անկարելի ա, որ չբարձրանա: Սա մորիցը ավելի վեր, ճղներին կհասնի՝ ծիլը պտուղիցն ա լինում: Պտուղը ծառիցը հեռու չի ընկնի:

Տղեն հասկանում ա, որ էս աղջիկը պսակից հետո իրա մորը պետք ա նմանի: Թողնում ա էդ աղջկան, գնում ա մի ուրիշ էնպես աղջկա հետ ա պսակվում, որի հերն ու մերը անուն ու պատիվ ունեն մարդամիջում:

***

Թե որ կտեսնես պսակվող տղեն ծեծում ա ձիուն, որ ծառը բարձրացնի, իմացիր, որ էդ խեղճ տղեն սիրում ա իր հարսնացուին, ամա նրանց նշանդրեքին չար լեզուներ են խառնվել:

Աղջիկն անարատ ա:

Ամա նրա մոր մասին մեկը մի բան ա ասել, մեկելը՝ հարևանների մեջ կպատահի մի ուրիշ բան:

Խեղճ տղեն մնացել ա երկու կրակի մեջտեղը: Մեկ պսակվողն ա փոշման, մեկ՝ չպսակվողը:

ՏԱՆ ԴՈՎԼԱԹԸ

Ժամանակով մի շատ լավ ու բարի մարդ ա լինում: Սրան ունենում ա իրեք տղա: Տղերանց ժամանակը որ հասնում ա, բերում ա սրանց պսակում, իրեք հարս բերում տուն:

Սրա հարսները յոլա չեն գնում իրար հետ՝ տան կռիվն ու ղալմաղալը անպակաս ա լինում: Տղերանց ամեն մեկն իրա կնկա փեշիցը կպած, նրա կողմն ա պահում: Չէ՞ հայտնի ա մեր պապերի ասած խոսքը. «Մի հարսնանի տունը՝ շեն, էրկուսն էլավ՝ կիսաշեն, իրեքը՝ թող ու փախի մեջեն»:

Դե, որ տան կնանիքը խառնակչություն անեն, էն տան օրը ի՞նչ կլինի: Շատ ժամանակ չի անց կենում, էս տղերքը կնանոնցն խելքին ընկած՝ էնպես են թշնամանում իրար հետ, որ ուզում են իրար արուն խմեն:

Հերը դարդից վեր ա ընկնում մեռնում:

Տղերքը իրար ինադու հոր թողածը էնենց են ուտում, փչացնում, որ հասնում են աղքատության դուռը: Սրա-նրա տանը նոքարություն անում:

Մեծ ախպերը գալիս ա մի ջրաղացպանի նոքար դառնում, ամա նրա քոռ բախտիցը, ջուրը բարակում ա, քարերը պտիտ չեն գալի: Ջաղացպանը դուրս ա անում տղին:

— Իմ ջաղացը լավ էր բանում,— ասում ա,— էկար-չէկար գործս խափանվեց, ոտդ չար էր, գնա, կորի էստեղից:

Տղին որ դուրս ա անում ջաղացից, քարերը սկսում են պտտվել:

Էդ տղեն դես ա ընկնում, դեն ա ընկնում, գալիս մի քաղատիրոջ մոտ բաղմանչի ա դառնում:

Բաղաքաղը, որ հասնում ա, էս տղի քոռ բախտիցը, բաղը չորանում ա, բերք չի տալիս:

— Դու ի՞նչ տեսակ մարդ ես,— ասում ա բաղատերը,— ոտդ կոտրվեր՝ չմտնեիր իմ բաղը, աստծու անեծք կա վրե՞դ, որ ուր գնաս, չարիք բերես հե՞տդ:

Բռնում ա սրան դուրս անում՝ վարձն էլ չի տալիս:

Սոված, ծարավ, հալից ընկած, էս տղեն ում դուռը ծեծում ա՝ դուրս են անում.

— Դու էն մարդը չե՛ս, որ ջաղացը գնացիր՝ կանգնեց, բաղը գնացիր՝ չորացավ:

Ասում են ու դուռը էրեսին փակում:

Աշունքը անց ա կենում, մոտենում ա ձմեռը: Տղեն մնում ա վիզը ծուռը, ձեռը ծոցին:

Մի օր էլ մի պատվական, բարի մարդու ա հանդիպում: Ընկնում ա նրա ոտները, աղաչում, պաղատում.

— Էս ձմեռ մի փոր հացի ինձ պահի,— ասում ա,— ինչ ասես կանեմ:

— Ո՞վ ես, ի՞նչ մարդ ես,— հարցնում ա տղին:

Տղեն մին-մին պատմում ա իր գլխին էկածները պսակվելուց սկսած մինչև էդ օրը:

— Էդպես ա,— ասում ա էն պատվական մարդը,— էդպես ա. կնիկ կա՝ տուն կշինի, կնիկ կա՝ տուն կքանդի: Ձեր տունը քանդվեց էն օրը, որ իրար օգնելու տեղ, իրեք ախպերով թշնամացաք: Չար ու փչացած մարդուն ծառն էլ պտուղ չի տա, քարն էլ չի ծառայի նրա գործին: Մինչև էդքանը չհասկանաս, բախտը միշտ էրեսը շուռ կտա քեզանից: Արի,— ասում ա,— իմ տավարը պահի մինչև զատիկ, փող էլ կտամ՝ մեղք ես:

Էս տղեն իրեք ամիս դրա տավարը պահում ա, մինչև մեծ պասը: Կովերից մեկը ծնելու վրա էր: Տերն՝ ասում ա.

— Չքնես, զգուշ կմնաս, ծնելու վախտը հորթը չխեղդվի:

Գիշերը հանկարծ տղի քունը տարել էր, որ զարթնեց, տեսավ կովը ծնել ա, հորթն էլ ա էնտեղ, կողքին էլ մի ալնոր ա կանգնած.

— Պապի, դու ո՞վ ես,— հարցրեց:

— Դու ինձ չես ճանաչի,— ասեց ալնորը,— ինձ դովլաթ կասեն: Էս բարի մարթու տանը ինչ նեղություն լինի, ես հասնում եմ փորձանքից ազատում: Ես, որ չհասնեի, հորթը խեղդվելու էր, տերդ էլ քեզ դուրս էր անելու տանից: Ես էս տան դովլաթն եմ:

— Պապի,— ասեց տղեն,— վերն աստված, ներքև դու: Ես էլ եմ հարուստ մարդ էլել, հիմի աղքատացել, էս օրն եմ ընկել: Դու կիմանաս, ո՞ւր ա գնացել իմ դովլաթը, ասա՝ գնամ բերեմ:

— Քու դովլաթը,— ասում ա ալնորը,— էն օրվանից ա փախել ձեր տանիցը, որ օրը որ չար լեզուն անհամություն ու կռիվ գցեց ձեր օջախը: Հրեն քու դովլաթը Ալագյազա սարումը, քարանձավի մեջ ա: Գնա, թե կարաս բեր:

Ալնորը էս ասեց ու աներևույթացավ:

Էքսի օրը տղեն էկավ տիրոջ կուշտը.

— Աղա ջան,— ասեց,— հոգաչափ շնորհակալ եմ քեզանից, ամա ես պիտի գնամ, ինձ ճանապարհ գցիր:

— Որդի – ասեց տերը, — մի գնա, կաց զատկվա գառը մի տեղ ուտենք: Բայց որ տեսավ տղեն շատ ա խնդրում, հանեց, նրա վարձը մեկին մեկ ավել տվեց, մի խուրջին էլ ճամփու պաշար ուլսին գցեց.

— Գնա,— ասեց,– որդի, ճամփեդ բարի:

Էս տղեն գնաց հասավ Ալագյազա սարի քարայրը, տեսավ դովլաթը հրեն քնած: Էն օրվանից, ինչ փախել ա դրանց տանիցը, քնած ա, չի զարթնել: Քուրքի վրան մի թիզ հող ա նստել: Հողը, որ թափ տվեց տղեն, դովլաթը զարթնեց, նայեց տղի էրեսին,

— Կորի, լիրբ,— ասեց,— ձեր էրեսից եմ փախել, էլի էկար գտա՞ր: Որտեղով եկել ես, էնտեղով էլ գնա, կորի:

— Ճար չկա, պապի,— ասեց տղեն,— քեզ պիտի տանեմ, սոված կոտորվում ենք: Ես լավ հասկացա, մեր արարքիցն ենք էս օրին հասել: Մեղա կգանք, էլ չենք անի:

Դովլաթը տեսնում ա, որ սա խելքի ա էկել.

— Որ շատ աղաչում ես,— ասում ա,— առ էս էրկու պոպոքն, առ ու գնա: Ես կգամ:

Տղեն պոպոքներն առավ ու ուրախ սրտով ճամփա ընկավ: Էկավ մի գեղի մոտ, տեսավ, իրեն էրկու էրեխա կռվում են, իրար տալիս.

— Այ որդի, ինչի՞ եք կռվում:

— Էս քարը ջրի միջիցն ենք գտել,— ասին,— հիմի կռվում ենք, ես ասում եմ՝ իմն ա , նա ասում ա իմն ա:

Էս տղեն ասեց, արի մի բարի գործ էլ ես անեմ, որ սրանք չկռվեն իրար հետ:

— Սպասի,— ասեց,— էդ քարը տվեք ինձ, ես մի պոպոք քեզ կտամ, մի պոպոք՝ նրան: Հիմի լավ էլա՞վ:

Էրեխեքը ուրախացան, առան պոպոքներն ու թռչկոտելով փախան, գնացին:

Էս տղեն, մտքերի հետ ընկած, էն քարը ջեբը զցեց, էկավ հասավ իրանց տուն: Մութը կոխել էր, ամա տանը ճրագալիս էլ չկար: Ախպերները մթնումն էին նստած: Որ տեսան մեծ ախպորը, փաթաթվեցին, լաց էլան: Աշխարքիս բանն էդպես ա՝ քանի մի տեղ էին՝ իրար միս էին ուտում, հիմի կարոտից լաց էին լինում:

Մեծ ախպերը խուրջինը ուսից վեր դրեց, շերերի եղածը հանեց, դրեց պատուհանին, էն քարը ճրագի պես լիս տվեց տանը մեջ:

— Էս լավ էլավ,— ասին,— մեզ էլ ճրագ էր պետք: նստեցին հաց կերան: Ամեն մեկն իր գլխի էկածը պատմեց:

— Հո միտներդ ա,— ասեց մեծ ախպերը,— որ մեր դովլաթը ամենից շատ էր: Էն էլ լավ գիտեք, թե ի՞նչն էր պատճառը, որ էս օրն ընկանք: Մենք, որ համերաշխ ապրենք, իրար օգնենք, աստված էլի էն դովլաթը մեզ կտա: Տեսաք հո, ինչ է թե իրարով ուրախացանք, իրար փաթաթվեցինք, պաչեցինք, էն քարն էլ, իրա քար տեղովը լիս տվեց մեզ...

Ախպրտինքը խելքի էին էկել: Մեծ ախպոր ձեռի տակին սկսեցին վար ու ցանք անիլ, տան հոգսը հոգալ:

Հիմի սրանց թողանք էստեղ, գանք խաբարը տանք ումի՞ց, խաբարը տանք մի հարուստ վաճառականից: Վաճառականը գիշերով հասնում ա էստեղ, տեսնում ա ամենի ճրագը հանգավ, էն մի տան ճրագը չի հանգչում:

Լիսը բացվեց թե չէ, վաճառականը ասեց.

— Ես պիտի գնամ էս տունը, տեսնեմ ի՞նչ տուն ա: Գնաց տեսավ՝

չորս պատն ա, բան չկա, մի քար ա դրած պատուհանին, իրան՝ իրան լիս ա տալիս:

— Ախպեր, էս քարը չեք ծախի:

— Չէ, ծախենք ի՞նչ անենք,— ասեց մեծ ախպերը,— մենք ճրագ չունենք:

— Էնքան փող կտամ,— ասեց վաճառականը,— ճրագ էլ կառնեք, ամեն բան էլ:

— Ի՞նչ պիտի տաս, որ ծախենք:

— Հազար մանեթ կտամ,— ասեց վաճառականը: Ախպերը հենց իմացավ իրան ձեռ ա առնում, ասաց.

— Իմ վրա ծիծաղում ե՞ս:

Վաճառականն էլ կարծեց, թե քիչ ա ասել, ասեց,

— Երկու հազար մանեթ կտամ:

— Իմ վրա մի ծիծաղի,— միամիտ ասեց ախպերը:

— Ինչի եմ ծիծաղում, այ մարդ: Իրեք հազար մանեթ եմ տալիս: Էլ մի երկարացնի, հը՞, հինգ հազար տվի, տո՛ւր, ես ճամփի վրա եմ, գնում եմ:

Վաճառականը հինգ հազար մանեթը տվեց ախպորը, քարն առավ ու դուրս վազեց, որ չլինի էն մարդը միտքը փոխի, ետ ուզի:

Էս իմ ասածի վրա անց կացավ երկու տարի: Վաճառականը իր բանը լավ գիտեր՝ հինգ հազարի առած անգին քարը ծախել էր վաթսուն հազարի:

Մին էլ, որ էն կողմերը ընկավ, ասավ.

— Գնամ էն մարդուն տեսնամ՝ ասեմ, որ նրանից հինգ հազարով առածը՝ ծախել եմ վաթսուն հազարի: Տեսնաս ի՞նչ ա անելու, վայ թե խելքը կորցնի:

Էկավ, մտավ տուն.

— Հը՞,— ասեց,— ո՞նց ես, ո՞նց չես, ինչի՞ չես հարցնում, թե քանիսի եմ ծախել քեզանից առած քարը:

— Քու ապրանքն ա,— ասում ա տղեն,— քանիսի ծախել ես՝ ծախել: Իմ ի՞նչ բանն ա:

— Գոնե իմանաս էլի:

— Լավ, ասա, տեսնեմ:

— Վաթսուն հազարի,— ասում ա վաճառականը, ու աչքերը չռած, սպասում, թե ի՞նչ ա պատահելու էն միամիտ մարդուն:

— Ը՛, քու տունը չքանդվի,— ասում ա տղեն,— ես էն անգին քարը երկու պոպոքի էի առել:

Վաճառականը էս որ իմացավ, երկու ձեռով իր գլխին խփեց.

— Վաթսուն հազարանոց բանն էլ երկու պոպոքի առնեն: Ես պիտի պատահած լինեի էն լակոտներին գլխներին բամփեի, ձեռներիցը առնեի: Սրան տված հինգ հազարն էլ ջեբիս կմնար:

Իրա ագահությունիցը սիրտը տրաքեց, վեր ընկավ՝ մեռավ:

***

Պապս, որ հեքիաթը թամամացրեց, ասեց,

— Ագահ ու աչքածակ մարդու վերջը էդ ա: Հայտնի բան ա՝ մարդս մահկանացու ա, բայց մահ էլ կա, մահ էլ: Մարդ կա՝ մարդավարի ա մեռնում, մարդ էլ կա սատկում ա շան պես:

— Ալնոր,— ասեց տատս,— չէ՞, մարդս մի բերան ունի, մի փոր, լավ, թող, որ մեզ նման էլ, մի տուն լիքը երեխեք ունենա: Որ հալալ աշխատանք անեն, դե էն ա, ամենն էլ կուշտ կլինեն, բանի կարիք էլ չեն ունենա: Բա, ո՞նց ա, որ ագահ մարդու աչքը իսկի չի կշտանում:

— Կշտանում ա,— ասեց պապս, այ, լսեք, պատմեմ ձեզ:

ՄԱՐԴՈՒ ԱՉՔԸ ՄԵՆԱԿ ՀՈՂԸ ԿԿՇՏԱՑՆԻ

Լինում ա, չի լինում մի թագավոր: Արի տես, որ թագավորի խազինիցը նրա ամենասիրած ու անգին քարը կորչում ա: Սաղ պալատը տակն՝ ու վրա են անում, քանի անմեղ մարդու տուն քարուքանդ անում, ման գալիս չեն կարում գտնեն:

Թագավորը ոտը գետնովն ա տալի:

— Թե իմ սիրած անգին քարը չգտնեք՝ սաղ քաղաքը սրի կքաշեմ: Էստեղ, պալատն՝ ա մտնում մի դերվիշ:

— Թագավորն ապրած կենա,— ասում ա,— մթամ, որ սաղ քաղաքը սրի քաշեցիր, մեռածները քեզ անգին քար կդառնա՞ն: Ես քու կորուստը կգըտնեմ, ամա ինչ ուզեմ, պիտի տաս ինձ,— ասում ա,— խոստանում ե՞ս:

— Խոստացա,— ասում ա թագավորը,— ինչ ուզես, կտամ: Ասա քարի տեղը:

— Մորթեք վեզրի սև ղազը,— ասում ա դերվիշը:— Քարը սև ղազի փորումն ա:

Մորթում են, տեսնում քարը հրեն վեզրի սև ղազի փորումը:

Բռնում են վեզրին, թե՝ անգին քարը ի՞նչ գործ ունի քու սև ղազի փորումը: Ինչ անում են, չեն անում, վեզիրը հանձն չի առնում:

— Կապեք վեզրի ձեռն ու ոտը,— ասում ա դերվիշը,— կախ տվեք դրան անտակ հորը, օձերին ու կարիճներին կեր՝ լիզուն կբացվի:

— Ամա՛ն,– ղապատառ ա լինում վեզիրը,— ազատեցեք ինձ, ես ճիշտը կասեմ:

Վեզրին վեր են քաշում հորիցը:

Դու մի ասի, քարը վեզիրն ա գողացել, մտցրել ղազի բերանը, որ հետո մորթի, քարը հանի տանի ուրիշ աշխարքի թագավորի վրա ծախի:

— Դերվիշ,— ասում ա թագավորը,— դու խելոք մարդ ես, սրան ի՞նչ պատիժ կիասնի:

— Թագավորն ապրած կենա,— ասում ա դերվիշը,— քանի որ դա աչքածակ մարդ ա, դրա մի աչքը հանի, մեկելով թող տեսնի, թե ինչքան մարդու տուն ա քանդել:

Թագավորական դահիճը պալատ ա մտնում, միլը տալի վեզրի աչքին, աչքը հանում, գցում: Դերվիշը վեր ա ունում էն աչքն ու ջերն ա դնում:

Ուշք գնացած վեզրի թևերն են մտնում, տանում տուն: նոր, էստեղ դերվիշը ասում ա,— թագավորն ապրած կենա,— ասում ա,— դու թագավորական խոսք ես տվել, որ ինչ ուզեմ, տաս:

— Ի՞նչ ա ուզածդ տվեցի:

— Էդ մարդու աչքի քաշովը մին ոսկի տու ինձ:

Բերում են ոսկու կշեռքը: Դերվիշը, ջիբիցը հանում ա մարդու աչքը, դնում մի կողմ, մեկել կողմը լցնում են ոսկով, ամա աչքի կողմը տեղիցը չի բարձրանում:

Ճարները կտրում ա, բերում են մեծ կշեռքի վրա կշռում, մի կողմում աչքը դնում, մի կողմում լիքը ոսկի, ամա աչքի թայը տեղիցը չի շարժվում:

Այ քեզ օյի՜ն, էս ի՞նչ բան ա:

Ղանթարի մեծ կշեռք են բերում, մի թայը ոսկով լցնում, ամա էն թայը, որին աչքն ա դրած՝ ոնց որ գետնին կպած լինի:

Թագավորը կատաղում ա, փրփրում.

— էդ դերվիշը դիտմամբ ա անում,— ասում ա,— որ ինձ խաբի, էդ հո աչքակապություն ա:

Դահիճին կանչում ա, որ դերվիշի գլուխը կտրի:

— Թագավորն ապրած կենա,— ասում ա դերվիշը,— իմ գլուխը կտրելով բան չես հասկանա, դու համբերի:

Վեր ա ունում մի բուռը հող, ածում էն աչքի վրա, կշեռքի նժարը, անմիջապես վեր ա թռնում, բարձրանում:

— Էս ի՞նչ բան էր,— զարմանում ա թագավորը,— էս ի՞նչ օյին էր:

— Օյին չէր,— ասում ա դերվիշը,— էս էն աչքածակ վեզրիդ աչքն էր: Դու ինձանից լավ գիտես, թե ինչքան փիս մարդ էր վեզիրդ, թե ինչի՞ էիր դրան պահում, էդ քո գիտնալիքն ա, ամա հայտնի ա ամենին, որ սաղ աշխարքը գոփեց, կերավ էլ չդադարեց, էնքան անկուշտ, էնքան աչքածակն ա: Աչքածակ մարդու աչքը,— ասավ դերվիշը,— մենակ հողից կկշտանա։ Հողը, որ ածեցի վրեն, աչքը կշտացավ։ Հիմի նրա իսկական քաշը մի քանի մսխալից ավել չի։

Պատահում ա, որ աչքածակ մարդը մեռնում ա, աչքերը բաց են մնում, փակելու ճար չի լինում, մինչև գերեզմանի հողը չածեն աչքերին։

— Դերվիշ-բաբա,— ասում ա թագավորը,— քու իսկական վարձը քաշովդ մին ոսկին ա։ Կանգնի կշեռքի մի թային, թող մեկելին ոսկի լցնեն։

— Թագավորն ապրած կենա,– ասում ա դերվիշը,— ոսկին իմ ինչի՞ն ա պետք։ Իմ օրվա հացը մարդիկ ինձ տալիս են, նրանց բարի բան սովորցնելու համար։ Ես ուզեցի, որ դու էլ քու նազիր-վեզիրների բանն իմանաս, իմանաս, թե ո՞նց են նրանք ժողովրդին գոփում ու թալանում...

Հեքիաթը, որ թամամեց.

— Ալոր,— ասեց տատս,— էդքան էլ աչքածակ ու ագահ մարդ կլինի՞ աշխարքիս էրեսին, դու տեսած կա՞ս։

— Հերիքնազ,— ասեց պապս,— տեսած կամ։ Մեր գեղական քոխվեքն ու քեղխուդեքը էլ էն վեզիրնե՞րը չեն։ Ինչ շան օր քաշեցի ես դրանց դռներին մինչև մի կտոր հողի տեր դառա ու տուն դրեցի։ Բա միտդ չի՞...

Ամա աչքածակ մարդը շատ անգամ իր ագահության զոհն ա դառնում,— շարունակեց պապս,– էրկու էդպես աչքածակ մարդ են լինում։ Թագավորը դրանց ամեն ուզածը կատարում ա՝ ինչքան պահանջում են՝ մեկին երկուս են ստանում, ամա օր ու գիշեր տնքում են ու զանգատվում՝ էս ա պակաս, էն ա պակաս։

Թագավորի ճարը որ կտրվում ա, կանչում ա պալատ, ասում,— ինչ որ ուզեք, կտամ, մենակ թե ձեր զանգատները չհասնեն ականջիս։ Ինչքան որ ձեզանից մեկը ուզի՝ մեկելին էրկու անգամ ավել եմ տալու։

Ագահները մնում են շվարած, վերջը դրանցից մեկն ասում ա.– Թագավորն ապրած կենա, ես կուզեմ, որ իմ ընկերոջ մի աչքը հանես։

— Շատ լավ,— ասում ա թագավորը,— դրա մեկ աչքը որ հանիլ տամ, քու էլ էրկու աչքը պետք ա հանեմ։ Մեր պայմանն էդպես ա։

Չեն ա տալիս դահիճին՝ առաջինի էրկու աչքն ա հանել տալիս, էն մեկելի՝ մի աչքը։

ՄԱՐԴ ԻՐԱ ԿՅԱՆՔՈՎԸ ՉԻ ԱՊՐՈՒՄ

Աստվածը եդեմական բաղ ու բաղչի ծաղիկների միջին թինկը տված, կյանք ա բաժանելիս լինում իրա ստեղծած շունչ արարածներին: Կանչում ա մարդուն.

— Մարդ արարած,— ասում ա,— քեզ տալիս եմ քսան տարվա կյանք: Գնա,— ասում ա,— քեզ համար ազատ, ուրախ, անդարդ մարդավարի ապրի:

Մարդը՝ դե, ագահ, աչքը ծակ, սիրտը նեղ խռովում ա աստծուց, թե քիչ ա կյանք տվել իրեն, ունքերը կիտում, մի կողմ քաշվում նստում:

— Շուն-արարած,— ասում ա աստվածը,— դե, հիմի դու մոտ արի: Դու շատ հավատարիմ կենդանի ես, ես քեզ տալիս եմ քառասուն տարվա կյանք: Գնա, քու շան օրը քաշի:

— Տեր աստված,— ասում ա շունը,— ես քառասուն տարի էս մարդի դռանը հաչա՞մ, ոսկոր կրծե՞մ: Ինձ քսան տարին էլ բոլ-բոլ ա: Մնացած քսան տարին էլ ավելացրու իրեն, նեղացած տիրոջս կյանքին, գուցե աչքը կշտանա:

Աստված տեսնում ա, որ շունը խելքի մոտիկ բան ա ասում, վեր ա ուն ում շան քսան տարին, տալիս ա մարդուն: Մարդը դառնում ա քառասուն տարեկան:

Շունը վեր ա կենում, աստծու ձեռը լիզում, գնում իր բանին: Ամա անկուշտ մարդը, էլի վիզը ծռած նստած ա էնդեղ: Չի հեռանում:

Շանից հետո աստված էշին ա կանչում:

— Էշ արարած,— ասում ա,— Քեզ էլ եմ քառասուն տարվա կյանք տալիս: Գնա,— ասում ա,— էշավարի՝ ապրի: Կուզես մոխրումը թավալ տու, կուզես,— ասում ա,— ինչքան կուզես զռա, փառք տու քու ստեղծողին:

Դե, էշը՝ էշ ա էլի: Ի՞նչ հասկանա թե աստված նրա լավն ա ուզում:

— Տեր աստված,— ասում ա,— իհարկե, որ քու միրուքի մի մազը ավել խելք ունի, քան իմ էս եքա գլուխը: Ամա թե,— ասում ա,— ես ո՞նց քառասուն տարի, սրա-նրա դռանը քարշ գամ, բեռները կրեմ, դագանակի ծեծ ուտեմ: Ինձ քսան տարին էլ բոլ-բոլ ա: Էն մնացած քսանը էդ անկուշտ մարդին տուր գուցե աչքը կշտանա:

— Սա, ճիշտ որ էշ ա,— մտածում ա աստված,— իսկական ավանակ: Շունչ արարածը ավել կյանքից կհրաժարվի՞:

Խլում ա էշի քսան տարին՝ տալիս մարդուն: Մարդը դառնում ա վաթսուն տարեկան:

Էշը, ուրախությունիցը տրճկի տալով զռում ա, աստծուն փառք ա

տալիս, գնում, փալանն առնում մեջքին, ամա մարդը՝ սոված, անկուշտ, աղքատի նման վիզը ծռած, նստած ա էնտեղ, չի հեռանում:

Էշից հետո, աստվածը կանչում ա կապիկին:

— Արի, արի,— ասում ա,— արի, այ մեյմուն, արի քեզ տամ մի քառասուն տարի: Գնա մեյմունություն արա:

Մեյմունը ահիցը դես ա թռչում, դեն ա թռչում, բարձրանում ծառին, պոչը ոլորում ծառի ճղիցը, գլխիվեր կախ ընկնում:

— Տեր աստված,— ասում ա,— իմ մեղքը ի՞նչ ա, որ ես քառասուն տարի ուրիշի տնազ անողը լինեմ: Մեծ ու պստիկին ինձ վրա ծիծաղեցնող լինեմ: Քսան տարին ինձ էլ ա բոլ, իմ պապերին էլ: Հրեն էն մարդու սիրտը էնքան կոտրած ա, որ ինձ վրա էլ չի ծիծաղում: Իմ մնացած քսան տարին նրան տուր, գուցե աչքը կշտանա՝ մի հետ էլա ծիծաղի:

Ասում ա մեյմունը, լիզուն հանում ա, շանց տալիս մարդուն, դունչը ծռմռում, հետո ծառի կոտրած ճյուղը ձեռնափետի պես թափն ա առնում, կուզեկուզ գնում: Մին էլ շուռ ա գալի, պոչը վեր քաշում, քամակը շանց տալի աստծուն, փախչում, գնում:

— Այ, սատկես ոչ, մեյմուն,— ասում ա աստված,— ծիծաղու սպանեցիր ինձ: Դե, լավ, թող քու ասածը լինի:

Վռազ վեր ա ունում մեյմունի մնացած քսան տարին, ավելացնում մարդու վաթսուն տարուն: Մարդը դառնում ա ութսուն տարեկան:

***

Պապս էս հեքիաթը որ թամամացրեց.

— Էս ամենը,— ասեց,— մարդու վրա ա ասված: Իրա իսկական կյանքով մարդս քսան տարի ա ապրում: Քսան ու մեկից մինչի քառասունը՝ շան կյանքով, յանի թե՝ շնություն ա անում: Քառասուն ու մեկից մինչև վաթսունը՝ իշի կյանքով, յանի թե՝ շատ ա աշխատում, չարչարվում: Հազարիցը մեկ ա վախտ գտնում թավալ տալու՝ հանգստանալու: Հազարից մեկ էլ՝ ձենով երգելու, ուրախանալու: Վաթսունից ութսունը մարդու մեջքը ծռվում ա, փետը ձեռին կռացած ա ման գալի:

Ամա ծերությունն էլ,— ասեց պապս,— իր համն ու լազաթն ունի: Խելք բաժանելու վախտը աստված մարդուն չի մոռացել, մարդն ինչքան էլ մեծանա, ինչքան էլ ալևոր դառնա՝ ապրած տարիքն ու կյանքի փորձը նրան ավելի իմաստուն են դարձնում: Սրա համար ա, որ մեծի պատիվը շատ ա մեր ժողովրդի մեջ:

ՄԱՐՏԻՐՈՍ ԲԻՁՈՒ ՈՒԶԱԾԸ

Հայտնի բան ա, որ տարիքի բեռը ծանր ա գալիս մարդ արարածի վրա: Ամեն մարդ չի կարենում դիմանա էդ բեռին:

Մարտիրոս բիձեն, որ ութսունվեց տարեկան դառավ, գլխացավից էր գանգատվում, ասում էր՝ ականջներս դժժում են, ոտներս թուլացել են, դողում են, ասում էր:

— Բան չկա, պապի,— ասում էին,— ծերությունից ա:

— Հրես, կերածս չեմ կարում ծամեմ, աչքերս էլ շաղվում են, բան էլա չեմ տեսնում:

— Էդ էլ,— ասին,— ծերությունիցն ա: Մարտիրոս բիձեն նեղացավ:

— Բա ինչի՞ հրոխպորս տղա Հաբեթը, որ ինձանից մի քանի տարով մեծ ա, ասում ա, որ իրա ամեն բանը կարգին ա:

— Մարտիրոս բիձա,— ծիծաղեցին հարևանն՛երը,— Հաբեթը ասո՞ւմ ա, դե դու էլ ասա, որ լավ լինի:

Մարտիրոս բիձեն դառնացած գլուխը տարուբերեց.

— Ձեզ համար ի՞նչ կա,— ասեց,— ձերն էնա, որ սեպներդ բաց անեք, մարդի վրա ծիծաղեք: Դուք գիտե՞ք,— ասեց,— որ հեռ լողաց, ինձ չեմ կարում պահեմ, գիշերները տակս թրջում եմ:

— Այ տղա, Մարտիրոս,— ձեն տվեց նրա մանկության ընկերներից մեկը,— օրորոցը միտդ ա ընկե՞լ:

Էս խոսքի վրա ջահելները ծիծաղեցին, ամա մի ուրիշ տարիքով մարդ (չէ՞ տարիքովը խելոք կլինի)— ձեններդ կտրեք,— ասեց,— Մարտիրոս հեչ դարդ մի անի,— ասեց,— իրեն Քոթակլի գեղումը մի հայտնի գիր անող կա, քանի-քանի մարդ ա սաղացրե, բերեք էստե, թող գա, գիր անի:

Կանչեցին էդ գրբացին, էկավ գիր արեց, ամա արի տես, որ գիրը շատ զոռ էր արել, խեղճ Մարտիրոսի վիճակը ավելի վատացավ:

Բանը հասավ տերտերին,

— Մարտիրոս,— ասեց,— օրշնյալ, ժամ ու պատարագ, աղոթք ու աստծու անունը մտահան ես արել: Վեր կաց, արի ժամը, մատաղ արա, խունկ ու մոմ վառի, գիշեր-ցերեկ աղոթի աստծուն, որ ցավերից ու տանջանքներից ազատվես:

Ու Մարտիրոս բիձեն սկսեց աղոթել, օր ու գիշեր էն էր խնդրում աստծանից, որ հոգին առնի, ազատվի ցավերից:

Մարտիրոս բիձու աղոթքը հասավ երկինք: Աստված տեղն ու տեղը Գափրել հրեշտակին ուղարկեց ներքև:

Մարտիրոս բիձեն աչքը բաց ա անում՝ Գափրել Հրեշտակը իրեն գլխավերևը կանգնած:

— Մարտիրոս բիձա,— ասում ա,— աստված լսել ա քու աղոթքը, հրես ուղարկել ա ինձ, որ հոգիդ առնեմ:

— Գափրել հրեշտակ,— կմկմում ա Մարտիրոս բիձեն,— ես հո չասի, որ հենց էս սհաթին ուղարկի հոգիս առնելու: Էդ ինչի՞ ա էդքան վռազել աստված: Խոսք էր ասեցի էլի: Ամեն ասածի, որ ուշ դնես, էդ ո՞ւր կհասնի: Ես փորձել եմ աստծուն, մեռնեմ նրա զորությենին, ես գիտեմ, որ նա իմ խնդիրը կատարողը չի: Հազար անգամ ժամ եմ գնացել, մոմ եմ վառել, խունկ եմ ծխել, արտասուք եմ թափել, աղաչել-պաղատել մի հետ էլա ուզածս չի կատարել: Հենց հիմի՞ ա վռազ ուղարկել, որ հոգիս առնե՞ս:

— Մարտիրոս բիձա,— ասում ա Գափրել հրեշտակը,— վերնային աստվածը գիտի իրա անելիքը: Հիմի քանի՞ կոպեկ արժի քու էդ խոսքերը:

— Մեռնեմ նրա զուրութենին,— էրեսը խաչ ա հանում Մարտիրոս բիձեն,— ամա դե ասում էի՝ թոռներիս մեծանալը տեսա, ծոռներիս մեծանալն էլ տեսնեի, նոր գայիր հոգիս առնեիր:

— Քանի տարի ես ուզում էլի ապրես,— հարցնում ա Գափրել հրեշտակը:

Մարտիրոս բիձեն սուս ա արել: Ձեն չի հանում:

— Բավականն ա քեզ մի քսան-երեսուն տարի,— հարցնում ա Գափրել հրեշտակը:

Մարտիրոս բիձեն էլի սուս ա կացել:

— Դե, ասա, ինչքա՞ն ես ուզում:

Մարտիրոս բիձեն ասես պապանձվել, լիզուն կուլ ա տվել:

Գափրել հրեշտակը, որ տեսնում ա ալևորին էդպես խեղճացած, նեղն ընկած, սիրտը ճմլվում ա, արտասուք ա գալիս աչքերիցը:

— Մարտիրոս բիձա,— ասում ա,— մենք էլ ժամանակին մարդ ենք էլել մեզ համար: Մարդահաշիվ էինք, մինչև որ աստված, մեռնեմ նրա զորությենին, իրա վերնային հրամանով ինձ կարգեց հոգեառների գլխավոր նաչալնիկը: Հիմի խիղճս միտս ա էկել: Ես քեզ կօգնեմ: Տեսնում ե՞ս դռանը կանգնած ուղտը: Վեր կաց տեղիցդ, բութ մատդ դիր ուղտի մարմնի որ տեղին կուզես: Ինչքան մատիդ տակին մազ լինի, հաշվենք, էնքան տարի էլ ապրես:

Մարտիրոս բիձեն վեր ա թռչում տեղիցը, սաղ իր ջանով, փորով, պորտով, կպչում ա ուղտի մարմնին, պոկ չի գալիս:

Գափրել հրեշտակը մնում ա շվարած, չի իմանում ի՞նչ անի: Գալիս ա տեսածը աստծուն պատմում:

— Տեր աստված,— ասում ա,— վերնային արդար ու իմաստուն դատավորը դու ես,— ասում ա,— հիմա ո՞նց կհրամայես: Ես նրան խոսք եմ տվել, որ մազի համբարքի չափ տարի էլի ապրի:

— Գլուխդ մեծ քարովն ես տվել, որ էդ տեսակ խոսք ես տվել: Դու քանի՞ գլխանի ես, որ ուզում ես ինձանից ավել իրավունք բանացնես:

էս բոպեին գնա, էդ Մարտիրոսի հոգին առ, բեր տուր իմ ձեռը, ես դրա դատաստանը կանեմ: Մեղավորը ես եմ: Շատ էրես տվի մարդարարածին, ասի ինձ նման ստեղծեմ, որ բալի լավ ըլնի, ամա տեսնում եմ, քիչ էլ որ մնա՝ անմահություն կպահանջի ինձանից:

Աստված էս խոսքը վերևում ասում ա թե չէ, Մարտիրոս բիձեն ներքևումը իր մնացած արևը ձեզ ա բախշում՝ հոգին փչում:

***

Պապս հեքիաթը որ թամամացրեց, մեր տան պուճուր հարսը ասեց.

— Աստված տեղին ա չարացել, Մարտիրոս բիձու ապրածը իրան բոլ ու բոլ էր: Էլ ինչի՞ էր ուզում ավել ապրի:

— Ջահել ես, հարսի ջան,— ասաց պապս,— կյանքը որ կա՝ ամենաքաղցր բանն ա աշխարքիս էրեսին, նրանից կշտանալ չկա: Ինչքան էլ մարդ բեզարի կյանքից, ինչքան էլ ձեն տա, կանչի մահին՝ խոսքով կասի, ամա տեղն ընկած վախտը՝ մեռնիլ չի ուզում: Բա ձեզ չեմ պատմե՞լ:

Մի ալևոր անտառումը ցախ հավաքելիս շատ բեզարած վախտը, նստում ա ծառի քոքին.

— Տեր աստված,— ասում ա,— էս ի՞նչ շան կյանք ա, որ ես քաշում եմ, էն լավ կլինի մահը միանգամից ինձ տանի:

Էս խոսքը դեռ թամամ ասած-չասած մահը գալիս ա ալևորի գլխավերևը կանգնում.— կանչել էի՞ր,— ասում ա,— հրես էկել եմ, արի տանեմ:

— Ո՞ւր տանես,— ասում ա ալևորը,— ես գալու ժամանակ ունե՞մ, որ գամ: Հրեն մեր տանը անտեր ու սոված իմ պառավն ու թոռները սպասում են, որ էս ցախը ծախեմ, հաց տանեմ տուն, համ էլ մի քիչ կրակ անեմ, տաքանան: Հորդ օղորմի, Մահ ախպեր, մի օգնի ինձ, էս ցախի կապոցը շալակիս դիր, հենց դրա համար էի քեզ կանչում:

— Հա, դե որ էտենց ա, հիմի քեզ չեմ տանի, գնա քու բանին: Ամա մեկ էլ որ ձեն ես տվել, կգամ հոգիդ կառնեմ:

ԱԴԱՄՈՐԴՈՒ ՀԵՔԻԱԹԸ

Ծառը որ պտուղ ա տալիս, էդ պտուղի կորիզիցը կամ սերմիցը էլ ետ թազա ծառ ա մեծանում: Էս ծառն էլ պտուղ ա տալիս, պտուղի սերմն էլ մի թազա ծառ:

Էսպես էլ մարդ արարածը՝ ծնողը որդի ա ունենում, որդին՝ թոռ, թոռն էլ ծոռն ա ծնում: Մարդու մեռնելու վախտը որ հասնում ա, մարդը հանգիստ մեռնում ա, քանի որ գիտի՝ իր անունն ու գործը ժառանգները կենդանի կպահեն աշխարքի մեջ:

Ամա վայն էկել ա տարել անպտուղ, անզավակ, առանց ընտանիքի ու ազգականների մնացած մենակ մարդուն:

Մի էդ տեսակ մենակ հարուստ մարդ ա լինում: Ջահել վախտը իսկի չի մտածում, թե, որ ապրիլ կա՝ մեռնիլ կա, դե, էդպես ա էլի, էն ո՞ր ջահելն ա որ մտածում ա մահվան մասին: Ամա էս մարդը տարիքը որ առնում ա, ընկնում ա ծանր մտքերի մեջ, ո՞նց անի, ի՞նչ անի, մահին խաբի, որ չմեռնի: Չէ՞ որ մահից վախեցողի ապրածն էլ մեռածի հաշիվ ա:

— Վեր կենամ,— ասում ա,— գնամ մի էն տեսակ տեղ, մի էն տեսակ երկիր, որ մահ չլինի:

Շատ ա միտք անում, վերջը որոշում ա, որ էդ տեսակ տեղը իրանց երկրին նման չի լինի, էդ տեսակ տեղը,— ասում ա,— կարող ա աշխարքի վերջումը լինի:

Էհ, ինքը հարուստ մարդ, ի՞նչն ա պակաս: Քարավանը բարձում ա բեռ ու բարձով, ծառա-նոքարներով ճամփա ա ընկնում, գնում ա ու գնում, շատն ու քիչը աստված գիտի, վերջը հասնում ա մի անծանոթ երկիր, որ իսկի իր երկրի նման չի: Հարցնում ա, թե.

— Բարով, խերով լինի ձեր երկիրը, ի՞նչ ա ձեր երկրի անունը: Ասում են՝

— Էս աշխարքի վերջի երկիրն ա:

Էս մարդու սիրտը ուրախությունից թպրտում ա:

— Էս ա, իմ ուզածն ա: Մին էլ ա հարցնում.— Բա սրանից դենը երկիր չկա՞:

— Չէ, ասում են, էնա վերջն ա էլի՛:

Էս մարդը ուրախանում ա, ասում ա, թամամ, որ վերջի երկիրն ա, էստեղ ամեն ինչ ուրիշ տեսակ ա, էստեղ մարդը չի մեռնի: Մին էլ սար ու ձոր ձեն են առնում, ձեն տալի.

— Կմեռնի, ադամորդի, կմեռնի:

— Ո՞նց թե՝ կմեռեի,— փշաքաղվում ա մարդը:

— Կմեռնի,— աներևույթ ձեն են տալի ծառերն ու ջրերը, հավքն ու

թռչունքը, գազանն ու սողունը,— կմեռնի ադամորդի, կմեռնի, մահը մարդու մեջն ա, իր ծնվելու օրիցը: Հիմի էլ քու մահը հետդ բերել, հասցրել ես էստեղ:

Էս մարդը քոռ ու փոշման ուզում ա ետ փախչի, ամա ոտները թուլանում են, աչքերը մթնում, վեր ա ընկնում էստեղ մեռնում...

***

Պապիս հեքիաթները լսելու հավաքվում էին գեղի մեծն ու պստիկը:

— Էդպես ա, մահին խաբել չի լինի,— ձեն տվին մեր տարիքավոր հարևանները,— էն ո՞վ ա նրա ձեռիցը պրծել, որ էն միամիտ մարդը պրծներ:

Խոսքը պտիտ էկավ, էկավ հասավ տատիս, սա թե.

— Որ մահին խաբել չի լինի, դրա մի հեքիաթ էլ ես գիտեմ: Ի՞նչ կասես ալնոր, սազական կլինի, որ ասեմ էդ հեքիաթը:

— Ասա, Հերիքնազ,— ասեց պապս,— շատ սազական կլինի:

— Նանի ջան,— ձեն տվին տան տղերքն ու հարսները,— ասա լսենք:

— Տատի ջան, դե ասա էլի, որ մենք էլ իմանանք,— տեղներիցը վեր թռան էրեխեքը՝ տատի վզովն ընկնելով ու նրա թևն ու փեշը քաշքշելով:

Տատս նստած տեղումը հարմարվեց, մութաքան քաշեց իրեն, քաղցր աչքով մտիկ արեց մեզ, իր շուրջը նստածներին: Հանդարտ, մարմանդ, խոսքը ծոր տալով ու իր ասած խոսքին ականջ դնելով, սկսեց պատմել:

ՄԱՀԻՆ ԽԱԲԵԼ ՉԻ ԼԻՆԻ

Լինում ա չի լինում մի գեղացի մարդ ա լինում: Էս գեղացին տարին տասներկու ամիս արին քրտինք ա թափում, օր ու գիշեր աշխատում, ամա իրա օրումը մի կուշտ փոր հաց կերած չի լինում՝ դատածը տանող-տանողի ա լինում: Ինքը սոված, էրեխեքը սոված:

Ձեռները մեկնում ա երկինք, թե.

— Այ աստված, բա մի կուշտ փորով հաց ե՞րբ պետք ա ուտեմ:

Էհ, աստծու շատ պետքն ա՞, թե էդ խեղճ մարդը տանով-տեղով հացի կարոտ ա:

Էս մարդը տեսնում ա, որ ասածներից խեր չկա, ճարը կտրում ա, հարուստի մառանիցը մի շալակ հաց ա գողանում, մտնում մի էրի մեջ, որ մի կուշտ հաց ուտի: Էն ա բրդուճը տանում ա բերնին, մին էլ, ըհը՛, մի մարդ ա մտնում էրը: Գեղացին վռազ հացը պահում ա մեջքի ետևը:

— Բարի օր,— ասում ա անծանոթը:

— Բարին վրեդ,— ասում ա գեղացին:

— Բա, էստեղ ի՞նչ բանի ես: Թե.

— Հեչ, հով տեղ ա, ասի՝ մի քիչ դինջանամ:

— Ուտելու բան-ման կա՞:

— Չէ, դուրբան, չկա:

— Բա էդ ձեռիդ բրդուճն ի՞նչ ա:

Մարդու սուտը բռնվում ա:

— Ճիշտ ա,— ասում ա,— կա, համա մի կուշտ փոր պետք ա ուտեմ, համ էլ երեխանցս պետք ա տանեմ: Քեզ ինչի՞ եմ տալի:

— Հանի մի բրդուճ:

— Չեմ տա:

— Որ ասեմ թե ով եմ՝ կտաս:

— Լավ, հըլա մի ասա տեսնեմ ո՞վ ես:

— Ես քու ստեղծող աստվածն եմ:

— Վայ քու տունը քանդվի հա՛, աստվա՞ծն ես: Դու էն չե՞ս, որ հարուստ ու աղքատ ես ստեղծել: Դու էն չե՞ս, որ հարուստներին օղորմում, աղքատներին իսկի մտիկ չես անում: Դու էն չե՞ս, որ ինձպեսներին մինչև օրս մի կուշտ փոր հաց չես տվել: Էկել ես, հերիք չի, հըլա զոռ էլ ես բանեցնում, ինձ վախեցնո՞ւմ: Որ մեռնեմ՝ չեմ տա:

Աստված տեսնում ա, որ էս գեղացին քարից էլ պինդ ա, սրանից մի շան մազ էլ չի կարա պոկի, թողնում ա՝ գնում:

Մարդը նոր շունչ ա քաշում, ուզում ա բրդուճը բերանը տանի, մին էլ, ըհը՛, մի ուրիշը մտավ էրը:

— Բարի օր,— ասում ա անծանոթը:

— Աստծու խերն ու բարին:

— Ճամփորդ եմ,— ասում ա եկվորը,— սարի գելի պես սոված եմ, ուտելու բան-ման կա՞ կշտիդ:

— Կար, համա կերա՝ պրծա:

— Բա էն բրդուճը, որ ձեռքիդ ա՞:

— Հենց էն ա ու էն:

— Սուտ ես ասում, որ իմանաս ո՞վ եմ, կտաս:

— Դե ասա տեսնեմ ո՞վ ես:

— Ես Քրիստոսն եմ:

— Վայ քու տունը քանդվի հա՛: Ես աստվածից չվախեցա, քեզանից պետք ա վախենա՞մ: Դու, որ լավ, կարգին մարդ լինեիր, քեզ չէին բռնի, չէին խաչի ու չարչարի: Որ ճամփովն էկար, էն ճամփավն էլ ետ գնա: Տեղովդ մեկ սուտ ես: Էնքան բան խոստացար քյասիբ-քյուսուբին, մինն էլա չկատարեցիր:

Քրիստոսը տեսնում ա, որ էս անհավատիցը օգուտ չկա, թողնում ա, գնում: Էս խեղճ գեղացին սոված, թուքը կուլ տալով, բրդուճը բերանն ա կոխում, մին էլ, ըիը մի ուրիշն էլա գալի:

— Բարի օր:

— Թող բարի լինի, թե որ կարենամ էս մի թիքեն կուլ տամ: Տո, ձեր տունը քանդվի, դուք, ինչ ա, ոչ խիղճ ունեք, ոչ նամո՞ւս: Հրես սովիցը մեռնում եմ, գողություն եմ արել, թե ինչ ա կյանքումս մի հետ էլա կուշտ փոր հաց ուտեմ, էս մի թիքեն էլ եք հարամ անում գլխիս:

— Շատ լիզվիդ մի տա,— ասում ա անծանոթը, գիտեմ, որ հաց ունես, տուր:

— Միանգամից սաս տեսնենք ո՞վ ես, ինչի՞ տամ:

— Ինձ Մահ կասեն,— ասում ա անծանոթը:

— Հա, որ դու Մահն ես, ի՞նչ եմ ասել, հիմի որ կտամ: Դու աստծանից էլ զորավոր ես, Քրիստոսից էլ: Քեզանից արդարը չկա: Քու աչքին մեկ են հարուստն ու աղքատը, ջահելն ու պառավը, տեղացին ու էկվորը: Դու մարդկանց մեջ խտրություն չես դնում: Առ, ախպեր, թող քեզ հալալ լինի քու բաժինը: Առ, համեցեք:

— Հացը ինձ պետք չի,— ասում ա Մահը,— ես կուշտ եմ, ես միշտ կուշտ եմ, պատահում ա, որ շատ կերածից տանջվում եմ, ամա ի՞նչ արած, գործիս անունն էդ ա: Ես ուզում էի քեզ փորձեմ: Հիմի տեսնում եմ, որ մինչև կյանքիդ վերջը անարատ ու արդար ես մնացել: Էլ ապրելու ու տանջվելու ուժ չի մնացել ջանումդ: Հասել ա քու վերջին օրը: Հիմի ես քեզ կքնացնեմ ու էդպես, առանց մահվան տանջանքի, քաղցր երազների մեջ ճամփու կզցեմ արքայություն: Գնա, ախպեր, բարի ճամփա քեզ:

ՈՐՍԿԱՆՆ ՈՒ ԿԱՔԱՎԸ

Օրվա մի օր որսորդը գնում ա անտառն ու հանդը, որ որս անի, բերի իր տունն ու էրեխանցը կառավարի: Էնա, որ մտնում ա հանդը, սրան մի կաքավ ա ռաստ գալի:

— Որսկան ախպեր,— ասում ա կաքավը,— ես գիտեմ, որ դու եթե որս չանես, էրեխեքդ սոված կմնան: Թե կուզես, հրես, արի ինձ խփի, մենակ թե հանուն քու որդկերանցը, որ ճուտս քեզ պատահի, նրան չխփես:

— Լավ, կաքավ քույրիկ,— ասում ա որսկանը,— բա ես ո՞նց իմանամ, թե քու ճուտը ո՞րն ա:

— Ձեռդ դալար մնա, որսկան ախպեր, բա դու ճանաչ չե՞ս: Ղշերի միջին իմ ճուտը ամենասիրունն ա, իմ ճուտը, որ ման ա գալի, ոտը ոտի առաջին ա գնում, տեսնողը հայիլ մայիլ ա լինում: Բա, որ նրա ձենը լսես, խելքդ կգնա, էնքան անուշ, էնքան քաղցր ա կղկղում:

— Լավ,— ասում ա որսկանը,— խոսք եմ տալիս, որ քու ճուտը թվանքիս բերնին չքաշեմ:

Իրիկունը որսկանը, որ տուն ա գալի, կաքավն ասում ա.

— Բա, չէ՞ ես քեզ աղաչեցի, որ դու իմ ճուտին չխփես:

— Կաքավ-քույրիկ,— ասում ա որսկանը,— իրես ինքդ մտիկ արա, սա քու ասած սիրուն, հայիլ-մայիլ գալու ճուտը չի: Սա տեղովը մեկ մոխրագույն ա...

Սաղ գիշերը կաքավը լաց ա լինում:

***

— Փառքդ շատ լինի, տեր աստված,— խոր հոգոց քաշեց մեր հարևանի կնիկը, մոր սիրտը սիրտ ա, թեկուզ իսանի սիրտ լինի, թեկուզ թռչունքի: Մոր սրտի դարդ ու ցավին սարերը չեն դիմանա: Ջավակի վիշտն ու կսկիծը կրակի շապիկ ա մոր հագին:

Էս որ ձեզ կպատմեմ՝ իսկական էլած բան ա:

ԱՆԴԱՐԴ ՄԱՐԴ ՉԿԱ

Մի որբևվերի կնիկ ա լինում: Սրան ունենում ա մինուճար մի տղա: Մերը էս տղին աչքի լուսից ավելի ա սիրում: Տանջվում, չարչարվում, քարին ա քսվում, մինչև տղին մեծացնում մի ջիվան, մի շատ խելոք տղա ա դարձնում:

Տղեն էլ մորն ա շատ սիրելիս լինում, պատվում, նրա խոսքը միշտ կատարում: Ամա դե, էրկու երանի մի տեղ չի լինի: Ո՞նց ա պատահում, ո՞նց չի պատահում, աստծու դատաստանը ո՞վ կիմանա, էս տղեն շատ ծանըր հիվանդանում ա: Ինչ անում են, չեն անում, դրան դեղ ու դարման չի լինում: Քանի գնում, ավելի ա վատանում, մահվան դուռն ա հասնում:

Հիվանդը չի հիվանդ, հիվանդի տերն ա հիվանդ:

— Տեր աստված,— մղկտում ա մերը,— դու ի՞նչ տեսակ աստված ես, բա ո՞ւր ա քու արդարությունը, բա դու խի՞ չես իմ հոգին առնում, բա դու ո՞նց ես հոժար կենում, որ որդին մոր առաջին մեռնի:

Տղեն վեր ա ունում մոր ձեռը բերնին դնում պաչում.

— Ականջդ մոտկացրու ինձ,— ասում ա,— բան ունեմ ասելու: Ես, էս ա, մեռնում եմ,— ասում ա,— վերջին կամքս եմ հայտնում: Երդում կեր,— ասում ա,— որ իմ կամքը կկատարես: Մեռլահացիս սուփրին,— ասում ա,— էն մարդկանց կնստեցնես, որ ոչ մի դարդ չունեն, ցավ չունեն, սրտումը յարա չունեն:

Ասում ա ու մոր ձեռին շունչը տալիս, հանգչում: Տղեն մեռնում ա. ազգականով, բարեկամով, հարևանով տանում են թաղում, ետ գալիս մեռելատուն, որ ինչպես կարգն ա, հաց ուտեն, օղորմաթաս խմեն:

Նստում են, տեղավորվում: Էստեղ մերը վեր ա կենում, թե՝

— Այ ժողովուրդ,— ասում ա,— ինչ որ ասելու եմ, լսեք, չնեղանաք: Իմ որդու վերջին կամքն էր, որ էս մեռլահացի սուփրին էն մարդը նստի, ով ոչ մի դարդ չունի, ոչ մի ցավ չունի, սրտումը յարա չունի:

Մերը էս խոսքը որ ասում ա, բոլորը իրար ետևից դուրս են գալիս տանից: Մի մարդ էլա չի մնում:

Էս խեղճ սգվոր կնիկը մին շշկլվում ա, իրան կորցնում, մին էլ հանկարծ ընկնում ա գնացածների ետևից, զոռով տուն բերում:

— Ետ էկեք, բոլորդ էլ ետ էկեք,— ասում ա,— ես նոր գլխի ընկա,— ասում ա,— որ իմ որդին խնայել ա ինձ, չի ուզեցել, որ սիրտս դարդիցը պատռվի, իրա վերջին կամքովը ուզեցել ա հասկացնի ինձ, որ աշխարքիս էրեսին անցավ, անդարդ մարդ չկա:

***

Դրուստ, որ էդպես ա, չկա: Ամա ամեն որդի կորցրած մեր չի կարենում դիմանալ դարդին:

Էստեղ ձեռքը բարձրացրեց ու խոսք խնդրեց մեր տան ամենափոքր թոռը, որ համ շատ էր սիրում տատի ու պապի հեքիաթները, համ էլ շատ գրքի սեր ուներ:

— Տատի,— ասեց մեր հոկտեմբերիկ թոռը,— հիմի ոնց որ դու ես ասում, սազական կլի՞, որ ես կարդամ էն, որ քեզ համար կարդացի:

— Կարդա, բալիկ ջան, սազական կլի:

— Ուրեմն թոռդ էնքան առաջացել ա, որ կարդում ա քեզ համա՞ր:

— Այ, տնաշեն,— ասեց տատս,— նա ո՞ւմ թոռն ա, որ չառաջանա: Ժամանակները փոխվել են: Ես ու իմ ալևորը չորս էրեխու տեր էինք, որ նստացրին մեզ «կորչի անգրագիտությունը» մեծահասակների դասարանում: Էս թոռս, որ աչքը բաց արեց, տունը լիքն էր գրողկարդացողով: Առաջին դասարանը, որ գնաց, արդեն վարժ կարդում էր: Կարդա բալիկ ջան, կարդա:

Տղան վազեց բերեց գիրքը, բաց արեց, հանդիսավոր նայեց բոլորին, և բարձրաձայն, ինչպես դասարանում, կարդաց՝ Հովհաննես Թումանյան, Կենդանիների կյանքից՝ «Մայրը»:

Մի գարնան իրիկուն դռանը նստած զրույց էինք անում, երբ այս դեպքը պատահեց: Եվ էս դեպքից հետո ես չեմ մոռանում էն գարնան իրիկունը:

Ծիծեռնակը բույն էր շինել մեր սրահի օձորքում: Ամեն տարի աշնանը գնում էր, գարնանը ետ գալի, ու նրա բույնը միշտ կպած էր մեր սրահի օձորքին:

Եվ գարունն էր բացվում, և մեր սրտերն էին բացվում, հենց որ նա իր զվարթ ճիչով հայտնվում էր մեր գյուղում ու մեր կտուրի տակ:

Եվ ինչ քաղցր էր, երբ առավոտները նա ծլվլում էր մեր երդիկին, կամ երբ իրիկնապահերին իր ընկերների հետ շարվում էին մի երկար ձողի վրա ու «կարդում իրիկնաժամը»:

Եվ ահա նորից գարնան հետ վերադարձել էր իր բույնը: Ձու էր ածել, ճուտ էր հանել, ու ամբողջ օրը ուրախ ճչալով թռչում, կերակուր էր բերում ճուտերին:

Էն իրիկունն էլ, որ ասում եմ, եկավ, կտցումը կերակուր բերավ ճուտերի համար: Ճուտերը ճվճվալով դեղին կտուցները դուրս հանեցին բնից:

Էդ ժամանակ, ինչպես եղավ, նրանցից մինը, գուցե ամենից անզգույշը կամ ամենից սոված, շտապեց, ավելի դուրս ձգվեց բնից ու ընկավ ներքև:

Մայրը ճչաց ու ցած թռավ ճուտի ետևից: Բայց հենց էդ վայրկյանին, որտեղից որ էր, դուրս պրծավ մեր կատուն, ճուտն առավ ու փախավ:

— Փի՛շտ, փի՛շտ,— վեր թռանք ամենքս, իսկ ծիծեռնակը սուր ծղրտալով ընկավ կատվի ետևից՝ նրա շուրջը թրթռալով ու կտցահարելով, բայց չեղավ: Կատուն մտավ ամբարի տակը: Եվ այս ամենը այնպես արագ կատարվեց, որ անկարելի եղավ մի բան անել:

Ծիծեռնակը դեռ ծղրտալով պտտում էր ամբարի շուրջը, իսկ մենք՝ երեխաներս, մի-մի փայտ առած պտտում էինք ամբարի տակը, մինչև կատուն դուրս եկավ ու փախավ դունչը լիզելով:

Ծիծեռնակը դատարկ կատվին որ տեսավ, մի զիլ ծղրտաց ու թռավ, իջավ դիմացի ծառի ճյուղին: Այնտեղ լուռ վեր եկավ: Մին էլ տեսանք, հանկարծ ցած ընկավ մի քարի կտորի նման: Վազեցինք, տեսանք՝ մեռած ընկած է ծառի տակին:

Մի գարնան իրիկուն էր, որ այս դեպքը պատահեց: Շատ տարիներ են անցել, բայց ես չեմ մոռանում ոչ այս դեպքը, որ այն գարնան իրիկունը, երբ ես առաջին անգամ իմացա, որ ծիծեռնակի մայրն էլ մայր է ու սիրտն էլ սիրտ է, ինչպես մերը:

***

— Չելավ, չելավ,— ասեց պապս,— քանի գնացինք ավելի տխուր բաներ ասեցինք ու լսեցինք: Ուրախ բան ասեք-լսեք, սրտալի ծիծաղեք:

Հարևանի դարդոտած կնիկը թե.

— Մարդի սիրտը ուրախ պիտի, որ բերանը ծիծաղի:

— Հրես ես ձեզ էնպեսը պատմեմ, որ ծիծաղելուց կշտանաք:

ԽԱԲԱՐԲԶԱՆ ՃՆՃՂՈՒԿԸ

Դուք իսկի իմացած կա՞ք, որ ծիտը լիզու առնի մարդի նման խոսի,— հարցրեց պապս: Դուք կասեք՝ «չէ»: Ես էլ չէի հավատում: Համա արի տես, որ՝ տեղը որ նեղանա, ծիտը լիզու կառնի, կխոսի: Այ լսեք, պատմեմ ձեզ:

Մեր գեղցի Սիմոնը մի օր վար անելիս ա լինում, տեսնում ա ակոսի միջին մի ճնճղուկ քուջուջ ա անում, փափախը գցում ա վրին, ճնճղուկը բռնում:

Խեղճ ճնճղուկի սիրտը ուզում ա թե տրաքի, ամա վախիցը լիզու ա առնում.

— Սիմոն,— ասում ա, ինձ որ բաց թողնես, քեզ մի էնպես բան կասեմ, էնպես բան կասեմ, որ շնորհակալ կմնաս:

Սիմոնը թե.

— Բաց եմ թողնելու, բա հու քեզ չեմ ուտելու, ասա տեսնեմ, ի՞նչ ես ասում:

— Սիմոն,— ասում ա ճնճղուկը,— էսօր ճաշդ ո՞վ ա բերելու: Սիմոնը թե.

— Իմ կնիկը, էլ ո՞վ:

— Դե որ կգա,— ասում ա ճնճղուկը,— կնկանդ աչքերին մի լավ, սուր-սուր մտիկ կանես, թե իրան կորցրեց, կարմրեց, գիտենաս, որ էսօր ծուռ ա ման էկել, իրա հալալը՝ հարամացրել ա, թե հու չէ՝ անմեղ ա:

— Տա, այ ճնճղուկ, դու ի՞նչ գիտես մեր տան անց ու դարձը,— հարցնում ա Սիմոնը:

Ճնճղուկը թե.

— Ձեր կտրի տակին մի ճնճղուկի բույն կա: Էդ բնի միջի ճնճղուկն ա ասել իրոխպորս կնկանը, իրոխպորս կնիկն էլ ասել ա տալին, տալն էլ ինձ: Երդում կրակ եմ կերել, որ մարդի չեմ ասիլ, համա դե տենում ես էլի, ինչքան նեղ ա տեղս, ո՞նց չասեի:

Սիմոնը էս որ իմանում ա, էն ա հո իրան ուտում ա մինչև կեսօրին կնիկը հաց ա բերում նրա համար: Սուր-սուր մտիկ ա անում կնկա աչքերի միջին, կնիկը իրան՝ կորցնում ա, կարմրում, սփրթնում:

— Այ կնիկ,— ասում ա Սիմոնը,— դու էսօր ծուռ ես ման էկե, քու հալալը հարամացրել ես:

— Քա, վո՜ւյ, էդ ով ասեց,— ծվլում ա կնիկը:

— Մեր կտրի տակի ճնճղուկը,— ասում ա Սիմոնը:

Կնիկն սկսում ա լաց լինել, թե սուտ ա, էդպես բան չի եղել, համա էլ ուր, իրեն մատնել էր արդեն: Համ լաց էր լինում, համ մտքումը ասում.

— Հիմի կաց տես ինչ սև եմ բերում գլխին, լիզուն կտրեմ զցեմ շանը, հարամ լինի էն կուտը, որ տվել էի նրան, թե ինչ ա սուս անի:

Էլ ի՞նչ ասեմ, էնա գիտեք էլի մեր Սիմոնի կրակ խասիաթը, ի՞նչ կուտացներ կնկանը:

Կնիկն էլ տուն հասնելուն պես, վեր ա ունում ցախավելը, ինչքան կտրի տա կին ծտի բուն կա քար ու քանդ ա անում...

Հիմի հո տեսաք, որ ծիտը լիզու ունի: Անմեղ էրեխանցն ու միամիտ կնանոցը ըտենց են խաբում էլի, որ ասում են թե. «ծիտը խաբար բերեց»:

***

Երբ որ մի կուշտ ծիծաղեցին էս հեքիաթի վրա, պապս ասեց.

— Դուք լավ եք ճանաչում մեր Սիմոնին էլ, նրա կնկանն էլ: Անուններն որ փոխեք, իրեն երկուսն էլ մեր գեղումն են: Զարմանալին էն ա, որ էդ Սիմոնի կնիկը համ «ծուռ ա ման էկել, իրա հալալը հարամցրել ա, հետն էլ էնքան միամիտ ու շաշ ա եղել, որ հավատացել ա ծտի խաբար բերելուն»:

***

Էստեղ խոսքը նորից պտիտ էկավ, հասավ պապիս կողքին նստած, նրա ընկերներից մեկին, սա թե.

— Ես ձեզ իսկական մեր գեղումը պատահած բան պատմեմ, որ հիմի բերնե բերան ընկած հեքիաթ ա դառել:

ՔԱՎՈՐԸ ԷԴՊԵՍ ԲԱՆ ՉԻ ԱՆԻ

Գեղացիք հասկացնում են մեկին՝

— Այ մարդ,— ասում են,— աչքդ բաց արա, տես, քու կնիկը իրեն քավորիդ հետ նստում վեր ա կենում:

Գեղացին չի հավատում,

— Քավորը էդպես բան չի անի, աչքովս էլ տեսնամ՝ չեմ հավատա:

— Էհ, մի հավատա, մենք հու ասեցինք, մնացածը դու գիտես:

Օրվա մի օր էս մարդը խուրջինը ուսն ա զցում, գնում քաղաք, ամա կիսաճամփին ոնց ա լինում, միտքը փոխում ա, ետ ա դառնում գեղը:

Գալիս ա, մտնում ա տուն, ի՞նչ տեսնի, իրեն իրա կնիկն ու քավորը տեղաշորում, իրանց քեֆին պառկած են:

— Յա,— ասում ա,— տեսնեմ էն ո՞վ ա պառկած կնկանս հետ:

— Ես եմ, սանահեր ջան,— ասում ա քավորը,— ես եմ, ղուրբան քեզ:

— Ջանմ,— ասում ա գեղացին,— ժամումը իմ գլխին խաչ ես բռնել, իմ էրեխանց կնունքի քավերն ես էլել: Բա ո՞նց էիր կնկանս ասում. «իմ քուր, իմ բերնի սրբութին», բա աստծուց չե՞ս վախենում:

— Յա, սանահեր ջան,— ասում ա քավորը,— էդ ասելու խոսք էր, որ ասիր, ինչի՞ ես անհավատ եմ, որ աստծուց չվախենամ, ինչի՞ իմ ճակատին մեռոն չի՞ եղել քսած: Իրավունք ունես, սանահեր ջան, գլխիդ խաչ եմ բռնել, էրեխանցդ կնունքին քավոր եմ եղել, էդ էլ իրավունք ունես: Սանամորս «իմ քուր, իմ բերնի սրբութին» եմ ասել, էդտեղ էլ իրավունք ունես: Որ դու իմ կնկան՝ քու քավորակնկան չես ասել՝ «իմ քուր, իմ բերնի սրբութին», ես նեղացե՞լ եմ: Ախպեր ջան, դե արի ծուռը նստենք, դուզ խոսենք, էս կնիկը քու կնիկը չի, իմ կնիկն ա...

— Յա՜: Քավոր...

— Համբերի սանահեր, հալբաթ քու կնիկն ա, ես էս խոսքի օրինակի համար ասի. էս իմ կնիկն ա, ասենք թե մնացել ա մենակ, վախից դողում ա խեղճ զառը, է՜, դու կթողեիր, որ մենակ ահից մեռներ, չէի՞ր գա իրա մոտ, սիրտ չէի՞ր տա նրան:

— Յա, ինչի՞ որ, քավոր ջան, ես ի՞նչ ա, մարդ չեմ, էդքանը չե՞մ հասկանում:

— Է, օղորմի ծնողացդ հոգուն, ուրիշ ի՞նչ ունես ասելու:

Էստեղ կնիկը ձենը գլուխն ա զցում.

— Ղուրբան լինես դու էս տեսակ քավորին: Գիշերս էկավ տուն, ասի. «Քավոր աղա, մնա իմ մոտ, մենակ եմ, մարդս գնացել ա քաղաք, էս գիշեր չի գալու, վախենում եմ»: Քավոր աղեն իմ խոսքը գետնովը չտվեց, մնաց, հիմի դու պետք ա նրա ձեռը պաչես, որ ինձ մենակ չի թողել...

— Կնիկ ջան,— ասում ա գեղացին,— դու էլ իրավունք ունես, ախր,

ասում էի չէ՞ քավորը էդպես բան չի անի: Էլեք տեղաշորից, կնիկ ջան, հաց զցի, ճամփա եմ եկել սոված եմ, համ էլ էնա քավորս էլ մեր տանն ա, մի թաս գինի խմենք քավորիս հետ...

Ասում են, որ էդ աստծու զառը գեղացին մինչև օրս էլ հավատացած ա, որ նրանց միջին բան չի եղել, ու եփ որ խոսք ա ընկնում, ասում ա.

— Քավորը էդպես բան չի անի, որ աչքովս էլ տեսնամ, չեմ հավատա:

— Ալնոր,— ասեց տատս,— կնիկ արմատներին տնազ դնելու, խայտառակ հեքիաթներ ասելու մեջ դու հայտնի ուստա ես: Քու ասածը հերիք չէր, պակասն էլ ընկերդ ավելացրեց: Ամա չկարծեք թե մենակ ձեր խոսքն ա անց կենում, մենք էլ խոսք ունենք ասելու:

— Հերիքնազ,— ասեց պապս,— Չլինի նեղացա՞ր մեզանից:

— Բանիդ կաց, հեքիաթիցը խելոք մարդը չի նեղանա, ես հո շաշ չեմ, որ նեղանամ: Հեքիաթ ասողին՝ լսող պիտի, լսողն էլ պիտի հասկանա, թե ո՞ւմ, ինչի՞ համար ա ասվում հեքիաթը: Հլա մի մտածի, թե էն ինչի՞ցն էր, որ մեր կնանիքը, հարսներն ու աղջիկները, ավելի շատ ծիծաղեցին ձեր հեքիաթների վրա, քանց թե դուք՝ տղամարդիկդ: Էդ նրանից էր, որ էստեղ ոչ Սիմոնի կնկա նմանը կա, ոչ էլ լիրբ քավորակնկա նմանը:

— Տղամարդու փափախը դիք պահողը,— շեշտով ասաց տատս,— կնիկն ա: Աստծու շինած տունը անպետք կնիկը կքանդի: Արժանավոր կնկա շինած տունը՝ աստված էլ չի քանդի: Դե, հիմի դուք սուս արեք, թազա հեքիաթների տուտը ես եմ բաց անում:

ՋՈՒԼՀԱԿԻ ԿՆԿԱ ՀԵՔԻԱԹԸ

Լինում ա չի լինում, Բաղդատ քաղաքումը մի թագավոր ա լինում: Մի օր սա ասում ա իր վեզրին՝

— Այ վեզիր, արի հլա մի սարսաղ հրաման տամ ես, տեսնամ խալխը կկատարի՞:

— Կամքը քունն ա,— ասում ա վեզիրը,— ոնց ուզում ես, էնենց էլ արա:

Ու մին էլ մի հրաման ա դուրս գալի քաղաքով մեկ, թե ոչ ով չհամարձակվի գիշերով իր տանը լուս վառի: Լուս վառողին ցցի վրա կնստացնեմ:

Մութն ընկնելուս պես թագավորը հրամայում ա, որ ման գան քաղաքի միջին, տեսնան հո մի տեղ էլ ա լուս չկա՞ վառած:

Թագավորի մարդիկը ինչքան ման էկան ոչ մի տեղ վառած լուս չտեսան, էնա քաղաքի ծերն էին հասել, մին էլ ըիր՛, մի տան միջի լուս ա երևում:

Ուսուլով մտան ներսև, թաք կացան, ի՞նչ տեսնեն՝ իրենիկ ջուլհակը նստած բանում ա դազգահի առաջին, կողքին էլ կնիկը ճախարակով թել ա մանում: Ականջ դրին, թե ինչ են խոսում.

— Այ մարդ,— ասեց կնիկը,— աչքերս գնում են, քունս տանում ա:

— Բեր գլուխդ դիր ծնկանս քնի,— ասեց մարդը:

Կնիկը դրեց գլուխը մարդու ծնկանը՝ քնեց: Մի քիչ վախտ որ անց կացավ, մարդը զարթնացրեց կնկանը,

— Այ կնիկ,— ասեց,— դու հիմի նստի քու ճախարակին, ես մի քիչ աչքս կպցնեմ,— ասեց ու գլուխը դրեց կնկա ծնկանն ու քնեց:

Տեղնուտեղը իմաց տվին թագավորին, թե սաղ քաղաքի միջին մենակ մի ջուլհակի տանն էր լիս վառած:

— Բերեք ինձ մոտ էդ ջուլհակին,— հրամայեց թագավորը: Էն րոպեին գնացին բերին:— Դու էդ քա՞նի գլխանի ես, որ չես կատարում իմ հրամանը: Չէ՞ ես հրամայել էի,— ասեց,— որ գիշերը քաղաքումը ոչ ով լիս չվառի:

— Թագավորն ապրած կենա,— ասում ա ջուլհակը,— ես աղքատ մարդ եմ, իմ ապրուստը՝ իմ ձեռի աշխատանքն ա, ես որ օր ու գիշեր չաշխատեմ՝ մի կտոր հացի կարոտ կմնամ:

— Լսի, ինչ ասեմ քեզ,— ուզում ա սրան թագավորը փորձի,— էրեվում ա, որ դու լավ մարդ ես: Ափսոս չի որ ջուլհակություն անես, գնա կնկանդ սպանի, արի դարձիր իմ վեզիրը՝ կեր, խմի, քեֆ արա մինչև կյանքիդ վերջը:

— Թագավորն ապրած կենա,— ասում ա ջուլհակը,— որ իմ փեշակն էլ ձեռիցս խլեն, ես իմ կնկա մի մազին չեմ կպչի:

— Դե, գնա, ջահանդամը, գլուխդ քարը, որ լավությունը չես ուզում,— դուրս ա անում սրան թագավորը:— Մարդուն փորձեցի,— տենաս սրա կնիկը ի՞նչ տեսակ իսան ա:

Ջուլհակի կնկանն են կանչում պալատը՝— թագավորն ապրած կենա,— ասում ա ջուլհակի կնիկը,— եկել եմ:

— Ես գիտեմ դու լավ կնիկ ես,— ասում ա թագավորը,— բա մինչև երբ պիտի մաշվես ճախարակիդ առաջին ու աղքատ ջուլհակի հետ ապրես:

— Բա ի՞նչ անեմ, թագավորն ապրած կենա:

— Ի՞նչ անեմը որն ա,— ասում ա թագավորը,— գնա, սպանի մարդուդ, արի քեզ շինեմ ինձ թագուհի, ապրի ինձ մոտ քու քեֆին... բա մեղքը չե՞ս դու:

— Հավատա՞մ ասածիդ, թագավոր:

— Հավատա՞մը ո՞րն ա, թագավորը իրա օրումը սուտ չի ասի:

Էս կնիկը որ դուրս ա գնում պալատից, թագավորը ասում ա. «չլի՞ էն սարսաղը դրուստ որ սպանի ջուլհակին», մարդ ա ղրկում ետևից, թե գնացեք, տեսեք որ էն տան լիսը վառած մնա:

Կնիկը տուն ա գալի թե չէ, լավ սրում ա դանակը, դնում ծոցը ու նստում ճախարակին: Քունը որ նեղում ա մարդուն՝

— Այ կնիկ,— ասում ա,— դու մանի, ես մի քիչ աչքս կպցնեմ:

— Արի,— ասում ա կնիկը,— գլուխդ դիր ծնկանս՝ քնի:

Հենց որ մարդը քնում ա, էս կնիկը դանակը հանում ա ծոցիցը, մարդու գլուխը կտրում, դենը դնում ու լիսը հանգցնում:

Խաբարը բերում են թագավորին, թե էն տան լիսը հանգավ.

— Ախ,— ասում ա թագավորը,— ափսոս, որ իմ պատճառով սպանվեց էն անմեղ մարդը: Ես ուզեցի փորձեմ մարդուն էլ, կնկանն էլ, ես ի՞նչ իմանայի, որ էն տեսակ հալալ մարդին, էդ տեսակ հարամ կնիկ կունենա:

Առավոտը, որ լուսը բացվում ա, բարին բացվի ձեր գլխին, ձեր որդկերանց գլխին, ջուլհակի կնիկը չադիրը գցում ա գլխին, գալի թագավորի պալատը՝

— Հրես,— ասում ա,— թագավորն ապրած կենա, էկել եմ:

— Ինչի՞ համար ես էկել:

— Բա դու չասի՞ր ինձ՝ գնա, սպանի մարդուդ, արի՝ կդառնաս իմ թագուհին:

— Շատ լավ ես արել, որ քո ոտովն ես էկել, առանց իմ կանչելուն,— ասում ա թագավորը, ու ձեն տալի դահիճին:— Էս րոպեին էդ կնկա գլուխը թռցրու:

Կնկա գլուխը կտրում են: Ամա թագավորը չի կարենում հանգստանա.

— Այ քամբախ լինի,— ասում ա,— էս տեսակ աշխարքը, թե որ է՞ս ա կնկա սերն ու հավատարմությունը: Այ դրանց քոքը կտրվի:— Կանչում ա իրա վեզիրին.

— Ես գնում եմ որս անեմ,— ասում ա,— Բալի մի քիչ սիրտս հանգստանա: Վեր կունես պալատական դահիճներին, կգնաս, առաջ իմ կնանոնց գլխները կկտրես, կգնաս քու տան միջի կնանոնց գլուխները կկտրես, վերջը, ինչքան կնիկարմատ կա քաղաքի միջին, մինչև երկու տարեկան աղջիկ երեխանցը, բոլորին կկոտորես, կվերջացնես: Որ որսիցը ետ դառնամ, մի կնիկ ի՞նչ ա տեսնեմ՝ գլուխդ կտրել կտամ:

Թագավորն էր՝ ձիուն մի ճիպոտ տվեց, գնաց, խեղճ վեզիրն էլ, գլուխը կորցրած, սիրտը կոտրած, աղլուխը դրեց աչքերին ու մղկտալով, լաց լինելով, գնաց տուն:

Էս վեզրին մի ալևոր հեր ուներ:

— Էդ ի՞նչ ա որդի,— ասեց,— ինչի՞ ես լաց լինում:

— Այ հեր,— ասեց վեզիրը,— թագավորը կատաղել ա:

— Պատճառն ի՞նչ ա:

— Հավատալու բան չի, հեր,— ասեց վեզիրը,— ախր անզգամի մեկը, մի ջուլհակի կնիկ սպանել ա իր մարդուն, դրա վրա էլ, թագավորը հրամայել ա ինձ, որ կոտորեմ բոլոր կնանոնցը, առաջ իրա ընտանիքի, հետո մեր տանու, վերջն էլ՝ սաղ քաղաքի միջի, ընենց որ մի կնիկարմատ էլա մահից չպրծնի: Որսիցը ետ եկավ, տեսավ մի սաղ մնացած կնիկ՝ գլուխս կկտրի:

— Այ որդի,— ասաց հերը,— մեկ ա, վաղ, թե ուշ մեռնելու ես, լավն էն ա՝ հիմի մեռնես, որ էդքան կոտորվածների մեղքը վիզդ չառնես: Համա, դեռ համբերի մինչև իրիկուն թագավորը որ ետ էկավ որսիցը, ինձ տար նրա մոտ, ես մի երկու խոսք կասեմ նրան, թե կարացի, կփրկեմ կյանքդ, թե չէ՝ նոր թող գլուխդ կտրի:

Վեզիրը բռնեց հոր ձեռիցը, տարավ նստեցրեց պալատի դռանը: Թագավորը որսից ետ եկավ, տեսավ քաղաքը լիքն ա կնանոնցով, ո՞նց թե, բա իրա հրամանը չեն կատարե՞, ոտը գետնով տվեց՝— դաիրմ,— գոռաց, շուռ եկավ, որ վեզիրի գլուխը թռցնել տա, տեսավ վեզիրի ալևոր հերը դռանը նստած ա:

Ալևորը ուզեց ոտի կանգնի, համա թագավորը էլ ետ նստացրեց նրան,

— Դու,— ասեց,— իմ օղորմածիկ հոր վեզիրն ես եղել: Քեզ սազական չի իմ առաջ ոտի կանգնես:

Ըստե, ալևորը թե՝

— Իմ թագավորի որդի թագավոր, իրավունք տուր ինձ,— ասավ,— մի երկու խոսք ասեմ:

— Իրավունքը քունն ա, վեզիր-պապի, ասա,— ասեց թագավորը, նստեց ալևորի կողքին:— Ասա, ես լսում եմ:

— Իմ թագավորի որդի թագավոր,— ասեց ալևորը,— իմացած լինես, որ ժամանակին ես ղաչաղ ավազակապետ եմ եղել, քառասուն ղաչաղի գլուխ կանգնած: Օղորմածիկ քու հերը չկարեցավ իմ հախիցը գա, վախիցը, ինձ իրա վեզիր նշանակեց: Էն գնացած, անցկացած ղաչաղ օրերիցս մի օր, հայ գիտի, հա՛, որդի՞ էն իմ ջահել օրերը... հա՛, էն էի ասում, մի օր ճամփին մի ջահել ձիավորի ռաստ էկա, անբեղ անմորուք, կլիներ տասնհինգ տարեկան, ոչ ավել: Էս ձիավորը սազ էր ածում, խաղ ասում, ու հետն էլ լաց լինում: Ձիս քաշեցի, մոտեցա սրան:

— Ձիուցը վեր արի,— ասի,— ձիդ էլ շորերդ էլ տուր ինձ, դու գնա, հեռացի, մեղքս էկար, կյանքդ քեզ եմ բախշում:

Սա իսկի տերը չելավ, կասես իրեն չեն ասում, ըստե ես չարացա ու ինչքան ուժումս ուժ կար, խփեցի նրա մեջքին գուրզովս, ամա իսկի էրեսիս էլ մտիկ չարեց: Վրա իրեք անգամը, որ խփեցի սրան, նոր ձիու գլուխը թեքեց իմ կողմը:

— Դու,— ասեց,— շա՞տ պետք ա զահլես տանես,— բռնեց իմ ձիու

նոխտիցը, ինձ գետնով տվեց, ուզում էր սպանի, ես ոտներն ընկա, աղաչեցի՝

— Աստծու սիրուն,— ասի,— այ ջիվան, ինձ մի սպանի, մահ-հավիտյան քեզ ծառա կլինեմ:

— Նո՞ր խելքի եկար,— ասաց,— վեր կաց գնանք:

Վեր կացա, նստեցի ձիուս, էրկուսով գնացինք: Գնացինք հասանք մի լեռ քարափի, սրա ծերպին մի մեծ ամարաթ կար, վերի աշտարակով: Էս ջիվանը խուրջինից քառասուն հատ մեծ ու հաստ մեխ հանեց:

— Հիմի,— ասեց,— ես էս մեխերը պատին խփելով կբանցրանամ մինչև ամարթի գլուխը: Մի սհաթ ինձ կսպասես, թե էկա՝ էկա, թե հու չէ՝ ձիս կառնես կգնաս, աստված քեզ հետ:

Ասեց՝ մեխերը պատին խփելով բարձրացավ, հասավ պալատի գլուխը ու չքվեց: Մի սհաթ չանցկացավ, վեր էկավ ներքև, ձեռին մի տղամարդու արնոտ, նոր կտրած գլուխ: Էս գլուխը գցեց մի պարկի մեջ, պարկը կապեց ձիու թարքին՝

— Վեր, գնանք,– ասեց:— Որ մոտկացանք քաղաքին, սա ճամփեն ծռեց դեպի գերեզմանոցը, կանգնեց մի թազա գերեզմանի մոտ, տոպրակի միջիցը էն կտրած գլուխը հանեց ու խփեց գերեզմանի քարին՝

— Հրես,— ասեց,— ազիզ ջան, քու դուշմանի գլուխը, դու հանգիստ քնի, ես քու վրեժը հանեցի: Հըմա քու մահից ետը, ես էլ ինչի ապրեմ:

Էս ասիլն ու խանչալը հանիլը մեկ էլավ: Մինչև ես հասկացա, թե ինչ ա ուզում անի, նա խանչալը խրեց իրա ջանը, ընենց, որ ծերը մի չորս մատ դուրս էկավ միջքիցը:

— Լսի ինձ,— ասեց,— ես կնիկ արմատ եմ, էս գերեզմանն էլ իմ մարդու գերեզմանն ա: Ես սպանեցի իմ մարդու դուշմանին, նրա գլուխը կտրեցի, բերի մարդուս մատաղ: Աստծու անունով աղաչանք եմ անում քեզ, հանի խանչալս, նրանով փորի մարդուս գերեզմանը, ինձ թաղի նրա կողքին, մեր՝ դուշմանի գլուխն էլ մեր ոտքերի տակին, հող վրա տու մեզ վրա: Գնա, քեզ հալալ համ իմ ձին, համ մեր դուշմանի սաղ հարստությունը՝ դու նրա տեղը լավ գիտես, նոր էնտեղ էինք...

— Իմ թագավորի որդի թագավոր, տեսնում ես,— ասեց ալևորը,— էս իմ ասած կնիկն էլ էր կնիկ, ջուլհակի կնիկն էլ էր կնիկ: Ամեն տեսակ կնիկ կա աշխարքի էրեսին: Հիմի դու ուզում ես մի անզգամ կնկա պատճառով բոլորին կոտորե՞ս: Լավ, ասենք թե կոտորիլ տվիր մեր քաղաքի կնանոցը, դրանով աշխարքի երեսիցը կնանոց քոքը հո չի կտրվի:

Էստեղ թագավորը խորը մտածմունքի մեջ ընկավ, Վերջը թե՝

— Հա, վեզիր-պապի, դու արդար ես: Բախշում եմ քեզ վեզիր որդուդ գլուխը:

Էստեղ ա սազական մեր օղորմածիկ պապերի խոսքը, թե, «Ամեն սարսաղ հրաման չեն կատարի»:

ԱՇՈՒՂԻ ՍԵՐԸ

Մի ջահել-ջիվան, ամա շատ աղքատ տղա յա լինում: Էս տղեն սիրահարվում ա մի հարուստ մարդու աղջկա: Աղջիկն էլ ա սիրահարվում էս տղին: Ամա աղջկա հերը ոտը գետնովն ա տալիս, թե էդ աղքատ տղին ես աղջիկ չեմ տա:

— Ախր ի՞նչի չես տա,— ասում ա կնիկը,— որ իրար սիրել են, թող առնեն իրար, ինչի՞ ես հոգուդ մեղք անում:

— Չէ որ չէ,— ասում ա մարդը,— իմ խոսքը խոսք ա: Կնիկը ձենը փորն ա զցում, տաշ անում:

Տղեն, որ իմանում ա աղջկա հոր ասածը, հենց իմանում ա գլխին կրակ վառվեց: Ինչ անում ա, չի անում՝ բան չի դառնում: Մին ուզում ա իրա գլուխը մահի տա, մին ուզում ա աղջկա հորը տա՝ սպանի, ամա ձեռիցը ինչ կգար: Զոռը հարստի կողմն էր: Սերը սիրտն ընկած՝ հալվում մաշվում ա: Ուզում ա, թե գժվի: Օրվա մի օր ալևոր աշուղ ա գալիս դրանց կողմերը: Շատ անուշ երգեր ու խաղեր ա ասում, լողին խելքից հանում:

Էս տղեն ընկնում ա աշուղի ոտը, թե.

— Աշուղ պապի, ես վառվեցի-խորովվեցի, ինձ սազ ածել սովորացրու, որ գնամ սազ ածեմ, խաղ ասեմ, դարդս լամ ու գլուխս վայ տամ:

— Լավ,— ասում ա ալևոր աշուղը,— համա պետք ա իմանամ դարդդ ի՞նչ ա:

Էդ ջահել տղեն սիրտը բաց ա անում աշուղին, մին-մին պատմում, ոնց որ ես ձեզ պատմեցի:

Ալևոր աշուղը մի խոր ախ ա քաշում, իր ջահելությունը միտը բերում:

— Լավ,— ասում ա,— որդի, որ էտենց ա, արի՝ սովորացնեմ:

Անց ա կենում մի ամիս, մի տարի, էս ջահելը էնպես սազ ածել ու երգել ա սովորում, որ նրան լսելիս, չէ թե մարդիկ՝ քարերն էլ են լաց լինում:

Էս տղեն ա՝ հեռանալ կա, մոռանալ չէ, սազը թևին զցած, ընկնում ա գեղե-գեղ, քաղքե-քաղաք, ամեն տեղ իրա սերը երգում, սազ ածելով իրա դարդը մարդկանց պատմում:

Վերջը, հեռու-մոտիկ, գալիս ա հասնում թագավորանիստ քաղաքը: Թագավորը տեսնում ա՝ հրես մի ջահել-ջիվան տղա էկավ, սազը ձեռն առավ, էնպես մի ածեց ու խաղ ասեց, որ լողի սիրտը մղկտացրեց:

Թագավորը ղրկում ա նազիր-վեզիրին, սրան բերել ա տալիս իր պալատը.

— Այ տղա,— ասում ա,— ասա մի տեսնենք, ի՞նչ ա քու դարդը:

— Թագավորն ապրած կենա,— ասում ա տղեն,— Ի՞նչ asեմ քեզ, իմ դարդը՝ սարերից ծանըր ա, ծովերից խոր: Դու ինչ կարաս անես:

Թագավորը ունքերը կիտում ա, միրուքը ձեռն առնում, ոտից գլուխ չափում էս ջահել տղին, թե,

— Այ տղա, թագավորը որ չկարենա, ո՞վ կկարենա: Ասա, տեսնենք դարդդ ի նչ ա:

Էստեղ թագավորի հրամանով տղեն պատմում ա իրա դարդը:

— Նազիր,— ասում ա թագավորը,— մարդ ղրկեք, բերեք էդ աղջկան, տեսնենք էդ ի՞նչ աղջիկ ա, որ էս տղեն էսպես յարա-փարա գովում ա աղջկան: Տեսնենք դրո՞ւստ ա ասածը:

Աղջկան բերում են... Թագավորը սրան որ տեսնում ա, մտքումն ասում ա՝ «Բա, էս տեսակ սիրուն, ջահել-ջիվան տղեն սիրահարվի էս աղջկա՞ն»:

— Այ տղա,— ասում ա ,— է՞ս ա քու սիրած աղջիկը:

— Հա, թագավորն ապրած կենա, հենց էդ ա:

— Այ աղա,— ասում ա թագավորը,— տո տնաքանդ, ի՞նչ ես գտել էդ աղջկա մեջ, որ գիշեր-ցերեկ էրվում վառվում ես սիրուց: Էդ աղջիկը, որ ինձ հարցնես, մի բուռ ալիր չարժի:

— Թագավորն ապրած կենա,— ասում ա տղեն,— արի մեր աչքերը հանենք, իմ աչքերը դնենք քու աչքերի տեղը, էն վախտը կտեսնես, որ էդ աղջիկը քեզ կերևա աշխարհի ամենասիրուն աղջիկը:

Թագավորը շատ զարմանում ա պատասխանի վրա: Խորը մտածմունքի մեջ ա ընկնում: Վերջը տեսնում ա, որ տղի ասածը խելոք ու ճշմարիտ ա:

Նոր էստեղ սրանց առոքփառոք պսակում ա, յոթ օր, յոթ գիշեր հարսանիք անում, ջահելներին իրենց մուրազին հասցնում, ինքն էլ նրանց հետ ուրախանում, աշխարքով մին լինում...

Սրա վրա յա ասած էլի, մեր պապենական խոսքը, թե,

«Աչքը կտեսնի՝ սիրտը կսիրի»:

ԹԱԳԱՎՈՐԻ ԿՆԿԱ ԽՐԱՏԸ

Էս, որ պատմելու եմ ձեզ, զատկի ազիզ կիրակի օրն ա լինում: Մարդու մեկը թագավորի դռնովն անց կենալիս տեսնում ա, որ իրեն թագավորի կնիկը խաս ու դումաշ հագած-կապած, զուգված–զարդարվա ծ նստել ա պատուհանի առաջ.

— Ախ,— ասում ա,— էրնեկ սա իմ կնիկը լիներ... Թագավորի կնիկը էս որ լսում ա, ձեն ա տալի, թե,

— Այ տղա, հլա մի արի վերև:

Էս մարդու թուք ու մուքը կպչում ա, ասում ա, «էս ա որ կա, նեղացել ա իմ խոսքի վրա թագուհին, ի՞նչ պետք ա լինի իմ ճարը»: Գալիս ա դողդողալեն կանգնում թագավորի կնկա առաջ, թե,

— Թագուհին ապրած կենա, ի՞նչ կիրամայես:

Թագավորի կնիկը, բաց արած սուփրիցը իրեք հատ ռանգռանգ ներկած ձու ա դնում էս մարդու առաջը, թե,

— Էս ձվերից, որի ռանգը քեզ դիր ա գալիս, էն վեկալ: Էս մարդը ներկած ձվերից մեկը ջոկում ա, ՛որ վեր ունի՝

— Համբերի,— ասում ա թագավորի կնիկը, վեր ա ունում, իրեք ձուն էլ կպճում ա, դնում էդ մարդու առաջ, թե.

— Դե հիմի, որ ձուն որ դիր ա գալի քեզ, էն վերկալ:

Էս մարդը մնում ա շվարած:

— Թագուհին ապրած կենա,— ասում ա,— ես ո՞րը վեր ունեմ, իրեքն էլ աչքիս մի տեսակ են երևում:

Նոր էստեղ թագավորի կնիկն ասում ա,

— Աշխարքի կնանիքն էլ ձվերի պես էն, նրանց ռանգ-ռանգ շորերը որ չլեն՝ բոլորը մեկ են: Հրես ես թագավորի կնիկ եմ, դու էլ «ախ» ես քաշում, «էրնեկ» տալի, համա, որ էս շորերը վրիցս հանեմ, ես էլ քու կնկա պես մի կնիկ եմ: Կնկանդ թողած ուրիշ կնկա աչք մի գցի՝ ուրիշի հարսը սիրուն կերևա անփորձ մարդի աչքին:

Լիս գա հոգուդ, տատի ջան: Էս խրատ-հեքիաթը ես իմ տատիցս եմ լսել: Հիմի էլ ձեզ պատմեցի, որ դուք էլ ձեր տղերանցը պատմեք:

Ամա դե, խելոքին՝ խրատ, անխելքին մկրատ: Խելոքն էն ա խրատը հասկանում ա, ամա անխելքը կարծում ա, թե ներկած կլեպի տակին էլ՝ ձուն ուրիշ ռանգի ա: Հա շորեր ա, որ հանում ա կնանոնց վրիցը:

ՕՁԱՄԱՆՈՒԿ, ԱՐԵՎԱՄԱՆՈՒԿ

Մի թագավոր ա լինում: Էս թագավորը, տարիներ են անց կենում, մնում ա անզավակ, թագուհին երեխա չի բերում: Էլ ինչ հեքիմ ասես, որ չեն բերում, էլ ինչ գիր ասես, որ չեն անում, խաչ ու սրբատեղի չի մնում, որ չգնան ու մատաղ չանեն՝ ոչինչ չի օգնում:

Մի օր էլ սա, որ գնում ա որսի, տեսնում ա իրեն մի օձ իր մանր ճուտերի հետ տաքանում ա արևի տակին: Սա երկար մտիկ ա տալիս մեծ ու պստիկ օձերին, սիրտը փուլ ա գալի, աղի արտասունք ա թափում.

— Տեր աստված,— ասում ա,— դե, զանգատ չեմ անում, ամա մի օձի չափ էլ ա պատիվ չունե՞մ քու առաջին՝, որ էսքան տարի ինձ անզավակ ես թողնում, տանջում:

Էս օձը իրա ճտերովը սրա մտիցը չի ընկնում: Տուն ա դնում, թե դուրս ա գալիս, օձի ճտերը աչքի առաջին են: Անց ա կենում մի առ ժամանակ, էս թագուհին էրկու հոգիս ա լինում, ժամանակն էլ որ հասնում ա, ծունկը գետնին ա տալիս ու բերում ա մի զավակ, ամա ի՞նչ զավակ, ոչ էդպես ծնունդ տեսնող ա էլել, ոչ էդ տեսակ ծնունդի մասին՝ իմացող: Տերը փրկի ու ազատի էդ տեսակ քանբախտությունից, ծնված տղա զավակի կեսը մարդ ա լինում, կեսը՝ օձ:

Թագավորը քիչ ա մնում խելքը կորցնի դարդից, ասում ա. «Աստված ինձ պատժում ա նրա համար, որ ես համարձակվեցի զանգատ անել նրանից»: Հրամայում ա, որ էդ կես տղա, կես-օձին տանեն քաղաքիցը դուրս մի հորի մեջ գցեն, բայց խելոք, բանիմաց մարդիկ ասում են.

— Թագավորն ապրած կենա, քու ժառանգը թող հորումը ողջ մնա, մի սպանի նրան: Էստեղ աստծու մատն ա խառը: Աստվածը (մեռնեմ նրա սուրբ զորությունին), ուզեցել ա քու հպարտությունը կոտրի: Կարող ա պատահի, որ դու խոնարհի աղոթքով սիրտը բաց անես, ո՞վ գիտի աստծու դատողությունը, կարելի ա ժամանակով օձ-պոչը կտրվի, զավակդ թամամ մարդ դառնա:

Հեքիմները վճռում են, որ էդ Օձամանուկին, քանի նա մատղաշ ա, պետք ա շաբաթը մի ջահել աղջիկ տան ուտելու:

Օձամանուկը, որ մի քիչ էլ մեծացավ, հերթը հասավ մի աղքատ մարդու աղջկա, որ պետք ա գցեին հորը՝ Օձամանուկին կեր:

Հիմի արի տես, որ էդ աղքատ մարդն էլ առաջին կնկանը թողել, մի որբևերի կնիկ էր առել նրա աղջկա հետ: Կնիկն ուզում ա, որ առաջ խորթ աղջկան գցեն Օձամանուկին կեր, հետո՝ իր հարազատ աղջկան, մարդն էլ ուզում ա՝ առաջ խորթ աղջկան գցեն, հետո իր հարազատին: Շատ ասում են, խոսում, կռիվս տալիս, ամա դե հայտնի բան ա, որ մարդ ու կնկա կռվի մեջ՝ կնկա խոսքն ա անց կենում:

Էս աղքատ մարդու հարազատ աղջիկը դառն արտասուք ա թափում, աղոթք անում աստծուն էլ, սրբերին էլ: Մին էլ գիշերը էրազ ա տեսնում, մի ձիավոր ա գալիս (դե էն ա սուրբ Սարգիսը կլիներ, էլի) ասում ա.

— Վախիլ մի, հորդ ասա, թող քեզ կապի գոմշի կաշվի մեջ, իրեք կուժ էլ կաթ դնի հետդ, մի դանակ ու քեզ պարանով կախ տա հորը:

Օձամանուկը քեզ ձեն կտա. «Դուրս արի գոմշի կաշվից, որ քեզ ուտեմ»: Դու էլ իրեք անգամ կասես. «Դուրս արի, դուրս արի, դուրս արի օձի շապկիցը, որ քեզ կաթնով լողացնեմ»: Օձը չարությունիցը շապիկը կպատռի, միջիցը դուրս կգա Մանուկ: Դանակով կապը կտրի, դուրս արի գոմշի կաշվիցը, օձին կաթով լողացրու:

Առավոտը աղջիկը պատմում ա հորը գիշերվա երազը: Հերն էլ տեր աստված ձեն տալով, բերում աղջկան հորիցը կախ ա անում:

Դե, էլ ինչ ասեմ, ամեն ինչ էնպես ա լինում, ոնց որ էրազումն էր տեսել: Օձը մանուկ ա դառնում, ամա աղջիկը, որ պարանը կտրում ա, վեր ա ընկնում, բերանը դիպչում ա քարի, առաջի ատամներից մեկը կոտրվում ա (էս կոտրած ատամը միտներդ պահեք՝ մեզ պետք կգա):

Աղջկա հերը, թագավորը, թագուհին, պալատականները գալիս են աղջկան ու Մանուկին հանում են հորիցը, բերում են պալատը, յոթ օր յոթ գիշեր հարսանիք են անում, պսակում են աղքատ մարդու աղջկանն ու Մանուկին, Մանուկի անունն էլ էդ օրվանից մնում ա Օձամանուկ:

Օրերը գալիս են, անց են կենում: Պատահումա, որ Օձամանուկը պատերազմ ա գնում, գնալուց առաջ ասում ա մորը,

— Չլինի որ հարսդ տանից դուրս գա: Խորթ մերը, որ կանչի՝ չթողնես որ գնա:

— Չեմ թողնի,— ասում ա թագուհին,— ամա հարսի խորթ մոր փորումը հազար սատանա յա խաղում: Նախանձից տրաքում ա, որ էդ բախտը ոչ թե իր, այլ խորթ աղջկանն ա ընկել:

Էրեսանց սեր ու կարոտ ա ցույց տալի հարսի խորթ մերը, մարդ ա ղրկում թե.

— Աչքներս ջուր կտրեց մեր էրեխուն սպասելով, թողեք գա, մեր սրտի կարոտը առնենք, մեր աչքը կշտանա նրանցով:

Թագուհին չի կարում հակառակի, թող ա տալիս, որ հարսին տանեն հորանց տուն: Խորթ մերն ու իրա աղջիկը վեր են ունում հարսին, թե՝ գնանք գետը լվացք անելու: Հանում են հարսի շորերը, լվանում, նստում են ջրի ափին, յանի թե հանգստանալու, մին էլ էդ անիծվածները խփում են հարսին, գլորում գետը, գետն էլ թշշալով ու խշշալով տանում ա զցում ծովը:

Ալիքների հետ կռիվս տալով էս խեղճը հասնում ա ափին, անմարդաբնակ մի տեղ, մարդու, անասունի նշանակ չի էրևում: Նստում ա, փառք տալի աստծուն, որ խեղդվելուց ազատվեց, փափուկ խոտերից մի բան ա հյուսում, որ տկլոր ջանը ծածկի, առաջ ա գնում, գնում ա մի քիչ տեղ էլ, մին էլ, ի՞նչ տեսնի, եղեգնով ու ծառի ճղերով ծածկած մի պուճուր տաղավար, մեջը մի իգիթ ա քնած: Կինը նստում ա կողքին:

Արևը որ մեր ա մտնում, էս իգիթը զարթնում ա, աչքը կնկանն ա դիպչում, կարծում ա, թե սատանայական տեսիլք ա, երեսը մի քանի անգամ խաչ ա հանում, տեսնում ա որ չ՝ չի հալածվում.

— Ո՞վ ես դու,— հարցնում ա,— ինչի՞ համար ես եկել հասել էստեղերանքը։

Աղջիկը իր գլխի էկածն ա պատմում։ Կտրիճն էլ իր գլխի եկածը։

— Ես,— ասում ա,— մի երևելի հարուստի որդի եմ, ոչ մի բանս պատկաս չէր, ինչ ուզում էի, անում էի, իմ օրումը ոչ մեր տանը, ոչ էլ քաղաքումը ինձ «չէ» ասող չի էլել։ Ես հենց գիտեի, թե ինչ ուզեմ, էն րոպեին պիտի կատարվի։ Պատահեց, որ իրեք օր՝ իրար վրա որս չընկավ ձեռս, շատ սրտնեղեցի, մտքիս գրի, որ մեկել օրը արևը ծագելուն պես նետով խփեմ արևի ճակատին թող ընկնի երկնքիցը, թող խավարը տիրի երկրին, քանի որ ես որս չեմ գտնում, որ ուզածիս պես քեֆ անեմ։ Նետուաղեղը ձեռս առա, նշան բռնեցի...

Արևը գլուխը երկնքից ցույց տվեց, մի բոցեղեն լույս խփեց էրեսիս ու աչքերիս։ Մի կրակոտ ձեռ բռնեց մազերիցս, բերեց վեր գցեց էս ամայի տեղը, վեր գցեց ու անիծեց, որ արև չտեսնեմ, օրվա լույսը չվայելեմ։ Էս ա իմ օրը, ցերեկները քնում եմ, եթե տաղավարիցը դուրս գամ՝ կմեռնեմ։ Գիշերներն եմ դուրս գալիս, իմ ուտելիքի ու ապրուստի հոգսը քաշում։

Էդ օրվանից հետը էս կինը ցերեկներն էր աշխատում, էն կտրիճն էլ՝ գիշերները։ Օձամանուկի հետ ապրած կինը հիմա Արևամանուկի հետ ա ապրում։

Ժամանակին էս կինը հղիանում ա։

Արևամանուկը (հիմի կտրիճի անունը դառավ Արևամանուկ) վեր կացավ թուղթ գրեց իր հորն ու մորը, թե.— Աիավասիկ ձեր հարսը, ձեզ եմ ուղարկում

նրան, պահեցեք ձեզ մոտ, բայց ինձ չփնտրեք, ես արև չեմ կարող տեսնել, մեր քաղաքը, մեր տունը չեմ կարող մտնել, եթե գամ՝ անպատճառ կմեռնեմ, ես անիծված եմ։

Արևամանուկը գիշերներով բերում ա կնկանը հասցնում իրանց տունը՝ ինքը ետ դառնում։ Հերն ու մերը որդու ողջության թուղթը կարդալով, չեն դիմանում, ուզում են գնան բերեն որդուն, ամա հարսը համոզում ա, որ չգնան, նրա մահի պատճառը չդառնան։

Հարսի օրերը թամամում են՝ ծունկը գետնին ա տալիս, բերում ա մի լավ տղա։ Էրեխուն դնում են օրորոցը, օրորում ա հետո էլ իր գլխին էկածը խաղ շինած՝ օրոր ասում։ Ժամանակ առ ժամանակ գիշերները օրոր ասելիս դրսից էլ ա օրոր լսվում։ Հարսը գիտի, որ էդ Արևամանուկն ա, որդու սիրուցը ինքն էլ գալիս ա «օրոր» ասում, բայց չի կարենում տուն մտնի։

Հարսի կեսուրն ու կեսրարը մտածում են, թե էդ գիշերները հարսի հետ փոխնեփոխ խաղ կանչողը կարող ա հարսի սիրողը լինի։ Քննում են, դատում։ Հարսի ճարը որ կտրվում ա, ասում ա.

— Էս էկող կանչողը ձեր որդին ա, որ իր զավակի սիրուց գալիս ա ձեն ա տալիս, օրոր ա ասում, ամա թե նրան բռնեք, ներս առնեք կմեռնի։

— Սուտ ա ասում,— ասին,— էստեղ մի օջին կա՝ բռնենք էդ եկողին, թե որ մեր որդին ա՝ կարոտներս կառնենք, թե որ օտար մարդ ա հարսը իր հախը կստանա:

Մի գիշեր էլ դրսից ձեն առնելուն պես վրա են թափվում, բռնում՝ տեսնում են, հա՛, իրանց որդին ա.

— Թողեք ինձ,— ասում ա,— ես փախչեմ, արևը չծագած, որ իմ տաղավարի մեջ չլինեմ՝ կմեռնեմ, հավատացեք, չէ՞ ձեզ գրել էի, ես անիծված եմ: Թողեք ինձ, փախչեմ, հասնեմ տեղս:

Մինչև դես, մինչև դեն, լուսացավ, արևի ծագելուն պես մարդը իր հորն ու մոր աչքի առաջ վեր ընկավ մեռավ: Բայց հոգին դեռ մեջն էր: Ասին՝ իրիկունը, որ արևը մեր մտնի, ուշքի կգա, կսաղանա: Արևն էլ մեր մտավ, իրիկունն էլ հասավ, ամա էս մարդը էդպես էլ մնաց: Տունը դառավ մեռելատուն, լաց ու կոծը բռնեց ամենին ու, ամենից շատ էս մարդու հորն՝ ու մորը, որ պատճառ էլան էս բանին: Կնիկն էլ, հո, էլ ասվիլ չի, էրեխեն ձեռին, վայ էր տալիս իր օր ու կյանքը:

Ախր, ի՞նչ անեն, ոչ թամամ մեռած ա՝ տանեն թաղեն, ոչ էլ կենդանի ա, որ ձեռիցը բռնեն, ոտի կանգնեցնեն՝ մի ճար, մի դեղ անեն: Քարերը ձեռքերն էին առել խփում էին գլխներին, թե էս ինչ արինք մենք, մեր ձեռովը մեր որդուն սպանեցինք: Էս ցավ ու դարդի մեջ մի քանի օր անց ա կենում:

Մի սրա մերը էրազումը մի ձեն ա լսում.

— Վեր կաց,— ասում ա էդ ձենը,— էրկաթի տրեխներ հագի, էրկաթի գավազան ձեռդ առ՝ գնա արևելքի կողմը, որտեղ տրեխներդ ծակվեն, գավազանը մաշվի էնտեղ կգտնես որդուդ ցավի դարմանը:

Մոր սիրտը քիչ ա մնում տրաքի.

— Փառքդ շատ, աստված,— ասում ա,— կարող ա իմ աղոթքը տեղ ա հասել:

Լուսը լուսանում ա թե չէ, վեր ա կենում էրկաթի տրեխներ ու էրկաթի գավազան շինել տալիս, ճամփա ա ընկնում, գնում: Գնում մի տարի, էրկու տարի, հինգ տարի, տասը տարի: Սև ու սպիտակ մարդկանց աշխարքը կտրում՝ անց ա կենում, գնում ա հասնում աշխարքի վերջը՝ ոչ հավք ու թռչուն ա երևում, ոչ անասուն ու գազան:

Հեռվից մի ապարանք ա տեսնում, որ կապույտ մարմարից էր շինած, գնում ա դրա կողմը: Նստում ա որ մի քիչ շունչ առնի, տեսնում ա որ տրեխները ծակվել են, գավազանն էլ մաշվել ա. միտն ա ընկնում էրազում լսածը՝ հենց էստեղ ա, որ պետք ա իմ որդու ցավի դարմանը գտնեմ: Ներս ա մտնում ապարանքի դռնովը, իրար միջով անցնում տասներկու բակ, ամեն բակի չորս կողմը կամարակապ:

Աստղերը հանգիստ քուն են մտնում: Բակերում շատրվան ու ավազան: Ոչ ծառ կա, ո՛չ կանաչ, ո՛չ հավք, ո՛չ անասուն, ո՛չ էլ ուրիշ արարած: Մեջտեղի բակի ավազանի վրա ոսկեղեն պալատ կա, վրեն՝

մարգարիտի անկողին փռած, անկողնում, լույսերի մեջ՝ ինքը լուսեղեն մի թագուհի: Արևամանուկի մերը թագուհուն որ տեսնում ա, հիացմունքից բերանը բաց ա անում, խելքը գլխիցը գնում ա:

Թագուհին քաղցր ձենով հարցնում ա.

— Պարզ ա, դու խնդիրք ունես որ էսքան չարչարանք ես քաշել, հասել ես էստեղ, ի՞նչ ա դարդդ, ասա, մի վախենա:

— Մայր եմ ես, ծնող եմ ես,— ասում ա կինը,— էկել եմ որ իմ որդու արևը, նրա կյանքը ինձ դարձնես, որ մի ճար անես:

Ու ամեն ինչ պատմում ա թագուհուն, ոնց որ ես ձեզ պատմեցի:

— Տղեղ չար տղա ա,— ասում ա թագուհին,— ես էլ մայր եմ, Արեգական մայրն եմ: Իմ որդուս արևով երկինք ու երկիր ա լուսավորվում: Քու որդին ուզեց նետով խփի, սպանի նրան: Անիծյալ ա քու որդին, Արևից զուրկ պիտի մնա. ապրի՝ ու չպիտի ապրի, մեռնի՝ ու չպիտի մեռնի:

— Թագուհի,— ասում ա կնիկը,— դու էլ ես մայր, դու գիտես թե ի՞նչ ցավով ենք ծնում մեր զավակներին, ի՞նչ ցավ ու տանջանք ենք քաշում մինչև մեծացնում՝ ոտքի ենք կանգնացնում: Նրան փրկելու համար էսքան ճամփա եմ կտրել: Քու զավակի արևի համար մի ճար արա:— Նորից աղերսում ա կինը, ընկնում թագուհու ոտները, լաց լինում.

— Թե ճար չես անելու, հենց էստեղ ինձ տուր՝ սպանի, իմ որդու քամբախտությունը ես էլ չեմ կարա տեսնամ:

Արևամոր սրտումը գութը շարժվում ա, վեր ա կենում, ասում.

— Շատ անարժան զավակներ իրենց մայրերի շնորհիվ արև են վայելել, թող քու զավակն էլ իրա մոր համար ապրի: Հիմի դու գնա, ծածկվի էն աստղերի հետևը, որդիս գալու ա, չլինի թե էրևաս: Երբ որ ավազան կմտնի կլողանա, կպրծնի, կգա կաթս ծծելու, դու նրա ավազանի ջրիցը մի կուժ վեր առ, տար ցանի որդուդ վրա՝ կառողջանա...

Մի քիչ հետո գալիս ա Արեգակը՝ բոցերով պատած, մտնում ավազանը, աստղերը արթնանում են, ոտքի կանգնում պատվի բռնած: Արևամայր թագուհին գրկում, վեր ա հանում ջրից իր որդուն, պառկեցնում ա իր կողքին ու սիրով գուրգուրանքով ծիծ տալիս մշտամանուկ Արեգակին:

Աստղերը ելնում են երկնքի երեսը, Արևամանուկի մայրը մի կուժ ջուր ա առնում ավազանիցը, դուրս գալիս պալատիցը, ուրախ, հույսը սրտում, թև առած, ետ գնում իր էկած ճամփովը, հասնում իր որդուն, Արևաջուրը ցանում վրեն՝ որդին վեր ա կենում, կանգնում ողջ ու առողջ:

Էս հրաշքի ձենը գնում ա հասնում աշխարքե-աշխարք: Հեռու տեղերից գալիս են, հավաքվում թագավորներ ու իշխաններ, գիտնականներ, որ իրանց աչքով տեսնեն էն տղին ու էն մորը՝ իրենց ականջով լսեն նրանց պատմածը:.

Հիմի արի տես, որ էկածներից մեկն էլ Օձամանուկն է լինում (հո

միտնե՞րդ ա՝ ով ա)։ Սա որ պատերազմից տուն էր եկել, մորիցը իմացել էր, որ իր կնկանը խորթ մերը տարել կորցրել ա։ Հիմի եկել էր Արևամանուկին տեսնելու ու նրա մորը խնդրելու, որ ոնց որ իր որդու համար ճար գտավ, կարելի ա իր կորցրած կնկանը գտնելու համար էլ մի ճար գտնի։

Արևամանուկն ու իր մայրը Օձամանուկին բերում են իրենց տունը, պատիվ տալիս, սեղան նստացնում։ Սա, հաց ուտելու վախտը պատմում ա իր գլխին էկածը, թե ոնց կորավ իրա կնիկը։ Տան հարսը, ոնց որ կարգն ա, ծառայություն ա անում սեղանին ու նրա պատմածը լսում։ Մին էլ հարսը որ կես բերան ծիծաղում ա, ոսկի ատամը, որ դրել էր կոտրածի տեղակ՝ երևում ա (միտներդ ա ո՞նց էր կոտրվել)։ Օձամանուկը էդ որ տեսնում ա, հացը մոռանում ա։ Աչքերը չորս արած նայում ա, քննում, տեսնում, որ սա իրա կնիկն ա։

Հիմի ո՞նց անեն, էս կնիկը Արևամանուկի կնիկն ա, ամա նրանից առաջ էլ Օձամանուկի կնիկն ա եղել։ Շատ են տալիս, առնում, վերջը, բարեկամաբար, որոշում են աղի բլիթ ուտեցնեն կնկանը, ձիանը նստեն, գնան դաշտ։ Կնիկն էլ երեխեն ձեռին գնում ա սրանց հետ, չի ուզում ոչ մեկի խաթրը կոտրի։ Պայման են դնում որ կնիկը ջուրը ում ձեռից խմի՝ նրա հետ մնա։

Էս, կնիկը շատ ա ծարավում, որ էլ չի կարում դիմանա, էս ա, ուշը պիտի գնա, ձեն ա տալիս՝ Արևամանուկ, Արևամանուկ։ Արևամանուկը վեր ա գալիս ձիուց ու վռազ մեկնում ա ջուրը, ամա կնիկը կանչում ա՝ Օձամանուկ, Օձամանուկ։ Սա էլ ա վեր գալիս ձիուցը, ջուրը մեկնում ա կնկանը։ Կինը կանգնում ա էրկուսի մեջտեղը, էրեխուն տալիս ա Արևամանուկին, ասում ա.

— Առ էս էրեխուն, դու սրա հերն ես, բայց Օձամանուկի հետ ես պսակով եմ կապված՝ ես նրա ձեռքի ջուրը կխմեմ։

Խմում ա Օձամանուկի ձեռի ջուրը ու գնում նրա ետնից։

Էսպես ա վերջանում էս հեքիաթը, որ ոչ լսողն ա հավատում իր ականջներին, ոչ տեսնողը՝ իր աչքերին։ Բայց ում սիրտը մաքուր ա, անմեղ ու անարատ ա՝ նա շատ կսիրի էս հեքիաթը, անունը մաներիդ պահեք՝ «Օձամանուկ, Արևամանուկ», որ ուրիշներին էլ դուք պատմեք։

***

— Հերիքնազ,— ասեց պապս,— էդ քու պատմած կնանոնցը պետք ա սրբության տեղ պաշտեն, համա դե...

— Դե որ ի՞նչ, էլի ի՞նչ ես բեղիդ տակին պահել։

— Ոչինչ, ամա տեղն ընկած վախտը մարդ որ ուզած խոսքը չասի՝ փորը կպատռի։

— Դե լավ, ասա, որ փորդ չպատռի։

— Ուզում եմ ասեմ, որ կնիկ էլ կա՝ կնիկ էլ։ Լսեք՝ պատմեմ։

ԱՆԶԳԱՄ ԿՆԻԿԸ

Լինում ա, լի լինում մի մարդ, մի կնիկ: Սրանք շատ աղքատ ու անճար են լինում: Մարդը գնում էր սրա-նրա մոտ, մշակություն անում, մի քանի շահի աշխատում, բերում ընտանիքը պահում:

Համա կնիկը էնենց մի անզգամ, էնենց մի աստծո էրեսիցը թափած, էնենց մի տնաքանդ էր, որ, որ... էլ չեմ կարա ասել:

Աստծու օրը մարդի հոգին հանում էր՝ «Ինձ համար էս առ, էն առ, էս բեր, էն բեր, էս չթին հավան չեմ, էն չթիցը բեր»:

Էսենց խեղճ մարդին գժվացրել էր, թողել: Խեղճ մարդը մեռնում էր կնկանը խրատելով՝ «Այ կնիկ, ախր էսենց չի լինի, տեսնում ես, օրեն հացի մուրացկան ենք, զոռով ենք ծերը ծերին հասցնում, գլուխ պահում»:

Համա ո՞ւմ ես ասում, անզգամ կնիկը էլի իրա էշն էր քշում: Կնիկդ որ լավը լինի, մի գնա հարսանիք, տանդ ամեն օր հարսանիք ա ու հարսանիք, թե կնիկդ վատը լինի, մի գնա մեռլատուն, տունդ ամեն օր մեռլատուն ա ու մեռլատուն:

Վերջը, որ էս խեղճ մարդու հոգուն հասնում ա, տեսնում ա՝ ճար չկա, որոշում ա գլուխն առնի, կորչի, բալքի էդ անզգամ կնկա ձեռիցը պրծնի: Օրվա մի օր վեր ա կենում էդ մարդը՝ տնից փախչում:

Գնում ա, գնում ա, գնում, շատ ու քիչն աստված գիտի, դուրս ա գալիս մի չոր ամայի տեղ: Մեկ էլ տեսնում ա իրեն գետնին մի կլոր քար: Ասում ա, տեսնեմ էս ի՞նչ բան ա: Ճռնչալեն էդ քարը ետ ա զցում, տեսնում ա՝ տակին մի խոր անտակ հոր, էն սհաթին քարը էլ ետ գնում ա հորի բերնին:

— Էս լավ էղավ,— ասում ա,— սրանից էլ լավ տեղ չկա, գնամ անզգամ կնկանս բերեմ, զցեմ էստեղ, բալքի միանգամից ազատվեմ նրա ձեռիցը:

Գալիս ա տուն:

— Այ կնիկ,— ասում ա,— էսենց, էսենց, էսենց բան: Էսօր գնացել էի հանդը ցախ հավաքելու, տեսա գետնին մի կլոր քար, բարձրացրի քարը, ինչ տեսնեմ՝ մի մեծ հոր, մեջը լիքը խազինա՝ էլ ոսկե մատնիքներ, էլ մարգարիտներ, էլ մարջաններ ու հազար ու մի թանկագին քարեր՝ էնենց են պսպղում, որ մարդի քեֆ են բերում:

— Ճի՞շտ,— հարցնում ա կնիկը:

— Ճիշտը ո՞րն ա: Չես հավատում, գնանք տես:

Մարդ ու կնիկ վեր են կենում, մի էրկու պարան էլ հետները վեր ունում, ընկնում ճամփա: Գալիս են, գալիս, հասնում էդ հորի մոտ: Մարդը քարը բարձրացնում ա, դե գիտի իր կնկա թարս բնույթը, չէ՞:

— Այ կնիկ,— ասում ա,— բեր պարանը կապենք իմ միջքին, կախվեմ հորը, ինչ կա չկա, հավաքեմ, դուրս գամ:

— Չէ, ինչի՞— հակառակում ա կնիկը,— դու գնաս, լավ բաները վերցնես, փիսերը թողաս ինձ: Ես պիտի կախ ընկնեմ:

Մարդն էլ հենց էդ էր ուզում: Բերում ա պարանը, կապում կնկա մեջքը, կախ անում հորը: Հենց որ հասնում ա անտակը, մարդը պարանի ծերը ձեռիցը բաց ա թողնում, քարը էլի դնում հորի բերնին, որ դուրս չգա:

Վեր ա կենում, գալիս տուն:

Անց ա կենում մի օր, էրկու օր, իրեք օր, մի շաբաթ: Մարդն ասում ա՝ «գնամ տեննամ էն անզգամը ինչ օրի ա, մեռա՞վ, սա՞ղ մնաց»: Գալիս ա, գալիս, հասնում հորի մոտ: Ականջ ա դնում, ի՜նչ տեսնի, հորի միջիցը մի էնենց դժվըժոցի, մի էնենց ղալմաղալի, մի էնենց հարայ-հրոցի ձեն ա գալի, որ աստված փրկի-ազատի:

Քարը մի քիչ դեն ա տանում թե չէ, տեսնում ա էն տեղից ձեն տվին.

— Աստծու սիրուն, այ հողածին, ինչ կլինի՝ էդ քարը դեն գցես, մի էստեղից դուրս գանք, էս անզգամ կնկա ձեռիցը պրծնենք, հալբաթ մենք էլ մի օր քու լավության տակիցը դուրս կգանք:

Էս մարդի մեղքը գալիս ա, դե, գիտի իրա կնկան, հորի բերանը բաց ա անում, սատանեքը գլխապատառ, դուրս են պրծնում, շնչակտուր, հորի չորս բոլորը կանգնում: Սատանաներին որ տեսնում ա էս խեղճ մարդը, վախկոտությունիցը քիչ ա մնում լեղին պատռի:

— Մի վախենա, մի վախենա, հողածին,— ասում ա սատանաներից մեծը,— մի վախենա, դու որ մեզ էսենց մի լավություն արիր, էն անզգամ կնկա ձեռիցը պրծացրիր, պիտի քո լավության տակիցը դուրս գանք: Հրես,— ասում ա,— ես կգնամ կմտնեմ թագավորի աղջկա փորը: Ինչ դեղ-դարման անեն, ինչ հեքիմ բերեն, չեմ դուրս գա: Էս որ կլսես,— ասում ա,— վեր կկենաս, կգնաս թագավորի մոտ «Թագավորն ապրած կենա,— կասես,— ես քո աղջկան կլավացնեմ»: Հենց որ դու մտնես աղջկա օթախը, ես դուրս կգամ աղջկա փորիցը, աղջիկը կլավանա, կլինի ոնց որ մորեն մեկ:

Սատանեն էս ասում ա՝ աներևույթ լինում: Անց ա կենում մի վախտ: Խաբարը հասնում ա էս գեղը, թե՝ բա չեք ասի, էսենց, էսենց բան. թագավորի աղջիկը գժվել ա, քառասուն տակ նրա ձեռն ու ոտը կապել են, գցել մի օթախ, աշխարքումն էլ հեքիմ չի մնացել, բերել են՝ լավանալու ճար չկա:

Էս մարդը էս որ լսում ա, վեր ա կենում, գնում թագավորի մոտ:

— Ինչի՞ ես էկել, այ մարդ,— հարցնում ա թագավորը:

— Ես հեքիմ եմ,— ասում ա,— էկել եմ աղջկանդ լավացնեմ:

— Թե լավացրիր,— ասում ա թագավորը,— ինչ ուզես՝ կտամ:

Սրան տանում են աղջկա օթախը: Տեսնում ա, իրեն աղջկա ձեռ ու ոտը քառասուն տակ կապկպած: Սա մոտենում ա աղջկանը, սուտ-մուտ գիր-միր անում, ինքն իրան փնթփնթում՝ իբր թե աղոթք ա անում: Սատանեն սրան որ տեսնում ա, դուրս ա գայթիս աղջկա փորիցը, հետո էս մարդուն ասում,

— Տես,— ասում ա,— էստեղից գնում եմ Հնդստանի թագավորի աղջկա փորը մտնեմ: Համա չլինեմ-չիմանամ գաս էնտեղ, հա , թե չէ, իմաց կաց նրան կթողեմ, քո փորը կմտնեմ:

— Չէ,— ասում ա,— հո չեմ գժվել, գալիս եմ՝ ի՞նչ անեմ: Սատանեն թողնում ա, գնում իր սատանությանը:

Մարդը աղջկա կապերը ետ ա անում, բերում թագավորի մոտ: Աղջիկը լավանում ա, լինում ոնց որ մորեն մեկ: Թագավորը ուրախանում ա, դառնում աշխարքով մեկ:

— Այ տղա,— ասում ա,— ի՞նչ կուզես, որ տամ:

Սա թե՝

— Թագավորն ապրած կենա, ինչ տաս՝ համաձայն եմ:

— Բաս որ էտենց ա,— ասում ա թագավորը,— իմ աղջիկը տալիս եմ քեզ: Տար, մորդ կաթի պես քեզ հալալ ա. չունքի դու չլինեիր՝ նրան լավացնելու ճար չէր լինի:

Թագավորը բերում ա աղջկանը սրան ա տալի, յոթ օր, յոթ գիշեր հարսանիք, կեր ու խում անում, ուրախանում:

***

Արի հիմա սրան թողանք էստեղ, գանք խաբար տանք՝ ումի՞ց: Խաբարը տանք սատանիցը:

Սատանեն գնում ա մտնում Հնդստանի թագավորի աղջկա փորը: Հնդստանի թագավորը աշխարքումն էլ հեքիմ չի մնում՝ բերել ա տալիս, չեն կարում լավացնեն:

Վերջը խաբար են տալիս Հնդստանի թագավորին, թե՝ ֆլան թագավորի փեսեն, էսենց, էսենց, էսենց գլուխ հեքիմ ա: Թե լավացնի՝ նա կլավացնի, էլ մարդ չէ:

Հնդստանի թագավորը էն սիաթին մարդ ա ղրկում էդ թագավորի մոտ:

Սա գալիս ա, հասնում էս թագավորի պալատը, գլուխ տալի, ձեռները դոշին դնում՝ էնտեղ կանգնում:

— Բարի լինի,— ասում ա թագավորը,— էդ ինչի՞ ես եկել:

Սա թե՝

— Թագավորն ապրած կենա, Հնդստանի թագավորի աղջիկը գժվել ա: Քառասուն տակ ձեռ ու ոտը կապել են, ճար չի լինում: Լսել ա, որ քո փեսեն էսենց, էսենց, էսենց գլուխ հեքիմ ա, կանչում ա, որ նրան լավացնի: Թե հու չէ...

Խեղճ փեսեն մնում ա երկու ջրի արանքին, չի իմանում ինչ անի,

չգնա՝ երկու թագավորի արանքը կռիվ դուրս կգա. Գնա՝ վախում ա սատանեն աղջկանը թողնի, գա մտնի իրա փորը: Միտք ա անում, միտք՝ «Ջհանդամը,— ասում ա,— կգնամ, ինչ կլինի՝ կլինի»:

Էս փեսեն Հնդստանի թագավորի ղրկած մարդու հետ վեր ա կենում ընկնում ճամփա: Գալիս են, գալիս են, գալիս, շատն ու քիչը աստված գիտի, մի օր, երկու օր, իրեք օր, մի շաբաթ, հասնում են Հնդստան:

Փեսեն գնում ա դուզ թագավորի ամարաթը, թագավորին գլուխ տալի, ձեռները դոշին դնում՝ էնտեղ կանգնում:

— Ֆլան հեքիմը դու ես,— հարցնում ա Հնդստանի թագավորը:

— Հա, թագավորն ապրած կենա, ես եմ,— ասում ա:

— Իմ աղջկանը կարա՞ս լավացնես:

— Բանն աստված,— ասում ա,— թագավորը ողջ լինի:

Էս մարդին տանում են թագավորի աղջկա օթախը: Տեսնում ա՝ իրեն աղջիկը քառասուն տակ կապկպած ա: Սատանեն սրան որ տեսնում ա, աղջկա փորի միջիցը ձեն ա տալիս:

— Այ մարդ, չէ՞ ես քեզ ասեցի՝ չգաս, դու ոնց սիրտ արիր, էկար:

Սա թե՝

— Սո՛ւս, սատանա ախպեր, ես հո չեմ էկել սրան լավացնեմ. էկել եմ քեզ իմաց տամ, որ էն անզգամ կնիկը հորի միջիցը դուրս ա էկել, քո հետևիցը ման ա գալի, լսել ա, որ էկել ես Հնդստան, ինքն էլ վեր ա կացել, էկել քո հավարին: Ճար ունես՝ տես:

— Ամմա՛ն, աստծու սիրուն,— ձեն ա տալիս սատանեն,— բաս որ էտենց ա՝ դուրս գամ էստեղից փախչեմ, գնամ ուրիշ երկիր, քանի էն անզգամ կնիկը չի եկել ինձ գտել:

Սատանեն էս ասում ա թե չէ, թագավորի աղջկա փորիցը դուրս ա գալիս, փախչում:

Աղջիկը լավանում ա, լինում ոնց որ մորեն մեկ: Նոր էդ մարդը աղջկա կապերն արձակում ա, տանում թագավորի մոտ:

Թագավորը ուրախանում ա, աշխարքով մեկ ա լինում: Բերում ա էդ մարդին իրա քաշովը մին ոսկի ա տալիս, ճամփում էլ ետ իրանց երկիրը:

Բա՛:

Աստված ազատի լողանց՝ անզգամ կնկա ձեռիցը: Ամա՛ն:

***

— Ալնոր,— ասեց տատս,— չկարծես, որ ես մենակ կնանոցն եմ պաշտպանում, հրես մի հեքիաթ էլ պատմեմ մի ուրիշ կնկա մասին:

ՄԱՐԴ ՈՒ ԿՆԿԱ ՊԱՅՄԱՆԸ

Մի գեղացի մարդ ա լինում, մի կնիկ: Սրանք շատ լավ ու սիրով են ապրելիս լինում, ամա մարդու քոռ բախտիցը էս կնիկը հիվանդանում, մեռնում ա: Մարդը երկար ժամանակ նոր կնիկ չի առնում:

Ես որդիա՞ն գտնեմ իմ օղորմածիկ կնկա նման լավ կնիկ, ամա մին էլ նստում ա ինքն իրան հետ խոսում,

— Այ մարդ,— ասում ա,— առանց կնկա տունը տուն չի՝ կրակ տուր ու վառի: Մենակ ապրիլ չի լինի: Պետք ա պսակվեմ ես: Կյանքիս համն ու լազաթը կորել ա: Մի խոսակից չկա, որ հետը զրից անեմ: Անպսակ մնալը մենակ աստծուն, Քրիստոսին ու սրբերին ա վայել:

Էս մարդը ճանապարհ ա ընկնում, գնում գեղե-գեղ, շենից-շեն ման գալի, որ իր ուզածով մի լավ կնիկ ճարի: Վերջը մի ջահել, սիրուն որբվերի կնիկ ա գտնում, հետը պսակվում՝ գնում իրա տուն:

Կնիկն ասում ա.— Պսակի տակին տերտերը չթողեց, որ ես ուզածս ասեմ, ամա ուզում եմ, որ գիտենաս: Ես մի փիս խասիաթ ունեմ, տարվա միջին երեք օր իմ խանմությունս բռնում ա, էն օրերին ես ոչ մի բանի ձեռ չեմ տա, ոչ մի բան չեմ անի, խանում-խաթուն դառած ինձ համար ման եմ գալիս:

— Այ կնիկ,— ասում ա մարդը,— ես էլ քեզ պես եմ է. տարվա մեջ իրեք օր էլ իմ գժությունն ա բռնում: Որ բռնում ա է, աստված հեռու տանի, ամեն ինչ կոտրատում եմ, ջարդ ու փշուր անում: Ով էլ, որ էդ վախտը կողքիս լինի, տալիս եմ մահակով, ծեծում, աղցան անում:— Համ ասում ա, համ էլ մտածում.— «թող մի իրա խանմությունը ցույց տա, նոր ես դրա հախիցը կգամ»:

— Դե ո՞նց անենք,— ասում ա կնիկը,— պետք ա յոլա գնանք՝ ես քու գժությունը կտանեմ, դու էլ իմ խանմությունը:

Էսպես իրար խոսք են տալիս՝ ապրում: Մարդը տեսնում ա, որ էս կնիկը սիրուն ու ջահել ա՝ ամա թամբալություն ա անում: Մտածում ա՝ մի քիչ համբերեմ, թե չփոխվեց, նոր սրան խելքի կբերեմ:

Անց ա կենում մի առ ժամանակ: Մարդը հնձվորներ ա բերում, որ արտը հնձեն:

Կեսօրին մարդ ա ղրկում տուն, որ կնիկը կերակուր էփի, ճաշ բերի հնձվորներին: Կնիկը էդ ղրկածին ասում ա.

— Գնա մեր մարդին ասա, որ խանմությունս բռնել ա, դեռ գիշերվանից ա էկել: Մարդս թող մեր հարևանի կնկանը ճաշ պատրաստել տա:

Մարդը էս որ լսում ա՝ կատաղում ա՝ մի լավ կակող հոնի ճիպոտ ա վեր ունում, վռազ հասնում ա տուն, դեռ ոտը շեմքին չդրած, գոռում ա.

— Ջանս,— ասում ա,— շիզյարս, արևս, աշխարքս, էս իրիկուն կգաս մեր տուն՝ մարդս գնացել ա էն ֆլան գեղը:

— Կգամ, բա չեմ գա,— ասում ա աղեն,— կգամ կարոտս կառնեմ:

Էս տղի ձեռին մի գիրք ա լինում:

— Մատաղ եմ քեզ,— ասում ա կնիկը,— քու էդ գրքին էլ մատաղ, քեզ էլ, այ իմ ուսումնական կարդացող: Էդ գրքի անունը ի՞նչ ա, մատաղ եմ քեզ:

— Քեզ էլ մատաղ,— ասում ա տղեն,— ջանիդ էլ մատաղ, բոյիդ էլ մատաղ, աչքերդ ուտեմ, պռոշներդ ուտեմ, թշերդ, վիզդ ջանդ, ինչ ունես չունես ամենն էլ ուտեմ: Էս գրքի պատմությունը կարճ չի ասվի:

— Դե, որ էտենց ա,— ասում ա կնիկը,— մատաղ եմ քեզ, իրիկունը որ գաս կպատմես:

Շորերը լվանում ա, չորացնում, ծալում, հավաքում: Համա ուշք ու միտքը էն տղեն ա, իսկի չի իմանում, թե ո՞նց ա թրթռալի գործ անում: Իրիկնադեմ հավ ա մորթում, ձվածեղ ա անում, փլավ գցում, մառանիցը գինի քաշում:

Ճրագները նոր վառած՝ էս տղեն տուն ա մտնում, ձեռի գիրքը դեն շպրտում ու սիրտները կրակ ընկած սիրեկանները սկսում են պաչպչվել, իրարու խտիտ ընկնել, սեր են կոտրատում, էլ ես ի՞նչ իմանամ, ինչ խուքեր, ինչ հնարք...

Էս կնիկը մի լավ սուփրա ա բաց անում, սրանք էրկուսով նստում են ուտում, խմում, քեֆ անում, իրար կենաց խմում, կենացի մեջ էլ, պաչպչվում, էլ ետ իրար խտիտ ընկնում:

Մին էլ դրսից ձիու ոտի շփլթոց ա գալիս: Սրանք գլխի են ընկնում, որ էկողը էս կնկա մարդն ա, կերած-խմածները գլխներին հարամ ա լինում: Ամա, կնիկ դու կնիկ, էն բոպեին սիրեկանին սունդուկի մեջ ա կոխում, խուփը վրա բերում, կողպում, բալանիքը գցում իրա ջեբը:

Գալիս ա դուռը բաց անում, ուրախ-ուրախ մարդի վզովն ա ընկնում, պաչպչորում:

— Այ մարդ,— ասում ա,— սիրտս վկայում էր, որ գալու ես, հենց իմանաս մեկն ականջիս փսփսում էր՝ մարդդ էս ա ճամփին ա, տուն ա գալիս այ գլխամեռ, մի վեր թռի տեղիցդ, ձեռ ու ոտ ընկի՝ էփի-թափի, մարդուդ համար մի հաց զցի, որ ճամփից բեզարած-ջարդված գա, նստի մի կուշտ ու կուռ ուտի, վայելի ու քեզ ավելի սիրի:

Մարդը շատ ուրախանում ա, մտքումը ասում, «Բախտ որ ասում են, դե էնա էս ա էլի, բախտը հո պոզով-պոչով չի լինում: Էս ինչքան ա սիրում ինձ էս իմ կնիկը: Համա ես ուրախությունս ցույց չեմ տա, թե չէ գլխիս կնստի: Ես հու շաշ Պետին չեմ, որ կնկանս էրես տամ»:

Սրանք նստում են հաց ուտելու, մարդը իշտահով խժռում ա, չի տեսնում թե ի՞նչ ա կնկա հալը: Կնիկ դու կնիկ, վեր ա ունում հավի ջինաղը,— Այ մարդ,— ասում ա,— արի էս ջինաղը քաշենք, ով որ տանուլ տա, էս կես գիշերով գնա բաղիցը խնձոր քաղի, բերի:

Մարդը թե,

— Ի՞նչ եմ ասել, արի խաղանք, կնիկարմատը իրա օրումը ինձ կարալ չի տանի:

Գլուխներդ ի՞նչ ցավացնեմ՝ էրկուսն էլ շատ են դես ու դեն անում, հազար ու մի ֆանդ ու ֆիլ բանացնում, ամա ոչ մեկը չի կարենում մեկելին խաբի: Կնկա սիրտը ուզում ա թե տրաքի, մին սփրթնում ա, մին կարմրում, աչքերը դառել են բաստուրմա կերած կատվի աչքեր՝ էնենց պեծին են տալի, պսպղում:

Վերջը.

— Այ մարդ,— ասում ա կնիկը,— քեզանից թաքցնեմ՝ աստծուց ի՞նչ թաքցնեմ, ինչ դուզ ա՝ դուզ ա, էս պատրաստությունը, որ տեսնում ես, քեզ համար չեմ արել, իմ սիրեկանի համար եմ արել:

Մարդը էս որ չի լսում, հենց իմանում ա, թե գլխին թոխմախով տվին, սփրթնում ա, լիզուն կապ ընկնում.

— Բա ո՞ւր ա սիրեկանդ:

Կնիկը ջիբիցը հանում ա բանալիքը, մեկնում մարդուն, թե՝ հրե՛ս, էն սնդուկումն ա:

Մարդը վրա յա պրծնում բանալիքին, կնկա ձեռիցը խլում, կնիկը ասում ա՝ տարած:

Էս մարդը շշմում ա, տեղն ու տեղը թուլանում ա, դառնում էփած բանջար, բանալիքն էլ ձեռիցը վեր գցում:

— Տեսա՞ր,— ասում ա կնիկը,— տեսար ոնց տարա գրազը: Դե, վեր կաց, գնա բաղիցը խնձոր քաղի բեր: Վեր կաց, վեր կաց: Պայմանը՝ պայման ա:

— Այ կնիկ,— ասում ա մարդը,— էս կես գիշերով, էս դառը մթնովը բաղը գնում եմ ի՞նչ անեմ: Էգուց առավոտը կբերեմ կուտես:

— Վա՛յ իմ սև օրին,— ձեն ա տալի կնիկը,— էս էր մենակ ինձ պակաս, բա էնքան վախլուկ ես, որ մթնիցն էլ ես վախո՞ւմ: Ես որ գիտենայի, թե դու էդքան վախլուկ ես, ես քեզ մարդի կգայի՞:

Ես քեզ նման մթնիցը վախեցողը չեմ, հենց էս րոպեին գնամ տերտերին ու քյոխվին զարթնացնեմ, ոտները ընկնեմ, աղաչեմ-պաղատեմ, որ ինձ բաժանեն էս տեսակ մարդիցը:

— Այ կնիկ ի՞նչ էլավ քեզ,— ասում ա մարդը,— ձենդ կտրի, էսա սաղ գեղը գլխներիս ես հավաքելու: Գնամ ախպեր, գնամ բաղը խնձորի: Մեղավորը է՛ս եմ, ախր ո՞վ էր ինձ ասում, թե կնիկարմատի հետ գիշերով ջինազ քաշի:

Մարդը դուրս ա գնում թե չէ՝ կնիկը բաց ա անում սունդուկը, տղին հանում միջիցը, նորից էլի պաչպչում, խտիտն ընկնում:

— Ջանիդ ու արևիդ մեռնեմ,— ասում ա,— այ իմ ուսումնական, այ

իմ թաղլան կարդացող տղա, բա էկար մոտս, սերի կրակն ընկանք ու խոսքով էլանք. բա ախր չասեցիր, թե ի՞նչ ա քու գրքի անունը:

— Այ իմ սիրունիկ, անուշիկ, թուքուշիկ,— ասում ա տղեն,— էս գրքումը գրած ա քեզ նմանների մասին, գրքի անունն էլ էս ա. «Կնկա խորամանկությունը»: Էս գիշերվա մեր գլխի էկածն էլ որ գրեմ, պակասը կթամամի:

Էս տղեն վեր ա ունում, մին-մին, ոնց որ ես ձեզ պատմեցի, էս օյինը գրում իրա գրքի մեջ, որ ուրիշներն էլ կարդան ու կարդացածը ուրիշներին պատմեն:

Ես էլ կարդացի ու հրես, ձեզ պատմեցի:

ԷԾԻ ՀԵՔԻԱԹԸ

Ժամանակով մի մարդ կար: Դրան ուներ մի կնիկ, մի հատ էլ էծ: Էլ բան չուներ: Էծը կթում էին, ուտում: Օրերի մի օրը դրա կնիկն ասեց.

— Տար էծը ծախի, համ էծը բեր, համ փողը բեր:

— Այ կնիկ,— ասեց մարդը,— ես ո՞նց էծը ծախեմ, որ համ էծը բերեմ, համ էլ փողը:

— Ոնց ուզում ես արա,— ասեց կնիկը,— հո առանց կաթի չենք մնալու:

Մարդը ծոծրակը քորեց, էծն առաջ արեց քշեց քաղաք: Առավոտ էր, մարդն ընկավ քուչեքը բղավելով,

— Էծ եմ ծախում, լավ էծ եմ ծախում:

Խաշ ծախողը նոր էր դուքանը բաց արել, խաշ էր ծախում:

— Ի՞նչ տամ էծիդ,— հարցրեց:

— Մի աման խաշ տուր, էծը տամ քեզ:

— Որ էդպես ա,— ասեց խաշատանը,— արի կեր:

Էս մարդը նստեց, մի աման խաշը ախորժակով կերավ, մատները լիզեց, էծն առաջ արավ, որ գնա:

Խաշ ծախողը դրա յախիցը բռնեց

— Էդ ո՞ւր ես քշում իմ էծը:

— Մի աման խաշ ես տվել,— ասեց մարդը,— ուզում ես էծս ձեռիցս առնե՞ս:

Նա սրան ուշունց տվեց, սա՝ նրան, կռվեցին: Ժողովուրդ հավաքվեց, ասեցին.

— Ամոթ չի՞, խի՞ եք կռվում:

— Այ ժողովուրդ,— ասեց իծատերը,— էս անիրավը մի աման խաշ ա տվել, ուզում ա տասը-տասնհինգ մանեթանոց էծը ձեռիցս առնի:

Էս ու էն կողմից բամփեցին խաշ ծախողի գլխին.

— Ամոթ չի,— ասին,— մի աման խաշի համար ուզում ես էդ խեղճ մարդի էծը ձեռիցը առնե՞ս:

Իծատերը բեղերը սրբելով, էծը քշեց գնաց, «էծ եմ ծախում, այ լավ էծ եմ ծախում»:

Գաթա ծախողը ձեն էր տալիս բազարում.

— Այ լավ գաթա, տաք-տաք գաթա, ուտողը գիտի, չուտողն ի՞նչ գիտի:

Իծատերը ձենը բարձրացրեց.

— Այ լավ էծ, այ չաղ էծ, կթողը գիտի, չկթողը ի՞նչ գիտի:

— Ի՞նչ տամ էծիդ,— հարցրեց գաթա ծախողը:

— Իմ փորով մին գաթա տուր, ուտեմ,— ասեց էծատերը,— էծը տամ քեզ:

— Որ էդպես ա, արի կեր:

Մարդը նստեց գաթան անուշ արավ իր փորովը մեկ, փշրանքներն էլ հավաքեց բերանը գցեց, էծը քշեց, որ գնա: Գաթա ծախողն ասեց,

— Էդ ո՞ւր ես տանում իմ էծը:

— Իմ էծն ա,— ասեց էծատերը,— ուր ուզում եմ, տանում եմ:

— Բա գաթեն խի՞ կերար, որ էծը չես տալիս ինձ:

— Անխիղճ, անիրավ, մի կտոր գաթա ես տվել կերել եմ, ուզում ես էս եքա էծը ձեռիցս առնե՞ս:

Կռվեցին: Իրար տվին: Մարդիկ հավաքվեցին՝ էդ ի՞նչ ա, ինչի՞ եք կռվում:

— Այ ժողովուրդ,— ասեց իծատերը,— մի կտոր գաթա ա տվել, կերել եմ, ուզում ա էս եքա էծը ձեռիցս առնի:

— Տո, բա դու ամոթ չունե՞ս,— ձեն տվին գաթա ծախողին էս ու էն կողմից գլխին բամփեցին, էծը խլին, տվին տիրոջը՝ գնաց:

Գնաց, գնաց, բազարի մեկել ծերին տեսավ հալվաչին հալվեն գլխին դրած գոռում ա,

— Հալվա, այ լավ հալվա, այ քաղցր հալվա՝ ուտողը գիտի, չուտողն ի՞նչ գիտի:

Մարդն էլ էն կողմիցը գոռաց.

— Էծ եմ ծախում, էծ, այ լավ էծ, այ չաղ էծ, կթողը գիտի, չկթողը ի՞նչ գիտի :

— Ինչ տամ էդ էծիդ.

Թե.

— Մի փոր հալվա տուր ուտեմ, էծը տամ քեզ:

— Հա , որ էդպես ա, արի կեր:

Մարդը հալվեն փորով մեկ կերավ, կշտացավ, բեղերը սրբեց պատռած չուխի թևերով, էծը քշեց որ տանի, հալվաչին յախիցը բռնեց:

Էլի խոսք ու կռիվ, իրար տվին, կռվեցին, էլի մարդիկ գլխներին հավաքվեցին, էծը խլեցին հալվաչու ձեռիցը, տվին իծատիրոջը, դուրս բերին բազարիցը:

Իրիկնացել էր, մթնել: Տեսավ, հրենիկ մի տուն, ասավ,

— Ես պետք ա մնամ էդ տանը: Կես գիշերով ո՞ւր գնամ:

Մտավ էդ տան գոմը, ուզեց քնի, մին էլ տեսավ, որ դրանց դուռը ծեծեցին, մի կնիկ դուրս եկավ, դուռը բաց արեց: Էս իծատերը տեսավ, որ տուն մտնողը խաշ ծախողն էր: Սա մատը կծեց, ասեց.

— Էստեղ մի բան կա, սպասենք տեսնենք սրա վերջն ինչ կլի: Մի քիչ էլ անց կացա́վ, դուռը մեկ էլ ծեծեցին:

— Վո́ւյ, մարդս կլի,— ասեց էն կնիկը,— գնա մտի գոմը, թե չէ մարդս որ գա, քեզ տեսնի, կտա կսպանի:

Խաշ ծախողը վռազ մտավ գոմը, դիպավ իծատիրոջը.

— Ո՞վ ես, որ էկար էստեղ,— ձեն տվեց իծատերը:

— Սուս, ես եմ, մի գոռա: Ի՞նչ ես անում էստեղ:

— Էծ եմ ծախում: Էծ, այ լավ էծ, այ չաղ էծ...

— Ձենդ կտրի́: Իծիդ գինը ի՞նչ ա: — Տասը մանեթ:

— Առ տասը մանեթդ, ձենդ կտրի:

Իծատերը փողը դրեց ծոցը, թինկը տվեց խաշ ծախողին, մթամ քնում ա: Դուռն էլի ծեծեցին: Հիմի էլ գաթա ծախողը տուն մտավ: Մի կես ժամ անց, որ դուռը նորից ծեծեցին, էս գաթա ծախողը գլխապատառ իրան գցեց գոմը դիպավ իծատիրոջը:

— Էդ ո՞վ ես: Ինչի՞ ես ինձ խփում:

— Ձենդ կտրի, հանկարծ դիպա, ի՞նչ ես անում էստեղ, անամոթ, սուտասան:

— Ամոթովն ու դրուստ խոսողը դու ե՞ս, որ մտնում ես ուրիշի կնկա ծո՞ցը, ես էծ եմ ծախում: Է́ծ, այ լավ է́ծ, այ...

— Ձենդ կտրի́, ես կառնեմ էծդ, ի՞նչ ա դրա գինը:

— Տասնհինգ մանեթ:

Իծատերը փողն առավ, դրեց ծոցը, ոտները մեկնեց, պառկեց գոմի դրան առաջին: Խռմփում ա, մթամ թե քնած ա:

Դրանց դուռը էլի ծեծեցին: Էս անգամ հալվաչին տուն մտավ:

— Տեհաս, էդ անառակ կնիկը քանի սիրեկան ա պահում,— միտք էր անում իծատերը: Մինչև սա մտքումը հաշիվ էր անում, դուռը նորից ծեծե-

ցին, էս հետ գոմի դուռը շրխկալեն բաց էլավ ու հալվաչին լեղապատառ իրան ներս գցեց, դեմ ընկավ էծ ծախողի ոտներին ու երեսի վրա փռվեց գետին:

— Էծս կառնե՞ս, թե գոռամ, էն կնկա մարդը գա ձեր ջանին:

— Ամա՛ն, մի՛ գոռա,— աղաչեց հալվաչին,— էծիդ գինն ի՞նչ ա, ասա տամ:

Քսան մանեթը դրեց ծոցը, թինկը տվեց, դողը բռնած հալվաչուն ասեց՝ տեսնես սրա վերջը ի՞նչ ա լինելու:

Վե՞րջը... վերջը էս կնկա մարդը էկավ տուն: Ճամփից եկած, բեզարած, նստեց մի թիքա հաց կերավ, ասեց,

— Այ կնիկ, քնելու վախտն ա, ամա էթամ գոմը, տավարին մտիկ տամ, գամ քնենք:

— Տո, բա մեղք չե՞ս,— ասեց կնիկը,— ճամփուց էկած, ջարդված, բեզարած ես, էղուց կգնաս գոմը: Տավարդ հո չի սատկիր:

— Ո՞նց կլինի,— ասեց մարդը,— առանց տեսնալու ո՞նց քնեմ, անլիզու անասուն են, բալի մի բան պակաս ա:

Ասեց ու մտավ գոմը:

Իծատերը գոռաց,

— Էդ ո՞վ ես:

Էս մարդը մնաց սառած.

— Ես էս տան տերն եմ: Դու ո՞վ ես, որ իմ գոմումը իմ վրեն գոռում ես:

— Ես էծ ծախող եմ:

— Տո, հեռ լողանց, քու էսենցն ու էնենցը,— ասում ա տանտերը,— խի՞, էս էծ ծախելու տեղ ա, էս բազա՞ր ա:

Սա թե՝

— Բազար չի, ինչ ա: Բա էն խաշ ծախողը, գաթա ծախողը, հալվա ծա խողը էստեղ ի՞նչ են՝ անում, որ բազար չի:

— Ես դրանց դատը էգուց կտեսնեմ,— ասեց մարդը,— իմ լիրբ կնկանն էլ դրանց հետ: Ի՞նչ տամ,— ասեց,— որ մարդի բան չասես, ինձ չխայտառակես:

— Քսանհինգ մանեթ:

— Առ, — ասեց,— էս քսանհինգ մանեթը, էծդ էլ գլխովդ դիպչի, առ կորի էստեղից: Ամա թե մեկին էլա պատմես տեսածդ, իմացի, ես պատվով, փափախս գլխիս մարդ եմ՝ թիքա-թիքա կանեմ քեզ:

***

Իծատերը եկավ տուն, էծն էլ բերեց, փողն էլ բերեց, տվեց կնկանը: Թե էն լիրբ կնկա ու նրա երեք սիրեկանների գլուխը ինչ բերեց էն փափախ դնող մարդը, էդ էլ հո ինքներդ գիտեք, էլ ինչ ասեմ:

***

— Դե բոլոր հարսներն էլ հո էն գոմատիրոջ կնկա նման չեն: Շատ համեստ ու պատվական հարսներ էլ կան:

ՀԱՐՍԸ ԽԵԼՔԻ Ա ԳԱԼԻ

Մի մարդ ու մի կնիկ են լինում, ունենում են մի տղա: Տղի տարիքը, որ հասնում ա, պսակում են սրան, հարս բերում տուն, միտք են անում, թե տանը մի ջուխտ ձեռ կավելանա, գործները կհեշտանա, ձեռ ու ոտ անող, էփող-թափող կլինի:

Ամա էս ջահել հարսը, որ ասես, մատը մատին լի խփում. ուտում ա, խմում, ցերեկը պառկում հանգստանում, գիշերն էլ մտնում մարդի ծոցը քնում: Ամեն բանին բանգետ ա, տունն ավլելուն անգետ ա: Չէ որ թամբալի համար շաբաթումը յոթ կիրակի կա:

Մի օր, էրկու օր, իրեք օր, մախլաս, մի ամիս: Հերն ու մերը ձեն չեն հանում, չունքի չեն ուզում, որ իրենց որդու ու նրա կնկա միջին անհամություն լինի: Ամա դե, ասիլն էլ ա ցավ, չասիլն էլ:

Միտք են անում թե ո՞նց հասկացնեն հարսին, որ ախր տանը գործ անիլ ա պետք, մերն ասում ա.

— Այնոր,— ասում ա,— ես վեր կունեմ ավելը, տունը մթամ թե ավլելու, դու ավելը ձեռքիցս կառնես, կասես, էդ քու տարիքին հասած կնկան չի սազի, թող, ես կավլեմ:

Ես էլ կասեմ՝ էդ ո՞նց ա, որ իմ տարիքին չի սազի, բա դու ինձանից տարիքով մեծ ես, քեզ կսազի՞:

Էդպեսով, մեր հարսը գլխի կընկնի, մեր՝ ձեռիցը ավելը կառնի, ինքը կավլի:

Էգսի օրը, որ հարսը ակուշկի առաջին նստած ծամոն ծամելով, քուչովը գնացող-էկողին ա թամաշ անում, սկեսուրն ասում ա.

— Էրկու օր էլավ, էս տունը չի ավլվել, մեր ավելը իրեն դռան տակին ա, վեր՝ ունեմ, — ասում ա,— ավլեմ:

Վեր ա կենում, ավելը վեր ունում, մթամ թե՝ ավլի: Էստեղ սկեսրարը ավելը ձեռիցը խլում ա, ասում.

— Դա ի՞նչ քու անելու բանն ա, որ ուզում ես անես: Տարիքդ առած կնիկ ես, էդ քեզ հեչ սազական չի: Թող, ես կավլեմ:

— Վո՜ւյ, քոռանամ ես,— ասում ա սկեսուրը,— բա տուն ավլելը քու բանն ա՞։ Թող, ես կավլեմ,— ասում ա ու ավելը մարդու ձեռիցը խլում։

Սա՝ հա՛, նա՝ չէ՛։ Ես պետք ա ավլեմ, չէ՝ ես պետք ա ավլեմ։ Հարսը մտիկ ա տալիս սրանց, ճմլկոտելով, ծամոնը բերանին ծոր տալով ասում ա.

— Բա, էդ ի՞նչ ա, որ դրա համար կռիվ եք անում իրար հետ։ Մի օր թող մեկդ ավլի, մի օր էլ՝ մեկդ։

Տղեն, որ տուն մտած ա լինում, էս որ լսում ա, ասում ա.

— Շատ խելոք ես ասում,— ասում ա,— ամա առ,— ասում ա,— էս մեր ավելը տալիս եմ քեզ փեշքեշ, տար հորանցդ, մորդ ձեռը տուր, թող քեզ ավլիլ սովորացնի,— ասում ա,— մինչև լավ չսովորես, ետ չգաս մեր տունը, մնա հորանցդ տանը։

***

Էս իմ պատմածն էլ իսկական էլած բան ա։

Մեզ էն տղի մերն ա պատմել իրենց գլխի էկածը։ Հարսի անունն էլ շատ լավ գիտեմ, համա դեռ չեմ ասի, որ չխայտառակվի աշխարքով մեկ։ Բալքի ինձ լսելուց հետո խելքի ա գալիս։

Էստեղ տատս վեր կացավ թե.

— Էդ ի՞նչ ես ասում, ալևոր,— ասում ա,— դու ուզում ես, թե հասած, մարդու գնացած կնկանը նոր տան գործ անիլ սովորացնես։ Ասում ա,— բան չի դառնալ։ Աղջկան էրեխությունիցը պետք ա բան անիլ սովորացնես։

— Դու էլ ես դրուստ,— ասեց պապս,— ամա, ո՞վ գիտա, բալքի խելքի գա էն ջահել հարսը։

— Որ խելքի գա լավ ա, խելքով մարդը ամեհի գազանին էլ կարա հաղթի, դե լսեք մի հեքիաթ էլ պատմեմ մարդու խելոք արարմունքի մասին։

ԱՌՅՈՒԾԻ ՈՒ ԿԱՏՎԻ ՀԵՔԻԱԹԸ

Մի աղքատ մարդ ա լինում՝ անունը Շաքո։ Սրա ունեցածը՝ հազի շորն ա լինում, մի կացին ու մի կատու։ Էս Շաքոն ամեն օր անտառն ա գնում, մի շալակ փետ կոտրում, բերում ծախում, իրա գլուխը պահում։

Կատուն էլ՝ մուկ բռնելով ա կշտանում:

Մի անգամ էլ, կատուն հետևիցը գալիս ա ծմակը փետ անելու: Մի ծառ ա գտնում, սկսում ա ճղատել, ամա ծառը խլոտ ա լինում, դժվար ա ճղվում, շատ ա չարչարվում էս խեղճ Շաբոն, բայց դե փորձված մարդ, սեպեր խփելով, իրա բանը առաջ ա տանում:

Սրա կատուն էլ, դես դեն ընկած, քոլի մուկ ա բռնում ուտում: Էսպես, մկների բներ ման գալով, կատուն հեռանում ա մարդուց: Մին էլ տեսնում ա հրեն, դեմը կանգնած ա մի առյուծ:

Էս առյուծը, զարմացած նայում ա կատվի գլխին, ոտներին, ջանին, ու ասում,

— Կատու ախպեր, դու ոնց որ մեր ազգիցը լինե՞ս:

Կատուն, թե,

— Հա, ձեր ազգիցն եմ:

— Բա որ մեր ազգիցն ես, էդ ո՞նց ա, որ էդքան պուճուր ես:

— Առյուծ ախպեր,— ասում ա կատուն,— գիդում չեմ, բանն ինչումն ա, ամա, տր դու էլ մարդու ճանկը ընկնես՝ դու էլ կպուճուրանաս:

— Կատու ախպեր,— ասում ա առյուծը,— մարդը էդ ի՞նչ բան ա, որ քեզ էդքան պուճուրացրել ա:

Կատուն թե՝ թե ուզում ես տեսնես, արի գնանք, տես: Էրկուսով գալիս են Շաբոյի մոտ:

— Բարի օր, մարդ ախպեր,— ասում ա առյուծը: Մարդը թե,

— Աստծու բարին:

— Մարդ ախպեր,— ասում ա առյուծը,— լսել եմ, շատ ուժով ես, արի կոխ բռնենք:

Շաբոն մին վախում ա, թե՝ ո՞նց ազատվեմ սրա ձեռիցը, մին էլ միտք ա անում, թե՝ բա խելքը մարդուն ինչի համար ա տված:

— Առյուծ ախպեր,— ասում ա Շաբոն,— դու ուժով ե՞ս:

— Հա, շատ ուժով եմ,— ասում ա առյուծը:

— Դե, որ ուժով ես,— ասում ա Շաբոն,— մի ոտդ դիր էս ծառի ճեղքումը, տեսնեմ ուժդ ինչքան ա:

Առյուծի ոտը դնում ա էն դժվար ճղվելիք ծառի ճեղքի մեջը թե չէ, Շաբոն սեպին խփում ա, սեպը դուրս ա պրծնում, առյուծի ոտը պինդ հուպ տալիս: Դես ա ընկնում զազանը, դեն ա քաշում՝ բան չի դառնում:

Մարդը կացինն առնվում ա՝ տուր թե կտաս զազանի գլխին:

Առյուծը ձեն ա տալիս:

— Կատու ախպեր, որ քու չափ պուճուրանամ, բաց ա թողնելո՞ւ ինձ:

— Քու տունը քանդվի,— ասում ա կատուն,— որդիան ա բաց թողնելու, էնա սպանել ա պրծել:

Էսպես, մարդը իրա խելքի շնորհիվ համ զազանի ձեռիցն ա ազատվում, համ էլ կաշվիցը քուրք կարում, ձմեռները ջանը տաքացնում:

ՀՆՁՎՈՐՆԵՐԸ

Մի ամառ օր, մեր Օհանեսն ու իր տասներկու տարեկան տղեն զնում են արտը հնձի: Մի քիչ որ հունձ են անում, սովածանում են, նստում են հաց ուտելու: Էրկուսն էլ զոռ ուտող, հերը՝ տղիցը, տղեն՝ հորիցը բեթար ուտող են լինում:

Վերջը, որ մի օր լավ-լազաթին, կուշտ ու կուռ ուտում են, տղեն ասում ա.

— Ապի, համա թե կերանք հա՜: Բա էսքան էլ ուտել կլինի՞:

Հերը թե՝

— Բա դե ի՞նչ կա զարմանալու, ես մի ամդահա մարդ, դոչաղ, ասլան, ուտող, դու էլ հրես մի եքա տղա, ասլան Բալասի, ուժով, համ էլ լավ ուտող:

Բերանները սրբում են, զերանդիները ձեռներն առնում, համա հենց մի քիչ հնձում են, բեզարում են: Տղեն թե՝

— Ապի՝ բեզարել եմ, մի քիչ դինջանանք:

Հերը թե՝

— Հա, այ որդի, ես էլ եմ բեզարել՝ դինջանանք:

Նստում են մի կուշտ էլ դինջանում, մին էլ, որ վեր են կենում, տեսնում են արտի ծերիցը մի թիքա են հնձել մենակ:

— Ապի,— ասում ա տղեն,— բա էս ո՞նց ա, ինչի՞ ենք էսքան քիչ հնձել:

Հերը թե՝

— Ապին քե մատաղ, բա դե ոնց անենք: Ես մի պառավ, ալևոր մարդ, դու էլ մի քորփա երեխա: Սրանից ավել ո՞նց հնձեինք:

ՔՅՈԽՎԻ ԱՂՋԿԱ ՀԵՔԻԱԹԸ

— Որ էս բանը կատարվեց,— սկսեց պապս,— ես դեռ հլա նոր վերնիս պռոշը աղվամազած տղա էի:

Մեր գեղի քյոխվեն մի սիրուն աղջիկ ուներ: Էնքան սիրուն, որ գեղի ջահելները խելքամաղ էին լինում նրա համար: Ամա աղջիկը մեկին էլա հավան չէր կենում՝ սրա աչքն ա շիլ, նրա քիթն ա ծուռ, էս մեկի բոյը կարճ ա, էն մեկելը լոլող ա:

— Ա՛յ մազդ կտրած, — ասում ա մերը, — աղջիկը գնալով հո չի պստիկանում: Հրես դառել ես դառթացած թուփ՝ մնացել տանը: Էդպես հո չի լինի, բալա ջան, մեկին էլա հավան կաց՝ պրծի:

— Չէ, ա՛յ մեր,— ասում ա՝ աղջիկը,— մատանիքը մատովը պիտի, սիրածն էլ սրտովը: Ես իմ սրտովը պետք ա ուզեմ:

— Ուրեմն, էսքան ջահելներիցը մեկն էլա քու սրտովը չի՞:

— Չէ, իմ սրտովը չի:

— Դե, մնա տանը,— ասում ա մերը,— թթու դնենք:

Հենց էդ տարին հեռու մի գեղից մի որբ ու աղքատ տղա ա գալիս, դառնում ա քյոխվին մշակ:

Հիմի արի տես, որ էդ տղեն մի շատ էլ սիրուն չի լինում, որ ասեմ, ամա դե ո՞վ կիասկանա աղջկա սիրտը: Աղջիկը սրան որ տեսնում ա՝ խելքը կորցնում ա: Տղեն էլ ի՞նչ ասիլ կուզի՝ սիրուն աղջիկ՝ ո՞նց չի սիրի: Դառնում են ծամոն՝ կպչում իրար:

Աղջկա հերն՝ ու մերն էլ ի՞նչ իմանան թե սրանք Ասլի-Քյարամ դառած՝ պատահում են իրար մի օր հնձանումը, մեկել օրը՝ խոտի դեզերի տակին, ես ի՞նչ իմանամ՝ էստեղ-էնտեղ: Քանի գնում, ավելի են տաքանում:

Կարճ ասենք՝ աղջիկը երկուհոգիս ա դառնում:

Էդպես բանը տեսնելու համար տղամարդը քոռ ա, ամա կնիկմարդատը՝ սատանա: Մերը տեսնում ա, որ աղջիկը օրեց-օր փոխվում ա, փորն էլ քանի գնում՝ տռզում ա:

— Աղջի,— ասում ա,— քեզ մի բան ա պատահե՞լ:

Աղջիկը կարմրում ա, լիզուն լալկում, գլուխը կախ ա գցում, էդպես բանը, աղջկերքը ատծուց կթաքցնեն, ամա ուզած-չուզած ո՞ւմն ասեն չասեն, մորը պետք ա խոստովանեն՝ հայտնի բան ա:

— Վո՛յ սև կապես դու,— խփում ա ծնկներին մերը,— հիմի հորդ ի՞նչ պատասխան տանք, աղջի:

Մերը մնում ա մոլոր՝ մարդուն ասի՝ չի լինի, չասի՝ չի լինի: Էդ խայտառակությունը ո՞նց ծածկի, որ գեղ-գեղովի չիմանան: Քյոխփեն իրիկունը քեֆը տեղին տուն ա գալի:

— Այ մարդ,— ասում ա կնիկը,— քեզ մի բան պիտի ասեմ:

— Էրկուսն ասա, քյոխվակին:

— Բա չես ասիլ,— ասում ա կնիկը,— էս գիշեր մի լավ երազ եմ տեսել: Մթամ թե, մի թոռ ա էլել մեզ՝ էն տեսակ սիրուն, էնպես նախշուն, ոնց որ մեր աղջիկը: Էս մեր թոռանը ես էի առնում ձեռս, խաղացնում, խնդում, մխիթարվում նրանով, դու էիր առնում ձեռդ՝ խաղացնում, խնդում, մխիթարվում նրանով:

— Երազդ բարին կատարի, քյոխվակին,– ասում ա քյոխվեն,— տո,

տնաշեն, աղջիկդ մնացել ա տանդ թթու դրած, դու երազումդ թոռ ես տեսնում: Վայ թե փեսին էլ ես տեսե՞:

— Հախ ասծու, տեսել եմ,— ասում ա կնիկը,— բա փեսա չունեցած, թոռը որդիան լինի:

— էն ո՞վ էր տեսածդ փեսեն:

— Քու արևը վկա,— ասում ա կնիկը,— մեր մշակն էր:

— Ինչ ասի՞ր,— գոռում ա քյոխվեն ու վեր թռչում տեղիցը:

Նոր էստեղ կնիկը բացեիբաց պատմում ա, թե ինչն ինչոց ա: Քյոխվեն կատաղում ա, խանչալը վեր ա ունում, որ գնա աղջկան էլ, տղին էլ սպանի, ամա կնիկը մարդու ոտքերն ա ընկնում, լաց ու կոծ անում, աղաչում-պաղատում, էնքան՝ մինչև մարդը մի քիչ փափկում ա:

— Կանչի էն հարամ լակոտին:

Տղեն գալիս ա, կանգնում քյոխվի առաջին,

— Տո, հարամ կաթնակեր,— ասում ա քյոխվեն,— համ իմ հացն ուտես, համ իմ պատվի հետ խաղա՞ս: Ո՞նց ես, որ հրես փորդ թափեմ:

— Քյոխվա,— ասում ա տղեն,— ինչի՞ ես արնի տակ ընկնում: Ես սիրում եմ քո աղջկան, քու աղջիկն էլ ինձ ա սիրում: Ես էլ չեմ իմանում, թե ոնց պատահեց էդ բանը: Մեր աչքերը մթնել էին, մեր խելքը թռել էր գլխներիցս: Որ խաբելու լինեի, հարամ կաթնակեր՝ լինեի, կառնեի գլուխս, կփախչեի: Ամա, հրես, առաջիդ կանգնած եմ: Հիմի դու գիտես՝ էս իմ դոշը, էդ էլ քու խանչալը:

— Այ մարդ,— մեջ ա ընկնում կնիկը,— դու էլ լավ գիտես, որ մեր մշակը ոսկի տղա յա: Դու չէի՞ր, ամեն օր նրա գովքն անում ինձ: Հիմի որ էդքան լավն ա, բա ինչքան լավը կլինի, որ մեր փեսան դառնա: Համ փեսա, համ որդի կունենանք: Դրանց ճակատի գիրն էլ էդ ա՝ ի՞նչ անենք:

— Ճիշտ ա,— ասում ա քյոխվեն,— ամա էդ բանը, որ պսակվելուց հետո պատահեր, էլ չէինք խայտառակվի աշխարքով մեկ:

— Քու բանը չի,— ասում ա կնիկը,— դու ինձ էրկու ոսկի տու, ես դրա ճարը էնենց կգտնեմ, որ ջուրը իր ճամփովը գնա:

Վերա ունում էրկու ոսկին, գնում ա տերտերի մոտ: Տերտերը, էնտեղ բազմած, գառան մսով փլավ ա ուտելիս լինում, եղը միրքիցը ծլլալով: Քյոխվի կնկանը որ տեսնում ա, թևքերով եղոտ բերանն ու միրուքը սրբում ա, զկռտում ու՝

— Քյոխվա կին,—- ասում ա,— խեր լինի, էս ո՞ր խաչիցն ա, էկել ես մեր տունը:

— Տեր-հայր, մեռնեմ կարգիդ,— ասում ա քյոխվի կնիկը,— քու ոտի հողն ենք, չունքի դու ամեն օր խոսում ես վերնային աստծու հետ, ամա մենք մեղքի միջին թաղված ենք: Փորձանք ա էկել մեր գլուխը:

— Ի՞նչ փորձանք, քյոխվակին:

— Քեզանից թաքցնեմ, աստծուց ի՞նչ թաքցնեմ, էսենց, էսենց, էսենց բան:

— Յա՛,— զարմանում ա տերտերը,— էդ հո օրինաց դեմ բան ա:

— Մենք էլ գիտենք, որ օրինաց դեմ ա, ամա, որ պատահել ա, ի՞նչ ա, գնանք ջո՞ւրն ընկնենք: Ուզում ենք, որ վռազ պսակես դրանց, լինեն հալալ մարդ ու կնիկ, որ մենք չխայտառակվենք:

— Էդ լինելու բան չի, օրշնած,— ասում ա տերտերը,— էդ չի լինի: Օրինաց դեմ ա, քյոխվակին, ես կարա՞մ ածու գրած օրենքը ջնջեմ:

— Մեռնեմ ածուն,— ասում ա Քյոխվի կնիկը,— դու որ էդ բանը անես, աստված քեզ ի՞նչ ա անելու:

— Ինձ կպատժի, օրշնած, դժոխքը կգցի:

Կնիկը էրկու ոսկին դնում ա տերտերի բուռը, ասում ա,

— Ուրեմն, քյոխվի խոսքը քեզ համար հե՞չ ա:

— Օրշնած,— ասում ա տերտերը,— ո՞նց ասիր դու էդ խոսքը: Բա, խի չէիր ասում, որ էդ քյոխվի կամքն ա: Ես նրա խոսքը գետնովը չեմ տա: Էդ լինելու բան ա: Քեզ մի տանջի, քյոխվակին, ինչ եղել, եղել ա: Դու ժամանակին պետք ա աչքդ պահեիր, որ էս բանը չպատահեր: Նոր էլ ի՞նչ: Աղջիկն ու տղեն բամբակ ու կրակ են, որ իրար կպան, կվառվեն:

— Այ, սև գար,— ասում ա քյոխվա կինը,— բամբակին էլ, կրակին էլ, որ էս փորձանքը մեր գլխին չբերեին:

— Մի անիծի, քյոխվակին,— ասում ա տերտերը,— աստված ողորմած ա: Ամեն փակ՝ դուռ բաց անողը աստվածն ա: Մի բան կանենք: Դե վեր կաց, գնա, հարսանիքի թադարեք տես, ես դրանց կպսակեմ: Վաղուց ա,— ասում ա,— ձեր տան քուֆթեն ու տոլմեն չեմ կերել:

Դե, էնա, վերջը սրանց պսակում են, հարսանիք անում, խաղ ասում, պար գալի: Ամա ինչդար աղաչում են՝ նորահարսը պար չի գալի:

— Ինչդար համեստ աղջիկ ա,— ասում են հարսանքավորը, մնացել ա նստած տեղը, ոչ էրեսը շանց տվեց, ոչ բոյ ու բուսաթը:

Է, բոյն ու բուսաթը շանց տալու բա՞ն էր, որ շանց տար:

Կարճ կտրեմ՝ հարսանիքից շատ չանցած, հարսը ծունկը գետին ա տալիս բերում մի դոչ տղա: Գեղցիքը շատ են զարմանում,

— Աղբեր,— ասում են,— աշխարքիս օրենքը էն ա, որ ինն ամիս, ինն օր, ինն սհաթ, ինն րոպեն պետք ա թամամի, որ կնիկը էրեխա բերի: Էս ո՞նց էլավ, քյոխվի աղջիկը վռազեց, բեռը վեր դրեց: Տեր հայր,— ասում են,— դու ամեն օր աստծու հետ խոսում ես, աստոծն էդ բանին հոժար ա՞:

— Հոժար ա,— ասում ա տերտերը,— հոժար ա, հլա մի բան էլ էվել: Ինչի՞ եք զարմանում: Ձեզ օրինակ սուրբ գրքի միջի գրածը, Աստվածը երկնքումը կամեցավ՝ խեղճ Մարիամը գետնին, միամիտ, բանից բեխաբար էրկուհոգիացավ, Քրիստոս ծնեց: Դրա վրա չզարմացաք, նոր էկել եք զարմացել էս անմեղ հրեշտակ-աղջկա վրա՞...

Մեռնեմ աստծու կամքին: Էտենց ա:

***

Դուք տերտերներից պատմեցիք, մի տերտերից էլ ես պատմեմ։

ԿՆՁՄՆՁՈՒԿԸ

Իմ ջահել վախտը, մեր կողմերում մի տերտեր կար, հայ զիդի, հա՜... անումը մտքիցս ընկել ա... ինչ որիս ա, սա մի շատ ջահել ու սիրուն կնիկ ուներ, ու շատ էլ խանդոտ էր էս տերտերը։

Գլխին շատ խելք չուներ, ամա էնքան հասկանում էր, որ ինքը՝ տարիքավոր մարդ, կնիկը՝ ջահել ու սիրուն, մին էլ տեսար, մի սիրեկան ճարեց իրա համար։

Տերտերը էդ ահը սրտումը, ինչ ասես ինքն էր անում՝ ջուրը, հացը, էլ ի՞նչ ասեմ, տան ամեն բանը ինքն էր տանում-բերում, շինում-թափում։ Չէր թողնի, որ իրա տունը մտնի ծանոթ յա հարևան, դոնաղ յա բարեկամ։

Դե, պարզ ա էլի, ի՞նչ կլիներ էդ խեղճ ջահել կնկա հալը՝ տարիքոտ ու խանդոտ տերտերը կողքին, տունը՝ շեն, ամա ինքը միջին բռնավորի պես փակված...

Մի օր էլ գեղամիջում հավաքված մի դաստա օյինբազ ջահել տղեք մարջ են գալի, թե՝ դոչաղը նա յա, ով որ կարենա տերտերի տունը դոնաղ ընկնի, նրա սիրուն կնկանը տեսնի, խանդոտ տերտերի գլխին օյին խաղա։

Էս տղերանցից մեկը մարջ ա բռնում՝ թե ես կանեմ։

Էգսի օրը, էս տղեն կերուխումի լավ թաղարեք ա տեսնում, խուրջինը լցնում, ուսը գցում, մռութը վրա կոխած, գալիս տերտերի դուռը ծեծում։

Էդ իրիկուն էլ, երկինքը թխպոտած, մի փիս էլ շաղ ա վեր գալիս։ Տերտերը քրթմնջալով դուրս ա գալիս տանից, դուռը բաց ա անում, թե.

— Էդ ո՞վ ես, ի՞նչ ես ուզում։

— Տեր հայր,— ասում ա տղեն,— ղարիբ մարդ եմ, հեռու տեղից եմ գալի, բեզարած-ջարդված եմ՝ թող դարպասի հետևին նստեմ դինջանամ, մին չի տենամ զլուխս ի՞նչ ա գալի։

— Այ տղա,— ասում ա տերտերը,— էսքան տարի ես մի դոնախ էլա պահած չեմ իմ տանը։ Էգուց խալխն իմացան, ի՞նչ կասեն։

— Տեր հայր,— ասում ա տղեն,— քեզ մատաղ, բա էս կես գիշերին,

էս բուք ու անձրևին, ես ո՞ւր գնամ: Բա աստված չունե՞ս դու: Թող գամ դարպասի հետևը նստեմ, որ գոնյա զյուլլի ու գազանի փայ չդառնամ: Լուսը բացվի, նոր վեր կենամ՝ գնամ:

Տերտերը տեսնում ա ճար չկա, ասում ա.

— Դե արի, դարպասի հետևը նստի:

Ինքը տուն ա մտնում, թե.

— Այ կնիկ, բա չես ասիլ, մեզ ղոնախ ա էկել, իրեն դարպասի մոտ նստած:

— Ա տեր,— ասում ա կնիկը,— էսքան տարի մենք ղոնախի էրես չենք տեսել, հիմի նոր ղոնախ ես բերել, թողել դարպասի մոտ, անձրևի տակ: Բա դու խիղճ ու ամոթ չունե՞ս, բա դու աստված չո՞ւնես, իմացողը ի՞նչ կասի:

— Դե լավ, լավ,— ասում ա տերտերը,— հերիք ա լեզվիդ տաս, գնամ բերեմ, թող... հաշտումը նստի:

Գալիս ա տղին թե.

— Այ ղոնախ, արի հաշտումը նստի, չթրջվես:

— Տեր հայր,— ասում ա տղեն,— նեղություն մի քաշի, էհ՛, էստեղ էլ յոլա կգնամ:

Ամա տերտերը, որ զոռում ա, տղեն վեր ա կենում, մտնում դրանց հաշտը:

Տերտերն ու տերտերակինը նստում են հացի, տերտերակինն ասում ա.

— Ա տեր, էն տղին բերել ես թողել հաշտումը, բա դու հայ-քրիստոնյա չե՞ս: Թող գա, մեզ հետ հաց ուտի, էլի գնա մնա հաշտումը:

Տերտերը գալիս ա, որ տղին տուն տանի, տղեն թե.

— Ի՞նչ նեղություն եք քաշում, տեր հայր, բան չկա, ես էստեղ մի հանգի յոլա կգնամ:

— Չէ,— ասում ա տերտերը,— վեր կաց գնանք, իրեն տիրուհին չարանում ա վրես:

Տղի ուզածն էլ ի՞նչ ա:

Բերում ա, խուրջինը բաց անում՝ էլ միս, էլ հավ, էլ գաթա, էլ կաթնահունց, էլ արաղ, էլ գինի: Նստում մի լավ քեֆ են անում՝ պրծնում, մինչև կես գիշեր զրից ու մասլահաթ անում, նոր վեր կենում քնում:

Գիշերը էս տղեն վեր ա կենում, կժի միջի ջուրը վեր ածում դռանը, հետո սկսում հազալ, զկռտալ, տնքալ:

— Էդ ի՞նչ ա եղել, այ ղոնախ,— հարցնում ա տերտերը:

— Ոչինչ, տեր հայր,— ասում ա տղեն,— նեղություն մի քաշի, շատ ծարաված եմ, ուզեցի, թե ջուր խմեմ, էն էլ իմ քոռ բախտիցը կժումը ջուր չկա: Ինչ արած մի հանգի կդիմանամ:

— Չէ, օրշնյալ,— ասում ա տերտերը,— ծարավ հո չե՞ս մեռնելու, կուժն առնեմ, էթամ ջրի: Դարպասի դուռը կողպի, որ ետ գամ, քեզ ձեն կտամ, կգաս, բաց կանես: Ամա, օրշնյալ, անունդ ասա՝ ի՞նչ անուն ձեն տամ:

— Տեր հայր,— ասում ա տղեն,— անունս համ դժվար ա, համ էլ լավը չի: Ես որ ծնվել եմ, տատմերս ասել ա՝ էս ի՞նչ դաշանգ բալա յա, ասես նոր ծլած կնձմնձուկ լինի: Էդ անունով էլ կնքել են ինձ: Ասում ա ու մտածում, թե տղերքը ինչքան են ծիծաղելու, որ լսեն էդ կանաչեղենի անունը:

Տերտերը կուժն առած, վռազ գնում ա ջրի, ետ գալի՝ դարպասի դուռը կողպած, ղոնախի անունն էլ, թարսի նման մտահան ա արել: Այ քեզ խաթա: Ճարը կտրած դուռը ծեծում ա ու ձեն տալիս՝

— Ղոնախ, ղոնախ, դուռը բաց արա:

Տղեն օթախիցը ձեն ա տալիս՝

— Տո, քու ղոնախի հերն էլ, քու հերն էլ, շան տղա, էս կես գիշերին ի՞նչ ես էկել քունս հարամ անում:

— Մեղա աստծու,— մտածում ա տերտերը,— շաղվել եմ, համ մութ ա, համ էլ թունդ էր էն զահրումար արաղը, գլուխս ա ընկել, ուրիշի դուռն եմ ընկել:

Սրա-նրա դուռն ու դարպասը ծեծելով ման ա գալի, մարդկանց զարթնացնում, հետո էլ լավ ուշունց ուտում:

— Էսա լիսանում ա,— մտածում ա տերտերը,— ինձ որ մարդ տեսնի, կուժը ձեռիս ճամփին կանգնած, ի՞նչ կասի: Գնամ մեր դարբնի մոտ, բանիմաց մարդ ա, բալի էն ղոնախի, ոտը կոտրեր մեր տունը չգար, անունն իմանա՞:

— Ա տեր,— ասում ա դարբինը,— խեր լինի ի՞նչ ա պատահել, էս վախտի կուժը ձեռիդ, ի՞նչ բանի ես:

— Մի ղալաթ եմ արել, ախպեր,— ասում ա տերտերը,— էսքան տարի, կնկանս պատճառով, տանս ղոնախ չեմ պահել: Էս իրիկուն մեկը դուռս թակեց: Սատանեն մտավ դամարս՝ մեղքս էկավ, տուն տարա, մնաց կնկանս հետ, ես գնացի ջրի, որ ետ էկա, դուռը փակ, ղոնախի անունն էլ մտահան եմ արել, թե ձեն տամ՝ դուռը բաց անի: Հիմի էկել եմ, որ դու անունն ասես:

— Ա տեր,— ասում ա դարբինը,— բա ես ի՞նչ իմանամ քու ղոնախի անունը:

— Բան չկա,— ասում ա տերտերը,— դու ինչ կանաչեղենի անուն գիտես ասա, ես գիտեմ որն ա:

— Դե, ի՞նչ ասեմ,— ասում ա դարբինը,— կանաչեղենը էս ա էլի՝ քինձը, կոտեմը, ռեհանը, թարխունը, ավելուկը, բանջարը, էլ ո՞րն ասեմ՝ կնձմնձուկը...

—- Հա՜, հենց էդ ա որ կա, օղորմի հորդ:

Վռազ գալիս ա, դարպասի դուռը թակում, ձեն տալի.

— Կնձմնձուկ, բաց արա:

Էս տղեն, իրա գործը պրծած, դուռը բաց ա անում, տերտերի ձեռիցը կուժն առնում, տուն բերում, հետո թե՝

— Դե, տեր հայր, շատ շնորհակալ եմ, ես գնամ:

— Շատ էլ լավ կանես, օրհնյալ, բարի ճանապարհ, ամա խնդրում եմ՝ օչովի չասես, որ տերտերի տանը դոնախ ես էլել:

Դե էլ ի՞նչ երկարացնեմ:

Էս տղեն գալիս ա, հնգերտանցը ամեն ինչ պատմում:

— Թե չեք հավատում, գնացեք դարբնին հարցրեք:

Դարբինն էլ սրանց մարջ գալու խաբարը իմացած ա լինում: Նորից մի բոլ քահ-քահ ծիծաղում են, հետո նստում մի լավ քեֆ անում, վերջն էլ տերտերի գլխին էկածը աշխարքով մեկ անում, տերտերին խայտառակում:

***

Դուք տերտերներիցը պատմեցիք, հիմի ես պատմեմ մեր գեղի գժերիցը:

ԱՄԱՉԿՈՏ ՀԱՐՍԻ ՀԵՔԻԱԹԸ

Մի ջահել, նորապսակ հարս ա լինում: Էս հարսը շատ համեստ ու ամաչկոտ ա լինում: Մի օր էս հարսը օթախն ավլելու վախտը, որ կռանում ա, թե թախտի տակն էլ ավլի, բիրդան քամի ա բաց թողնում: Ամոթու կարմրում ա, ուզում ա, թե գետինը մտնի, յարաբ հու մարդ չիմացավ: Մին էլ շուռ ա գալիս, տեսնում, որ հրեն, իրենց էծը բաց դռնովը մտել ա օթախը, իմացել ա...

— Վո՛ւյ, էծ ջան, դուրբանդ լինեմ,— ասում ա ամաչկոտ հարսը,— թե ուզում ես, ես քեզ կպաչեմ, մենակ թե սկեսրարիս էս բանը չասես:

Դե էծը՝ էծ ա, էլի իրա համար միրուքը տմտմբացնում ա:

— Չէ, չէ, էծ ջան, մի ասի, առ, կուզե՞ս քամարս քեզ տամ, մենակ թե մի ասի,— աղաչում ա հարսը, հանում ա մեջքիցը իրա քամարը՝ կապում էծի փորին:

Էծը քամարն ի՞նչ անի, ավելի ա գլուխը փախս տալի:

Հարսը տեսնում ա, որ էծը վճռել ա խաբարը տանի սկեսրարին.

— Ի՞նչ անեմ տեր աստված,— ասում ա,— առ, էս վրիս շալն էլ առ, մենակ թե չասես, ես ամոթու կմեռնեմ, ես ամոթու գլուխս կպանեմ,— շալն էլ ա զցում էծի մեջքին:

Էհ, թե հավին նալը, թե էծին՝ շալը: Էծը ուզում ա գլուխը շալիցն ազատի: Խեղճ հարսի սիրտը քիչ ա մնում, թե տրաքի.

— Էլ ուրիշ բան չունեմ,— ասում ա,— էս մի հուլունքն ա մնացել վզիս, էս էլ առ, կապեմ վզիդ, մենակ թե սուս կենաս:

Էս էծը շշկլված, ուզում ա հարսի ձեռիցն ազատվի, գլխով տալիս ա, վեր զցում հարսին, պոզով դեյրի փեշը պատռում:

Հենց սրանց ղալմաղալի վախտը տուն ա մտնում սկեսուրը.

— Աղջի էս ի՞նչ խաբար ա:

Հարսը պատմում ա, թե ինչ ա պատահել:

— Վույ, քոռանամ ես, — ասում ա սկեսուրը,— օրը ցերեկո՞վ, ամա՜ն, մենակ թե ալևորը չիմանա, տանով-տեղով խայտառակվեցինք-գնացինք:

Հիմի հարս ու սկեսուր, էրկուսով են չոքում էծի առաջին, համա ինչ անում են, չեն անում, էծը գլուխը տմբացնում ա, յանի թե՝ չէ որ չէ, պետք ա, որ խաբարը տանեմ:

Էս աղաչանք-պաղատանքի վախտը տուն ա գալիս սկեսրարը.

— Էս էծին խի՞ եք թողել օթախը,— ասում ա,— այ հարսի, մի թաս ջուր տուր, ճաշվա էն աղի կողակը սիրտս վառեց:

Արի տես, որ էծը հիմի գնացել, ջրի կժի կողքին ա կանգնել:

— Աղջի, չէ՞ ասի ջուր տուր, խմեմ:

Հարսը էծի վախիցը քարացել ա, տեղումը մնացել:

— Ի՞նչ ա պատահել մեր հարսին, այ կնիկ, խի՞ չի ինձ ջուր տալի:

— Ալևոր,— ասում ա սկեսուրը,— քեզանից թաքցնեմ, աստծուց ի՞նչ թաքցնեմ, էսօր,— ասում ա,— օթախը ավլելու վախտը մեր հարսը, որ կռացել ա, թե թախտի տակն ավելի, բիրդան քամի ա բաց թողել: Էծը էդ բանը լսել ա: Ինչ արինք, չարինք, ճար չելավ, էծը կանգնել ա պլին՝, թե չէ որ չէ, պետք ա պատմեմ սկեսրարիդ: Խեղճ հարսը իրա քամարն էլ, շալն էլ, հուլունքն էլ տվել ա էծին, համա ճար չի լինում: Հիմի խեղճը վախենում ա էծիցը, որ մոտենա կժիցը ջուր անծի, տա քեզ:

Սրանց միջի խելոքը կեսարն ա լինում.

— Նոր էլ ի՞նչ,— ասում ա,— բանը բանից անց ա կացել: Օրը ցերեկով թախտի տակին ասի՞ր, էդ ես փորձած չունեմ: Վախիլ մի հարսի, հրես ես էթամ մեր զրբացի մոտ, տեռնանք թե էդ պատահմունքը բարի՞ն, թե չարին կատարի,— ասում ա ալևորը, գնում զրբացի դուռը:

— Էսօր,— ասում ա,— մեր հարսը օրը ցերեկով օթախը ավլելիս որ կռացել ա, թե թախտի տակն էլ ավլի, բիրդան մի քամի ա բաց թողել, հիմի, հորդ օղորմի, մի գիրդ թաց արա, տեռնանք թե էդ պատահածի բարի՞ն կատարվի, թե՞ չարին:

Սրանց զրբացն էլ շատ խելոք ու իմաստուն ա լինում:

— Այ տնաշեն,— ասում ա,— էստեղ ի՞նչ կա, որ հլա գիր էլ բաց անեմ: Հայտնի բան ա՝ նայած քամուն, թե որ լազաթին, ձենով ա էլել բարին կկատարի, թե հու չէ՝ անձեն ա ելել չարին կկատարի:

Ալնորը վռազ ետ ա գալի տուն, հարց ու փորձ ա անում կնկանը, իմանում ա, որ հարսը քամին զիլ ձենով ա բաց թողել, մարդ ա ղրկում զուռնաչնոց ետևից: Դե իրանք էլ, աստծու տվածից, ուննոր օջախ: Կեր ու խում,

քեֆ ու ուրախություն են սարքում: Քանի որ էդ տեսակ պատահածը բարին պետք ա կատարի:

Սրանց տան տղեն, էդ ամաչկոտ հարսի մարդը իրիկնադեմ հանդիցը որ տուն ա գալիս, զուռնա դհոլի ձենը ականջն ա ընկնում:

— Էս ի՞նչ խաբար ա մեր տանը,— հարցնում ա դռանը հավաքված հարևաններին:

—Բա դու իշի ականջումը քնա՞ծ ես,— ասում են հարևանները,— իրեն սաղ աշխարքը դիտի, որ քու կնիկը օրը ցերեկով օթախն ավլելու վախտը որ կռացել ա, թե թախտի տակն էլ ավլի, բիրդան զիլ ձենով քամի ա բաց թողել: Գրբացն ասել ա, որ էդ տեսակ պատահածը բարին կկատարի: Դրա համար ա, որ մեծ քեֆ ու ուրախություն են սարքել:

Խեղճ տղեն էս որ՝ լսում ա.

— Տեր աստված,— ասում ա,— շատ զիժ եմ տեսել, ես էլ մի շատ խելոքներիցը չեմ, ամա մեր տան գժերը դիմանալու բան չեն: Գլուխս առնեմ գնամ,— ասում ա,— մի ուրիշ տեղ, տեսնամ ուրիշ շաշեր էլ կա՞ն, թե հլե մենակ սրանք են:

Սա էլ տուն չի մտնում: Ճամփեն ծռում ա ու ճամփա ընկնում, թե ո՞ւր, ինքն էլ չգիտի: Մին էլ էն ա տեսնում, որ մութը վրա կոխեց:

— Տեր աստված,— ասում ա,— ի՞նչ անեմ, մենակ, կես գիշերով, էս գողի-ավազակի տարին, ճամփի միջին... էս ո՞ւր եմ ընկել...

Մի քիչ տեղ էլ որ անց ա կենում, ըհը՛, հրենիկ մի տան ճրագ ա էրևում: Դու մի ասի, իրա դարը մտքերովը տարված, սա չի իմացել, որ հարևվան գեղն ա ընկել: Մոտկանում ա առաջին տան դուռը ծեծում, թե՝

— Ղոնախ չե՞ք ընդունի:

— Խի՞ չենք ընդունի,— ասում են,— ղոնախն աստծունն ա:

Մախլաս, գլխներդ էլ ինչ ցավացնեմ: Էս մարդը էստեղ գիշերը ղոնախ ա մնում: Առավոտը, որ լիսը բացվում ա (բարին բացվի ձեզ վրա, ձեր որդկերանց վրա), սա վեր ա կենում, որ էրեսը լվանա, որ նոր մարդու էրևա (դե, հու չէր կարող անլվա «Բարի լիս» ասի («աստծու բարին» լսի), համա արի տես, որ կժի միջին ջուր չի լինում մնացած:

— Աղջի, աղջի, — ձեն ա տալիս աղջկանը տանտիրուհին,— մի աղջկավարի, թռի ջուր բեր, որ մեր ղոնախը լազաթին լվացվի: Դե քեզ տեսնեմ, թեզ արա:

Էս աղջիկն ա: Սա որ գալիս ա մենձ ծառի տակի ախպրի կուշտը, ինքն իրեն միտք ա անում թե՝

— Հիմի ես, որ մարդի գնամ, ունենամ մի տղա, անումը դնեմ Կիկոս, գդակը պոպոզ, գա վեր էլնի էս ծառին, վեր ընկնի քարին: Նստում ա էստեղ ու լաց լինում, «Վայ Կիկոս ջան, վա՜յ...»: Դե, ի՞նչ մեր լիներ, որ լաց չլիներ: Մոր սիրտ ա՝ քար հո չի՞:

...Իհարկե, դուք իսկույն հասկացաք, որ սա այն ժողովրդական հեքիաթի սկիզբն է, որ մեր անմահ Հովհաննես Թումանյանը մշակել ու դարձրել է «Կիկոսի մահը»: Իհարկե կարդացել եք: Կարող է պատահի, որ ինձանից էլ լսած լինեք... էնա դիտեք ինչով ա վերջանում:

Հիմի ետ դառնանք, զանք ո՞ւմ, ետ դառնանք զանք Կիկոսանց: Էստեղ Կիկոսի քելեխն են ուտում: Ամաչկոտ հարսի մարդն էլ նրանց հետ նստած ա: Թամադեն վեր ա կենում խոսքը տալիս Կիկոսի պապին:

— Այ ժողովուրդ,— ասում ա Կիկոսի պապը,— տղա-թոռ կորցնելը հանաք բան չիմանաք, ամա ի՞նչ արած,— ասում ա,— աշխարքի օրենքն ա, ծնվիլը որ կա՝ մեռնիլն էլ կա: Հիմի լաց ու կոծով Կիկոսին հո չենք կենդանացնի: Անուշ արեք,— ասում ա,— անուշ արեք Կիկոսի օղորմաթասը, որ նրա անարատ, անմեղ հոգին երկնքումը աստծու գոքին նստած հրեշտակների հետ ծափ տա, պար գա, ծիծաղի...

Էստեղ թամադեն բերանը սրբում ա, բեղերը սրում, ոլորում, աչքերը չռում ա դեպի երկինք.— Պատվելի սեղանակիցներ,— ասում ա,— վերն աստված, ներքն՝ մենք: Բա էսքան էլ խելոք, էսքան էլ ճարտար լիզո՞ւ: Բերնիզ դուրբան, Կիկոսի պապ: Էկեք, պատվելի սեղանակիցներ,— ասում ա,— առաջի բաժակը խմենք օղորմածիկ Կիկոսի խելքի ծով պապի կենացը, չունքի ամեն օջախի մեջ, որ մի խելոք մարդ չլինի, էն տունը չի կառավարվի...

— Վա՜յ ձեր տունը քանդվի,— ասում ա ամաչկոտ հարսի մարդը,— ես իմ գժերիցը փախա, եկա ընկա էս գժերի ձե՞ռը: Ես հենց գիտեի մենակ մերոնք են՝ շաշ, մեզանից շաշերն էլ կա՞ն: Ջահանդամը, դե որ բանը էդպես ա, լավն էն ա գնամ մեր տուն: Իմ հալալ, անմեղ, անարատ, ամաչկոտ կնկա մոտ, մեր գժերի մոտ: Մեկ չի՞: Գիժը գիժ ա էլի...

***

— Համա դե, հայտնի բան ա, հարս էլ կա՝ հարս էլ:

ԱՐԴԱՐ ՊԱՏԻԺ

Իմ ջահել ժամանակ, մեր հարևան թուրքի գեղումը մի մոլլա կար: Էս մոլլեն հարևանի կնկա սիրեկանն էր: Էս կնկա մարդն էլ գիդեր էդ բանը, տղեն էլ: Ամա մարդը շատ հավատացյալ էր, միշտ աչքը երկինք գցած, հույսը՝ ալլահին, թե, «ծուռը ճամփով գնացողի պատիժը ալլահը կտա»: Տղեն մի օր ասեց հորը.

— Այ հեր,— ասեց,— ես էդ մոլլին յա կխեղդեմ, յա թե՝ կսպանեմ:

— Այ որդի, այ անհավատ,— ասեց հերը,— դու դուզ ճամփով գնա, ծուռ ճամփով գնացողի պատիժը ալլահը կտա:

Տղեն շատ սպասեց, որ ալլահը մոլլի պատիժը տա՝ չտվեց: Մի օր էլ էս տղեն մի մեծ բութիլ արաղ վեր կալավ, մոլլի ետևից էլավ, բարձրացավ մինարեթը: Հենց որ մոլլեն ձեռը դրեց ականջին ու «Ալլահ» կանչեց, տղեն բռնեց մոլլի ձեռիցը, ասեց.— մոլլա, հլա մի մտիկ տու ներքև, տես էն ի՞նչ ա:

Մոլլեն, որ մոտկացավ դրաղին, էս տղեն քաշեց մոլլի ոտիցն ու շուռ տվեց մինարեթից ներքև, էնենց, որ մոլլեն գետնին կպավ լավաշի պես:

Մեջիթ էկողները տեսան մոլլին, հրես գետնին փռված՝ էս ի՞նչ բան ա,— ասին,— էս ո՞նց ա պատահել,— ասին,— բարձրացան մինարեթը, ի՞նչ տեսնեն, հրես արաղի դատարկ բութուլը, ասին՝ տեղն ա էդ տեսակ մոլլին: Շարիաթը արգելում ա հավատացյալներին գինի ու արաղ խմել: Շարիաթի օրենքը պղծողի պատիժ ինքը ալլահն ա տվել:

Էստեղ հերն ասավ որդուն,

— Տեսա՞ր,— ասավ,— տեսա՞ր, որդի, ալլահը ո՞նց պատժեց մոլլին:

— Այ հեր,— ասեց որդին,— որ պատիժը ալլահին էր մնացել, մոլլեն դեռ շատ էր ապրելու կնգանդ հետ:

***

Տերտերն ու մոլլեն որ կան, տիրացուն էլ հետները պետք ա լինի:

ԻՄԱՍՏՈՒՆ ՏԻՐԱՑՈՒՆ

Մի տիրացու ա լինում: Սրան ունենում ա մի կնիկ ու մի տուն լիքը էրեխեք: Դրենց գեղումը ամենաաղքատն ա լինում: Մի օր կնիկն ասում ա.

— Այ մարդ, տեսնում ես կարում չենք ապրենք, գնա տերտերի ձեռն ու ոտն ընկի, բալքի մի էրկու խզմզորիկ անի տա քեզ, գնաս կնանոնցը ասես.— գրբաց եմ, բալի մի բան տան՝ ապրենք:

— Այ տնաքանդ,— ասում ա տիրացուն,— գիր չգիտեմ, գրի սևն ու սպիտակը շոկում չեմ, գնամ ի՞նչ անեմ:

— Բան չկա,— ասում ա կնիկը,— աստված ողորմած ա, հալբաթ մի բան դուս կգա, գնա:

Էս նազարը գնամ ա տերտերին աղաչանք անում, տերտերն էլ մի էրկու խզմզորիկ ա անում, փալասի մեջ փաթաթում.

— Գնա,— ասում ա,— այ տնաքանդ, էրեխեքդ սոված կոտորվում են, բալքի մի կտոր հաց տանես նրանց:

Տիրացուն էդ գրերը վեր ա ունում ու գնում: Գնում ա, գնում, մի ծմակում, թալի կես տեղը տեսնում ա՝ իրես մի ուղտ բարձած՝ նստած ա: Վախում ա թե մոտ գնա, ասում ա.— Ո՞վ գիտի ի՞նչ ա վրեն բարձած, տերը դուրս կգա, խայտառակ կանի:

Գնում ա իր ճամփովը, մին էլ մի քանի մարդ սրա ճամփեն կտրում են,

— Դու ի՞նչ բանի ես էստեղ, ո՞վ ես, ի՞նչ մարդ ես:

Նրա թուք ու մուքը կպչում ա, ամա սիրտ ա առնում.

— Ես գրբաց եմ,— ասում ա:

Ասում են.

— Աստված ա ղրկել քեզ մեր հավարին: Գրբաց ախպեր, գիրդ բաց արա, տես թե մեր կորած ուղտը որդի ա:

Սա փալասը բաց ա անում, գրին երկար մտիկ ա տալիս, թե.

— Հրեն ձեր ուղտը թալումը նստած դինջանում ա: Ասում են.

— Ընդի շատ ենք մտիկ արել չկա:

Ասում ա.

— Գնացեք, թե էնտեղ չլինի, էկեք իմ աջու ձեռը կտրեցեք:

Էնա գնում են ու գտնում: Էն էլ գիտենաք, որ էս ուղտի վրին թագավորի խազինեն ա լինում բարձած: Էս գրբացին պատվով բերում են թագավորի մոտ.

— Հրես,— ասում են,— թագավորն ապրած կենա, էս իմաստուն մարդը գտավ ուղտը, խազինեն վրեն բարձած:

Թագավորն ասում ա.

— Դե սրան բաց չթողնեք, սա թող մնա ինձ մոտ, գնացեք սրա կնկանն ու էրեխանցն էլ բերեք:

Գնում են՝ բերում, մի օթախ են տալի սրանց, ինչ որ պետք ա ապրուստի համար, էլ մալ ասես, ոչխար ասես, տալիս են սրանց՝ ապահովում:

Թագավորի կնիկը իմանում ա, որ էդպես իմաստուն մարդ ա էկել, ղրկում ա իրա աղախնուն գրբացի ետնից, ասում ա.

— Իմ թանկագին մատնիքը կորել ա, թող գա գտնի, ինչ ուզի կտամ.

— Հիմի որ գլուխս կկտրեն,— ասում ա գրբացը,— տունդ քանդվի, այ կնիկ, ախր ես ո՞վ, գրբացն՝ ով: Մի բան էլա չգիտեմ: Գնամ ի՞նչ ասեմ:

— Վախիլ մի,— ասում ա կնիկը,— աստված ողորմած ա, գնա:

Հիմի տես՝ բանից դուրս ա գալիս, որ մատնիքը գողացել ա էն կրակի էկած աղախինը:

Սա իրա ոտով գալիս ա ընկնում գրբացի ոտները,

— Գլխիդ ու արևիդ մատաղ, մատնիքը ես եմ վերկալել, հիմի ամաչում եմ, թե իրան տամ: Որ գիրդ բաց անես, իմ անունը տաս ու մատնիքը գտնես, թագավորը գլուխս կտրիլ կտա: Ինչ ուզում ես՝ կանեմ, հուր-հավիտյան կլինեմ քեզ պարտական՝ ինձ սպանիլ մի տա: Լավն էն ա մատնիքը կոխենք չոլախ դազի բերանը, թող կուլ տա, հետո դու որ կգաս, գիրդ բաց կանես, կասես՝ հրեն մատնիքը չոլախ դազի փորումն ա:

Էն կրակի էկած աղախինը հենց էտենց էլ անում ա:

Գալիս են թագուհու մոտ, գրբացը մտիկ ա անում իրա գրին, ասում ա.

— Թագավորի կնիկը ապրած կենա, դու գլուխդ լվանալու վախտը, մատնիքը, որ հանել ես մատիցդ, վեր ա ընկել գետնին, հրես ձեր չոլախ դազն էլ կտցել ա, կուլ տվել:

Վեր են ունում մորթում չոլախ դազը, մատնիքը փորիցը հանում: Գրբացին թագուհին ջոկ, թագավորը ջոկ բոլ-բոլ փողեր են տալիս: Թե մինչն էդ բանը կարիք չունեին, հորես դենը թագավորի լայաղ են ապրում:

Անց ա կենում մի առ ժամանակ:

Էդ գեղում մի ժամ են շինում: Մնում ա, որ էդ ժամը, ոնց որ կարգն ա՝ խաչով, խաչվառով օծեն, մի քանի տավար ու ոչխար են մորթում, ամեն տեսակ կերակուրներ, արաղ ու գինի պատրաստում, որ օծելուցը հետո գեղով-ժողովրդով քեֆ անեն, աստծուն փառք տան, որ արժանացրել ա մի թազա ժամ էլ ունենալու:

Գրբացին էլ բերում են, վերին թարքին նստացնում, որ սա էլ խալխի առաջին, օծելուց հետո, թազա ժամը օրհնիլ տա: Ամա դե էս ջրի տարածի բերնումը, լիզու չկա, ինչ ասի: Մին էլ որ ետ ա մտիկ տալի, տեսնում ա, խալխը լցվել են ժամը, խեղճի սիրտը ուզում ա, թե պատռվի.

— Ես կփախչեմ,— ասում ա,— ջհանդամը, թե հետո ինձ կսպանեն: Վեր ա թռչում տեղիցն ու փախչում:

Դրան որ փախչելիս տեսնում են, ժողովուրդը դուրս ա դառնում, որ դրան բռնի։ Հենց բոլորը դուրս են գալիս թե չէ, ժամը չոքում ա, փուլ ա գալիս։

Գալիս են գրբացի ձեռն ու ոտն ընկնում.— Էսքան խալխին դու փրկեցիր մահից,— ասում են,— քեզ պես գրբաց ու իմաստուն մարդ թե ճարվի աշխարքիս էրեսին, էլի դու ես, որ կաս։

Հիմի էն գյուղում ը սա դառնում ա թագավորին բարեբար մարդ։

***

Դե կացեք մի գրբացի հեքիաթ էլ ես ասեմ։

ԹԱՄԲԱԼԸ

Ժամանակով մի հարուստ մարդ ա լինում, սրան ունենում ա մինուճար մի տղա։ Էս էրեխուն շատ են սիրում, նրա ամեն ուզածը կատարում։ Տան մեծ ու պստիկի համար նրա խոսքը օրենք ա լինում։ Թե ուզածը չկատարեին, էդ էրեխեն մի լաց ու վայնասուն էր զցում, որ տանով-տեղով, հարևաններով ականջները բռնում էին, որ նրա ձենը չլսեն։ Դե, գիտեք էլի. «էրեխին հարցրին՝ ինչի՞ ես լաց լինում, ասավ խոսքս անց ա կենում, դրա համար»։

Էս տղեն քանի մեծացավ դառավ իրա ասածի, համ էլ թամբալ, հետն էլ խորամանկ տղա։ Դե որ ամեն ուզածը կատարում էին, էնքան էր թամբալացել, որ ալարում էր կերածը ծամի։ Տղի պսակվելու վախտը որ հասավ, հերը տղի համար մի խելոք աղջիկ առավ, պսակեց՝ իրա մնացած ումբրը տվեց տղին, պառկեց ու մեռավ։

Հիմի էլ էս տղեն կամ կնկա ծոցիցը դուրս չէր գալիս, կամ զարթնելուն պես վռազ մտնում էր թունդիրը, ամառ-ձմեռ թունդիրի միջիցը չէր դուրս գալիս, թե.- Վա՛յ, ես մրսում եմ, վա՛յ ես կմրսեմ, կմեռնեմ։

Հոր թողած կարողությունը մի քանի վախտ կերան պրծան՝ մնացին սոված։ Տղին ճար չէր լինում թունդիրիցը դուրս բերել, որ մի աշխատանք անի՝ օղլուշաղը պահի։

Խելոք կնիկը էրկու օր սրան քաղցած պահեց, վրա իրեք օրը, մի բուռ չամիչ վեր կալավ, չամիչը շաղ տվեց՝ սկսած թունդիրի շրթիցը՝ մինչև տան դուռը՝ ինքը տապ կացավ։ Տղեն կանգնեց թունդիրի միջին, որ դինջանա, տեսավ չամիչ ա թափած, ձեռը զցեց, կամաց-կամաց հավաքեց կերավ, որ տեսավ ձեռը էլ չի հասնում, դուրս էկավ թունդիրիցը, հավաքելով հասավ դռանը, դուռը բաց արավ, որ էնտեղ էլ հավաքի, կնիկը դուռը ներսիցը պինդ փակեց։

Տղեն ձենը գլուխը զցեց.

— Վայ, ոտներս ցուրտը տարավ, վայ, ես էս ա մրսեցի՝ մեռա, այ կնիկ, դուռը բաց արա, հրես մեռնում եմ։

— Ձենդ կտրի թամբալ շուն,— ասում ա կնիկը,— էս ամառվա տաք օրը ի՞նչ ունես մրսելու։ Բոլ էլավ, հոգիս կերար, չեմ թողնի թունդիրը մտնես, դու մեռնես դուռը բաց չեմ անի, գնա աշխատանք արա, բեր օղլուշաղը պահի։

Ճարը կտրած էս մարդը մնում ա դուրսը, ման ա գալիս քուչեքումը։ Մին էլ տեսնում ա՝ ըհը՛, մի սիրուն աղլուխ ա վեր ընկած։ Վեր ա ունում, տեսնում ա, որ էդ աղլուխը թագավորի աղջկա աղլուխը պետք ա լիսի։

Դու մի ասի թագավորի աղջիկը իրա քառասուն աղախիններով գալիս ա բախչեն ման գալու։ Աղլուխը հանում կախ ա տալի ծառի ճղնին, քամին էլ վեր ա ունում քշում։

Տղեն աղլուխը բերում ա կնկանը, կնիկն ասում ա,

— Ոչ ես կարամ կապեմ գլխիս, ոչ էլ դու կարաս ծախես։ Էս թագավորի աղջկա աղլուխն ա։ Տար տուր թագավորին, մի բան փեշքեշ կտա, մի երկու օր հաց կառնենք կուտենք։

Էս տղան դուրս ա գալիս քուչեն, մի հարմար տեղ ա ման գալի, տեննում ա՝ պատը ճաքած ա, աղլուխը կոլոլում ա կոխում ա էդ ճաքը, մին էլ լսում ա, որ դալալը ձեն ա տալիս,— ով որ թագավորի աղջկա աղլուխը գտել ա, թող բերի տա, բերողը քանհինգ մանեթ կստանա։

Տղեն ասում ա դալալին, թե.

— Ես գտել եմ։

Դալալը թե.

— Աղլուխը տու վաղը տամ։

Ասում ա.

— Քեզ ինչի եմ տալիս, կտանեմ, թագավորին կտամ։ Երկուսով իրար հետ գնում են հասնում թագավորի պալատը։

— Աղլուխը տու,— ասում ա թագավորը,— տու, որ փողը տամ։

Տղեն ասում ա.

— Ինձ ո՞ղիան ա աղլուխը։

Թագավորը թե.

— Բա ինչի՞ ես եկել։

Տղեն թե.

— Ես ռամ զգող եմ։ Ռամս կզգեմ՝ կգտնեմ։

Թագավորը թե.

— Ցանի դու էդքան շնո՞րհք ունես: Դե գցի տեսնենք:

Տղեն ձեռի միջին մտիկ արեց, ասավ.

— Աղլուխը ֆլան քուչի պատի ճեղքումն ա: Թագավորը դալալին ղրկեց, որ բերի, ասեց,

— Թե դուզ էլավ, փեշքաշ կտամ քեզ:

Թագավորը աղլուխը որ տեսավ, զարմացավ, ասեց,

— Երևելի իմաստուն ես դու, բա մինչև հիմի որդի՞ էիր, որ քու անունը չէի լսել:

Սա թե.

— Ես մի քյասիբ մարդ եմ, իմ անունը ի՞նչ պետք ա լսեիր:

— Էսօրվանից,— ասեց թագավորը,— դու իմ վեզիրն ես, իմ պալատում պետք ա լինես: Քու ամսականն էլ կլինի քսան ու հինգ ոսկի, կեր, խմի, քեֆ արա:

Տղեն վեր ա կենում, գալիս տուն, կնկանն ասում ա,

— Աչքդ լիս:

Կնիկն ասում ա.

— Հը, ի՞նչ խաբար ա:

Մարդն ասում ա,— Էլ ի՞նչ խաբար պետք ա լի, հիմի ես թագավորի վեզիրն եմ, իմ ամսականը քսան ու հինգ ոսկի ա, հիմի որ պետք ա լավ ուտեմ, խմեմ, քեֆ անեմ:

Մի քանի ժամանակ մարդ ու կնիկ իրանց քեֆին ապրեցին, մին էլ թագավորը մտածեց.

— Արի մի հատ էլ փորձեմ սրա իմաստությունը:– Կանչում ա տղին, թե,— գնանք բաղը ման գալու, դու աջ գնա, ես ձախ:

Թագավորը մի վարդ ա պոկում, բռի միջին պահում,

— Ինչ ա՞ բռիս միջինը, իմացիր:

Տղեն տեսնում ա, որ էս ա գլուխը կտրելու են կնկա պատճառով, կնկա անունն էլ Գյուլի ա լինում, ասում ա.

— Ա՛խ, Գյուլի, Գյուլի:

Թագավորը բուռը բաց ա անում, ասում ա,— Դու ո՞նց իմացար, ար բռիս միջինը գյուլ էր:

Տղեն ասում ա.

— Որ իմաստուն չլինեի ո՞նց կիմանայի:

— Որ էդքան իմաստուն ես,— ասում ա թաղավորը,— ամսականդ շինեցի երեսուն ոսկի:

Նորից անց ա կենում մի քանի ժամանակ, հիմի արի տես, որ թագավորի խազինեն յոթ հոգի կտրում են, ամեն մեկը մի ջվալ ոսկի են տանում: Թագավորը կանչում ա իր իմաստուն վեզիրին, ասում ա,

— Խազինեն կտրել են, յոթ ջվալ ոսկի են տարել, յա պետք ա գտնես, յա թե չէ գլուխդ կտրիլ կտամ:

Տղեն ասում ա,— Քառասուն օր ժամանակ տուր, կգտնեմ:

— Լավ,— ասում ա թագավորը,— տվի քառասուն օր:

Տղեն իր օրն ու գլուխը վայ տալով գալիս ա տուն,— Այ կնիկ, ասում ա, հորդ տունը քանդվի, ոնց որ դու իմ տունը քանդեցիր: Ինձ հմա սուս ու փուս խելոք վեր ընկած էի թոնրի միջին, գլուխս կերար, մի բուռ չամչով խաբեցիր, դուրս արիր տանիցս: Թագավորի խազինեն կտրել են: Ասում ա, յա պտի գտնես, յա գլուխդ կտրիլ կտամ: Բա, ես ո՞նց գտնեմ, վեզրի կնիկ Գյուլի խանում: Թեզ արա, հաց զցի ուտեմ, մի քիչ քնեմ, վեր կենամ գիշերով գլուխս առնեմ փախչեմ:

Կնիկը վեր կացավ, յոթ ձու խաշեց, բերեց դրեց մարդի առաջը:

Հենց էդ վախտն էլ, թագավորի խազինի գողերը, յոթ հոգի, իմանում են, որ թագավորը թամբահ ա արել էս վեզրին՝ գտնելու, գալիս են կտուրը, որ ականջ դնեն, տեսնան՝ իրանց անումը տալիս ա՞: Յոթ հոգուց վեցը նստում են դրաղ, մեկն էլ գալիս ա երդիկի մոտ պպզում: Տեսնում ա ձեն ու ձուն չկա, վեր ա կենում, որ գնա, հենց էդ վախտը իմաստուն վեզիրը ձվի մեկն ուտում ա, ասում.

— Էս մեկը գնաց: Էս էլ մի բան չի:

Գողը լսում ա, համ զարմանում ա, համ վախից դողացնում, ընկերներին ասում ա.

— Վեզիրը իմացավ:

Հիմի էլ մեկել ընկերն ա մոտկանում երդիկին՝ վեզիրը էլի մի ձու յա ուտում, ասում.

— Էս էլ երկուսը գնաց, սա էլ մի բան չէր.

Սա գնում ա ասում.— դրուստ որ իմաստուն մարդ ա, իմացավ գալն ու գնալը:

Էսենց յոթն էլ էկան-գնացին, տեսան որ իմաստունը իմացավ նրանց գալն ու գնալը: Իրար միջի խորհուրդ արին, վեր եկան ներքև, վեզիրի դուռը ծեծեցին, յոթն էլ ընկան վեզիրի ոտները, թե.

— Վերև աստված, ներքև դու, մեզ ազատի, թագավորի խազինեն մենք ենք կտրել:

— Ես լավ գիտեմ, որ դուք եք կտրել, համա որ էկաք ոտներս ընկաք, ձեր անունը չեմ տա, կասեմ՝ ես ռամ եմ զցել, գտել եմ: Դուք գնացեք, մի ջվալ ոսկին ձեզ, վեցը բերեք:

Գողերը ուրախացան, գնացին վեց ջվալ ոսկին շալակեցին, բերին դրին վեզիրի տանը: Վեզիրը առավոտը հենց լիսը բացվեց, վեր կացավ գնաց թագավորի մոտ ասեց.

— Գտել եմ թագավորն ապրած կենա, հրեն մեր տանն են ջվալները, դրկի բերել տու:

Թագավորը շատ ուրախացավ, ասեց.

— Դու քառասուն օր ժամանակ էիր ուզել, ո՞նց էս գիշեր գտար:

— Ռամ զցեցի, գտա, էլ ո՞ւր եմ քառասուն օր մնում:

— Իրեք ջվալը քեզ,— ասավ թագավորը,— իրեքը բեր մեզ: Բոլ ա:

Համբալները շալակեցին բերին: Թագավորն ասաց.

— Որ էդքան իմաստուն ես, քու ամսականը շինում եմ քառասուն ոսկի: Տղեն թագավորին գլուխ տվեց, գնաց իրա տունը, կնկանն ասեց.

— Քոռ բախտը սրանով իրեք հետ ինձ ազատում ա գլուխս կտրելուց, հիմի ամսականս դառել ա քառասուն ոսկի, էդ մեզ բոլ-բոլ ա: Հիմի մի բան մտածենք, ի՞նչ անենք, ո՞նց անենք, բալքի գլուխներս ազատենք:

— Դե, ի՞նչ մտածենք,— ասեց կնիկը,— ես ինչ գիտեմ՝ ինչ ասեմ:

— Այ կնիկ,– ասավ,— արի ես ինձ դնեմ հիվանդությունը,— ասեմ.— իմաստությունս հիվանդությունը տարավ:

— Լավ ասիր,— ասեց մկնիկը,— բերեց տեղաշորը գցեց, մարդուն տեղով, բարձով, պառկեցրեց: Խաբարը գնաց թագավորին, թե վեզիրը հիվանդացել ա:

Թագավորը ինչքան հեքիմ ղրկեց՝ չկարացին ճար անին, վեր կացավ իրա ոտքովն էկավ նստեց վեզիրի մոտ: Վեզիրը աչքով արեց, կողքի մարդեքը քաշվեցին, նոր թագավորը հարցրեց, թե.

— Քու ցավի անունը ի՞նչ ա, հեքիմները բան չեն հասկանում:

— Թագավորն ապրած կենա, էս իրեք անգամ էլ փորձանքը որ պատահում ա քեզ, ես ռամ եմ զգում, օգնում եմ քեզ, համա հիմի, արի տես, որ չարքերը ասում են ինձ.

— Մենք թագավորին ուզում ենք վնաս տանք, դու խի՞ չես թողնում: Էս քանի գիշեր ա հավաքվում են, ինձ էն ծեծն են տալի, էն օրն են զգում, որ վրես հալ չի մնացել: Գլխիս էնքան են տվել, որ իմաստությունս կորել ա:

— Վա՜յ, վա՜յ, — ասեց թագավորը,— քու տունը չքանդվի, հո մարդի չե՞ս ասել, որ իմաստությունդ կորել ա: Կնկանդ էլ բան չասես, թե չէ հենց էն օրը աշխարքը կիմանա: Քու իմաստությունը կորցնելը, լավ ա, որ մենակ ես ու դու գիտենք. թող ուրիշները կարծեն թե դու էլի իմաստուն ես, որ քու ահիցը գողություն չանեն: Էս էլ իմանաս՝ էսօրվանից քու ամսականը հիսուն ոսկի ա:

ԹԵ Ի՞ՆՉ ԷՐ ՆՐԱ ՈՒՋԱԾԸ

Մի մարդ ու մի կնիկ են լինում: Էդ մարդը ու կնիկը շատ լավ ու սիրով են ապրելիս լինում: Ամա անց ա կենում մի առժամանակ, սատանեն մտնում ա էս մարդու փորը: Ընկնում ա վատ ընկերների հետ, իրեն գինուն ա տալիս, սկսում ա հարբած տուն գալ: Կնկա հետ կռիվ-դալմաղալ անել, աման-չաման իրար գլխով տալ, ջարդել:

Կնկա օրը սևանում ա: Արտասունքը չի չորանում նրա աչքերին, ամա համբերում ա, բալքի մարդը խելքի գա, թարգ տա խմելուն: Մարդի ամեն ուզածը կատարում ա, մենակ թե նորից կռիվ ու դալմաղալ չանի:

Մի օր մարդը բազարում ձուկ ա առնում, տալիս մի էրեխու ձեռ, ղրկում տուն:

— Կասես,— ասում ա,— վռազ պատրաստի, գնամ տուն՝ ուտեմ: — Բա չասե՞ց, թե ոնց պատրաստեմ,— հարցնում ա կնիկը.

— Չէ, բան չասեց, ձալո:

Խեղճ կնիկը մնում ա տարակուսած, ասում ա.

— Տեր աստված, ո՞նց անեմ: Ի՞նչ տեսակ պատրաստեմ: Էս ա կգա, մի մահանա կգտնի, էլի կսկսի դալմաղալ անել:

Մտիկ ա անում, թե ձկներիցը ի՞նչ կարելի ա պատրաստել: Վեր ա ունում էս ձկներից մի քանիսը խաշում, մի քանիսը՝ եղով տապակում, մի քանիսն էլ շամփրի վրեն խորովում:

Էս ամենը անում ա, պրծնում, դարսում ամանների մեջ, մի մաքուր աման էլ դնում ա սուփրին, որ մարդը ձկան ոսկորը դնի:

Հիմի, արի տես որ՝ սրանց տան շունն էլ, նոր ծնած ա լինում: Քոթոթներից մեկը, մրթմրթալով, հոտ քաշելով գալիս ա... էդ մաքուր ամանի միջին պպզում ա... կեղտոտում:

Մարդը, որ դուռը ճռռալեն բաց ա անում, էս, խեղճ կնիկը ահ ու սարսափից էլ չի իմանում ի՞նչ անի, վռազ վեր ա ունում մի ուրիշ աման ու էն կեղտոտած ամանը ծածկում:

Մարդը տուն ա մտնում հարբած, նոթերը կիտած, ասում ա.

— Ձուկ էի ղրկել, ի՞նչ արիր:

Կնիկը բերում է խաշած ձուկը, դնում առաջին:

— Ես քեզ ասել էի, որ ձուկը խաշե՞ս,— ասում ա մարդը,— էդ խաշածը տար հորանցդ տուն, թող նրանք ուտեն:

Կնիկը սուս ու փուս խաշած ձուկը վեր ա ունում, տապակած ձուկն ա դնում մարդու առաջ:

— Էս ի՞նչ ես բերել,— ասում ա մարդը,— էս տղամարդու ուտելու բան ա՞, որ առաջիս ես դրել: Ուրեմն ես կնիկարմա՞տ եմ, որ եղով տապակած ձուկն ուտեմ: Չէ՛, չէ՛, դու ինձ ասա՝ ես կնիկարմատ եմ, ես կնիկարմատ եմ:

Խեղճ կնիկը ձենը փորը գցած, արտասունքը կուլ տալով տապակած ձուկը վեր ա ունում՝ շամփուրով ձուկն ա դնում մարդու առաջ:

— Իյա՜,— ասում ա մարդը,— էս ի՞նչ տեսա, ուրեմն,— ասում ա,— դու որբեվերի ես, մարդդ մեռել ա՞, որ ինքդ ես խորոված անում: Ես չէի կարա գամ տուն՝ խորովեմ: Ինչի՞ ես, ուրեմն, գդակ չո՞ւնեմ իմ գլխին:

Կնիկարմատի ձեռը, որ շամփրին դիպավ, էն շամփրի խորոված հարամ ա: Էն լավ էր՝ շան ք... տայիր ինձ:

Կնկա համբերությունը հատնում ա:

— Առ,— ասում ա,— առ, որ էդ ես ուզում, առ անուշ արա, բալի խելքի գաս:

Մարդը մեկ շշմում ա, մին էլ, որ տեսնում ա, որ ամանի միջինը դրուստ, որ՝ շան կեղտ ա, կատաղում ա, ուզում ա կնկանը ծեծի:

Ամա կնիկը դուրս ա պրծնտում տանից, հարևաններին կանչում, հավաքում մարդու գլխին.

— Էկեք, — ասում ա,— էկեք մեր դատը տեսեք, ի՞նչ ա,— ասում ա,— իմ մեղքը, որ ուզում ա ինձ ծեծի:

Հարևանները տուն են թափում, մարդ ու կնկա մեջ ընկնում, քննում են բանի էությունը, խելք-խելքի են տալի, դատ են կտրում:

Հարևաններից մեկը, մի տարիքով մարդ (չէ՞ տարիքով մարդը խելոք կլինի) ասում ա.

— Իսկական տղամարդ որ ասել են,— ասում ա,— էդ տղամարդը դու ես, որ կաս, դու շատ բախտավոր ես, —ասում ա:— Ո՞ւր ա մեզ էնքան բախտ,— ասում ա,— որ մեր կնանիքը, մեր ուզածը տեղն ու տեղը կատարեն: Քու կնիկը ոչ թե ծեծի՝ այլ սիրո ա արժանի:

Մի պառավ կնիկ էլ, գլխին հավաքած հարսն ու աղջիկ.

— Տեսա՞ք,— ասում ա,— տեսաք ինչդար խելոք ա էն կնիկը: Տան տղամարդը, որ չափն անց ա կացնում,— ասում ա,— համը հանում, վռազ ճարեք,— ասում ա,— շան էն բանիցը առաջը դրեք, որ խելքի գա:

Էդ էր ու էդ: Էն օրվանից մարդը խելքի ա գալի, թարգն ա տալի գինուն, նորից մարդու կերպարանք առնում, հաշտ ու սիրով ապրում են հնազանդ, իրա ամեն ուզածը բոպեական կատարող կնկա հետ:

***

Էս իմ պատմածը հեքիաթ չգիտենաք: Սա իսկական պատահած բան ա: Մինչ օրս էլ մեր գեղումը, մարդ, որ անտեղի դիպչում ա կնկա խաթրին, ասում են.

— Դրա առաջը դրեք շան էն բանը՝ ձեռաց խելքի կգա:

ԳՈՄՇԻ ՊՈՋԸ

Մի մարդ իրեք տղա ա ունենում: Էս տղերքը որ մեծանում են, պսակվում՝ ամեն մեկն իրա կնկա խելքին ընկած բաժանվում են, խլում են հոր ու մոր ձեռից ապրուստը, տուն ու տեղը, գոմն են անում նրանց.

— Էս էլ ձեզ բոլ ա,— ասում են:

Մի քանի ժամանակից հետո խեղճ մերը չի դիմանում դարդին, մեռնում ա: Հերը շատ ա դարդ անում, — ախպր,— ասում ա,— մենք ի՞նչ մեղք ունեինք արած աստծու դեմ, որ մեր տղերքը, այ կոտորվեն դրանք, էդքան աննամուս դուրս էկան, խեղճ կնիկս դարդից մեռավ, ես էլ— իրես, նրա օրն եմ ընկնելու:

Կանչում ա մեծ տղին, թաքուն բերում գոմը,

— Դուք իմ տղերքն եք,— ասում ա,— իմ ջիգյարն եք, դուք աննամուս դուրս էկաք՝ ձեր հորն ու մորը տերություն չարիք, ձեր մորը դարդիցը մահվան դուռը հասցրիք, դուք արիք, ես՝ անիլ չեմ: Ես չեմ ուզում, որ իմ աշխատածը ջուրը մաղվի կորչի, շուն ու գելի փայ դառնա: Տեսնո՞ւմ ես էս քարը, սրա ետնի գոմշի պոզը ես սվաղել եմ պատի մեջը, մենակ ծերն ա էրեվում: Իմ ոսկին էդ պոզի միջին ա պահած, էս բանը մենակ քեզ եմ ասում, չունքի դու իմ մեծ տղեն ես, ես էս ա կմեռնեմ, մեռնելուցս հետո էն ոսկին քեզ եմ կտակում:

Մեծ տղեն որ լսում ա էս բանը, հորը տանում ա տուն, կնիկը սկեսրարին լողացնում ա, հագցնում, ուտացնում, էն տեսակ պահում, որ ասվիլ չի:

Մեծից հետո հերը կանչում ա միջնեկին, ասում ա էն՝ ինչ որ մեծին:

Հետո էլ էդ ամենը ասում ա պուճուր տղին: Էս տղերքը ոսկու անունը որ լսում են, հորը իրար ձեռքից են խլում, պատվում, ազիզ պահում, նրանցից ամեն մեկը հենց իմանում ա, թե հերը մենակ իրան ա ասել կտակը, պայմանն էլ էնպես ա, որ մինչև հոր մեռնելը պոզին ձեռ տալու իրավունք չունեն:

Տղերքը միտք են անում, թե հերները ալևոր մարդ ա, էսօր-էգուց կմեռնի, իրանք ոսկու տեր կդառնան, ամա արի տես, որ (մեռնեմ աստծու դիվանին) սրանց հերը կտակն անելուց հետո ապրում ա նորից էլի մի քան տարի:

Հայտնի բան ա՝ բոլորս էլ մահկանացուներ ենք, սրանց հերն էլ. մեռնելուց առաջ ջոկ-ջոկ կանչում ա տղերանցը— Հու մի՞տդ ա կտակը: Վռազ կգնաս կհանես, օտարի ձեռք չհիպչի էն գոմշի պոզին: Փառքդ շատ ըլի տեր աստված, որ էսպես ինձ սիրող տղա ունեմ:

Էհ, էս հերը մեռնում ա, տղերքը բերում են սրան պատվով, առոք-փառոք թաղում: Գերեզմանի գլխին կանգնած տղերքից ամեն մեկը միտք ա անում, թե տեսնես ինչքա՞ն ոսկի ա թողել հերը:

Թաղում են թե չէ՝ մեծ տղեն ափալ-թափալ առաջ ա ընկնում գոմը, հենց էն ա, ուզում ա պոզը պատիցը հանի, մին էլ տեսնում ա՝ գոմի դուռը բաց էլավ ու միջնեկ ախպերը ներս մտավ: Սրանք մինչև իրար էրեսի մտիկ տալով սառչում են կանգնած տեղներում, գոմն ա մտնում պուճուր ախպերը: Սրանք մի աչքով իրար էրեսի են մտիկ տալիս, մի աչքով՝ պատի միջի պոզին: Մեծ ախպերը ասում ա.

— Մեր հորը թաղեցինք պրծանք, հիմի բան ու գործի վախտ ա: Ո՞ւր եք եկել պարապ-սարապ էստեղ հավաքվել:

Ասում են.

— Բա դո՞ւ ուր ես էկել:— Էնա գլխի են ընկնում, որ իրեքն էլ կտակի համար են էկել:

Մեծ ախպերն ասում ա.

— Մեծը ես եմ, ոսկին օրենքով ինձ ա հասնում:

Սա՝ հա, նրանք՝ չէ, սա՝ հա, նրանք՝ չէ, խոսքներն իրար ա հասնում, կռվում են, իրար տալի արնալվա անում: Սրանց տուր ու դմփոցի ձենի վրա սրանց կնանիքն են գոմը թափվում:

Մեծ տղի կնիկն ասում ա.

— Ձեններդ կտրեցեք, հրես լսեք իմ խոսքը: Քանի որ կտակը իրեքիդ ջոկ-ջոկ խոստացել ա, ես հրես բաց կանեմ ու իրեքիդ էլ հավասար փայ կանեմ:

Ասում ա ու քարը ետ ա տանում՝ գոմշի պոզը հանում: Իրեք տղա ու իրեք հարս վրա են ընկնում էդ գոմշի պոզին, տեսնում են՝ պոզը դատարկ ա: Մինել, ըհ՜ը, միջիցը մի թղթի կտոր՝ վեր ընկավ:

— Ի՞նչ եք քար կտրել տեղներումդ,— ձեն ա տալիս մեծ ախպոր խելոք կնիկը,— ոսկին էս պոզի միջին ո՞նց տեղ կաներ, թղթումը գրած կլինի, թե որտեղ ա պահած ոսկին:

Սրանց միջի գրաճանաչը մեծ տղի կնիկն ա լինում.

— Կարդա, կարդա,— հավաքվում են էս հարսի գլխին: Թուղթը բաց են անում կարդում.

— Ով էս թուղթը առաջին անգամը կարդա, էս պոզը մտնի նրա...

— Ի՞նչ, ի՞նչ, — հարցրեց հեքիաթ լսողներից մեկը, ես չհասկացա, մին էլ ասա:

— Թամամ խոսքը,— ասավ հեքիաթ պատմողը,— մենակ էշին կասեն, դե լսի, մին էլ ասեմ՝ Ով էս թուղթը առաջին անգամ կարդա, էս պոզը մտնի նրա ...:

Ըստեղ էնենց մի ծիծաղ վեր էլավ, որ օրորոցի էրեխեքն՝ էլ զարթնեցին ու լաց էլան, կողքի գոմի կովերն էլ բառաչեցին:

— Դե, ամեն բանը չափով կանեն, որ համով լինի:— ասեց պապս,— վեր կացեք քնենք, էգուցվա ձմռան գիշերը էլի հեքիաթ կասենք:

Ոնց որ ասել ենք պապի խոսքը մեզ համար օրենք էր, սուս ու փուս մտանք տեղներս:

ՃԼԵՐՔԸ

Մի մեր ու մի տղա են լինում: Սրանց ունեցած-չունեցածը մի ջուխտ եզն ա լինում:

Արի տես, որ մի օր մերը դժվար հիվանդանում ա: Տղեն գլխովը պտիտ ա գալի,

— Ի՞նչ կուզես այ մերա, բալի մի բա՞ն կուտես, այ մերա:

— Սիրտս միս ա ուզում,— ասում ա մերը,— թե եզը կմորթես, էնա նրա միսը կուտեմ, թե հու չէ, բան էլա չեմ ուտիլ:

Տղեն տարակուսում ա՝ թե.

— Բա վար անելու վախտը որ էկավ, ես մի եզով ո՞նց վար անեմ, այ մերա:

— Շատ սրտով միս ուտիլ եմ ուզում,— ասում ա մերը,— վար անելու վախտը որ գա, աստված ողորմած ա, հալբաթ մի դուռը բաց կանի մեզ համար:

Դե, տղեն շատ ա սիրելիս լինում մորն էլի, չի կարենում խաթրը կոտրի, եզը մորթում ա, միսը ուտեցնում հիվանդ մորը: Մերը կամաց-կամաց լավանում ա, ոտի ա կանգնում:

Օրեր են, գալիս են՝ անց են կենում:

Վար անելու վախտը որ հասնում՝ ա, էս խեղճ տղեն մնում ա անճար անօգնական, ախար, մի եզով ո՞նց վար անի:

— Էդ ի՞նչ ա, այ որդի,— հարցնում ա մերը,— էդ խի՞ ես նոթերդ կիտել:

— Այ մերա,— ասում ա տղեն,— բա հիմի ես ի՞նչ անեմ:

— Դարդ մի անիլ,— ասում ա մերը,— դու գութան սարքի, մի թայն էլ ինձ լծի:

Դե, խեղճ տղեն ի՞նչ աներ, աղքատ մարդու օրը սև լինի, անճարը կուտի բանջարը, լծում ա մորը եզան հետ, որ վար անի:

Հենց էդ վախտը թագավորը որսից ետ գալիս ա լինում, էս որ տեսնվում ա, շատ զարմանում ու չարանում ա.

— Կանչեցեք,— ասում ա,— էդ տղին: Կանչում են:

— Այ աղա,— ասում ա թագավորը,— դու էդ ի՞նչ տեսակ մարդ ես, մորդ դրել ես լծի տակ, որ վար անե՞ս:

— Թագավորն ապրած կենա,— ասում ա տղեն,— ես երկու եզ ունեի, մեբս որ դժվար հիվանդացավ, ասեց, մի եզը մորթի, սիրտս միս ա ուզում: Ես էլ խաթրիցը էլա ոչ, մորթեցի, կերավ՝ աստծանով լավացավ, ոտի կանգնեց: Հիմի տեսա, որ առանց վար անելու ձմեռը սոված ենք մնալու, հենց ինքն ասավ՝ «լծի ինձ», ես էլ լծեցի:

— Շատ ապրես, որ մորդ խոսքը գետնովը չես տվել,— ասում ա,— հիմի մորդ վեր թող,— ասում ա թագավորը,— ես մի խամ բուղա ունեմ, թե կարաս սովորացնես՝ արի տամ քեզ:

Տղեն հետը գնում ա, տեսնում ա ի՞նչ, մի ազազիլ բուղա բան ա, որ թագավորը իսկի չի կարում սրան բանացնի: Մի հնարով սրան կապ են անում բռնում:

Տղեն բերում ա բուղին գոմը, քիփլիկ կապում գոմումը, փորիցն էլ, պոզերիցն էլ, իրեք օր, իրեք գիշեր սոված ու ծարավ ա պահում: Բուղեն հալից ընկնում ա: Նոր էստեղ տղեն բերում ա մի թաս ջուր ա տալի, մի բուռը խոտ, տանում ա, եզան հետ լծում: Քիչ-քիչ ջուրն էլ ա շատացնում, խոտն էլ, էնա բուղեն սովորում ա, կարգին գութան ա քաշում եզան հետ:

Խաբարը հասնում ա թագավորին.

— Բա չես ասի, թագավորն ապրած կենա, էն քու ազազիլ բուղեն, եզան կողքին՝ լծան տակ իրա համար գութան ա քաշում:

— Հլա մի էդ տղին կանչեցեք,— ասում ա թագավորը,— թող գա էստեղ:

Կանչում են:

— Այ տղա,— ասում ա,— էդ ո՞նց արիր, որ դրա հախիցը էկար, բան անիլ սովորացրիր:

— Դե, էնա սովորացրի էլի,— ասում ա տղեն:

— Բաս, որ էդպես ա,— ասում ա թագավորը,— ես մի աղջիկ ունեմ, արի տամ քեզ, հարսանիք անենք, տար քեզ կնիկ: Ի՞նչ կասես սրան:

— Թագավորն ապրած կենա,— ասում ա տղեն,— ի՞նչ պետք ա ասեմ, դու որ տաս՝ ես էլ կառնեմ, խի՞ չեմ առնի որ:

Էհ, թագավորի աղջկա վայել հարսանիք են անում, գնում են աղջիկը բերում են տուն: Դու մի ասի, սա մի ճլերք, թամբալի մեկն ա լինում, կպչում ա նստած տեղիցը վեր չի կենում:

— Էս ի՞նչ ա, այ որդի, որ բերիր մեր գլխին,– ասում ա մերը:

— Բան չկա, այ մեր,— ասում ա որդին,— ես դրան ճամփի կբերեմ, կհայացնեմ: Դրան,— ասում ա,— Հաց ու ջուր չտաս: Բանն ո՞վ անի ես ու դու, հացն ո՞վ ուտի՝ ես ու դու:

Մեր ու որդի ուտում են, նրան տալիս չեն:

Մի օր, էրկու օր էտենց մնում ա, վրա իրեքը ճլերքը վեր ա կենում, իրա տակն ու դրաղը ավլում, էլ ետ նստում:

Իրիկունը մերը տղին որ պատմում ա, տղեն ասում ա.

— Դե, դրան մի կտոր հաց տու, մի քիչ էլ ջուր: Մերը տալիս ա:

Էգսի օրը աղջիկը վեր ա կենում, օթախի կեսը ավլում ա, ետ նստում իրա տեղը:

— Դե որ էդպես ա,— ասում ա տղեն,— բեր այ մեր, մի հացի կեսը տու, ջուրն էլ ավելացրու:

— Վույ, գրողը տանի սրանց,— մտածում ա աղջիկը,— իմ հոր տանը, առանց բան շինելու, ամեն բան էլ ուտում էի: Հիմի սրանց տանը մինչև բան չեմ շինում, ցամաք հաց էլ չեն տալիս:

Մեկել օրը վեր ա կենում էս աղջիկը, տունն էլ ա ավլում, դուռն էլ:

— Այ մերա,— ասում ա տղեն,— դե հիմի մեզ հետ բարեբար հաց կտաս էդ աղջկան:

Դե, էլ ի՞նչ ասեմ:

Դրանից եդը էս աղջիկը խելքի ա գալի, ամեն օր վեր ա կենում, տուն ու դուռը մաքրում, ջուրն ա գնում, տան ամեն բանն անում, շփշփում: Օրվա մի օր թագավորն ասում ա.

— Մեր ճլերքին տվինք էն տղին, հլա գնանք՝ տենանք, ի՞նչ դառավ:

Մի լավ խուրջին ա սարքում՝ գնում տեսության:

Աղջիկը շատ ուրախանում ա, շփշփալեն գալիս ա, հոր ձիու զլուխը բռնում, հորը վեր ա բերում, տուն տանում:

Կեսուրը քաշում ա ձին կապելու: Դրանք միս են լինում եփած էդ օրը: Աղջիկը բերում ա սխտորը տալի հորը, ասում ա.

— Այ հեր կլպի, որ իրիկունը քեզ հաց տան, թե հու չէ, սրանք քեզ հաց չեն տալ:

Թագավորը բեղի տակին ծիծաղում ա, կամաց-կամաց կլպում ա սխտորը:

Կեսուրը ետ ա գալի տեսնում ա թագավորը սխտոր ա կլպում.

— Վո՛ւյ քոռանամ ես,— ասում ա,— աղջի, էդ խի՞ ես սխտորը խնամուն տվել, որ կլպի:

— Բա մինչև բան չշինի, դուք հաց կտա՞ք դրան, ինձ տալի՞ս էիք, որ:

— Աղջի, ձենդ կտրի,— ասում ա կեսուրը,— էդ ի՞նչ ես ասում:

— Խնամի, մի նեղանա հարսիցդ: Դե, դուզ ա ասում, էլի,— ասում ա թագավորը,— թե անբան մարդը, թե անասունը: Ապրի իմ ղոչաղ փեսեն, որ աղջկանս խելքի ա բերել: Դե հիմի էկեք իսկական հարսանիքը մին էլ նորից անենք, թագուհին էլ գա, տենա իրա աչքովը, որ մեր աղջիկը էլ էն չի:

Էհ, նորից նոր հարսանիք են անում, ուրախանում, աշխարքով մին լինում: Նրանք հասնում են իրանց մուրազին, դուք էլ հասնեք ձեր մուրազին...

Հա, ի՞նչ էի ուզում ասել, հա...

...Աստված ձեր թոռներին էլ պահի՝ մի աղջիկ-թոռն էլ ես ունեմ: Էս հեքիաթը ես որ պատմեցի, ասեց.

— Պապի, դու ուզում ես ինձ աշխարքով մեկ խայտառակ անե՞ս:

— Չէ:— ասի,— Բալիկ ջան, դու հո խելոքացել ես, տեսար որ անունդ չտվի: Ես իմ խոսքի տերն եմ, դու որ խելոքացել, լավ աղջիկ ես դառել, էլ խի՞ եմ անունդ տալի: Չէ, վախիլ մի, չեմ տա: Իմ ցավն ուրիշ ա: Ես ուզում եմ, որ մեր հարևանի աղջիկը՝ քու էն լավ ընկերուհին լսի ու թագավորի աղջկա նման խելոքանա, դու նրան ասա, ես մի քիչ էլ կհամբերեմ, թե խելոքացավ՝ լավ, թե հու չէ՝ անունն էլ գիտեմ, ազգանունն էլ ու թե ո՞ր ուսումնարանի, ո՞ր դասարանումն ա կարդում, էդ հու գիտեմ:

Ձեզանից թաքցնեմ, աստծանից ինչ թաքցնեմ, հրես ծոցատետրումս մի քանի ճլերքի անուն կա, որ գրել են ինձ նրանց ծնողները, թե խելքի էկան՝ լավ, թե հու չէ՝ ուզեմ-չուզեմ... Դե, հու հասկացաք, էլի: Պետքա հեքիաթիս մեջը զցեմ նրանց անունները:

ԽՂՃՈՎ ՏՂԵՆ

Եղել ա չի եղել մի հեր, մի տղա: Տղեն որ պսակվում ա, մի սիրուն աղջիկ ա բերում հարս: Սիրուն, որ ասում եմ, է՜, շատ սիրուն: Ամա դե, հայտնի բան ա, նոր տուն բերած հարսը չկտրած ձմերուկ ա՝ կլեպին թամաշ անելով, շատ անգամ փորձված մարդն էլ ա խաբվում: Արի տես որ՝ էս սիրուն կլեպ հարսը դուրս ա գալիս շատ անզգամ, կապը կտրած, կռվարար, աստծու կրակ: Ամեն օր ալևոր սկեսրարի հետ կռվում ա, նրա էրեսին թքում, նրան անպատվում, էնենց անառակ, լկտի բաներ անում ու ասում, որ լողը ականջները կփակի:

Ալևորի օրը թե մի օր չի լինում, էլածն էլ մթնում, սևանում ա, երբ խեղճ մարդը աչքերից զրկվում՝ կուրանում ա: Առանց փետի չի կարենում ոտը ոտի առաջին դնի, չի կարենում մի բան էլա անի:

Մի օր էլ կնիկը ասում ա տղին:

— Ես էդ քոռին էլ չեմ կարա պահի, տար դրան մի տեղով կորցրու արի:

— Ի՞նչ ես ասում, այ կնիկ,— ասում ա տղեն,— իմ ծնողին, իմ հորը ես ո՞ւր տանեմ կորցնեմ:

— Պտի տանես, կորցնես,— ասում ա կնիկը,— թե չես տարե-կորցրե, էն օրը կզցեմ քեզ, էնենց օյին կխաղամ գլխիդ, որ աշխարքում խաղք ու խայտառակ կլինես:

Տղի սիրտը մռմռում ա, կսկիծը ջանն ա առնում, ամա ի՞նչ՝ տղեն իր տունը իրա ձեռովն ա քանդել, որ հենց առաջի օրվանից կնկա գյամը չի քաշել, նստացրել ա գլխին ու թողել, որ իր գլխին էլ, հոր գլխին էլ պոպոք ջարդի: Հիմի նրա գյամը քաշվիլ չի: Ճարն ի՞նչ:

Հորը խաբում ա թե՝ գնանք մի քիչ ման գանք: Ալևորին տանում ա սարը, որ սպանի, ամա ձեռը թուլանում ա, չի կարենում դանակ քաշի հոր վրա, բերում, նստեցնում ա մի քարայրում:

— Էս ո՞ւր ենք էկել, որդի,— հարցնում ա ալևորը:

— Էս չոբանների բինեն ա,— ասում ա տղեն,— դու էստեղ կաց սպասի, ես էս ա կգամ:

Էն գնալն ա, որ գնում ա:

Հերը շատ ա սպասում, տեսնում ա, որ տղեն ուշացավ, մի ձեռը փետին, մի ձեռը պատին դեմ տալով, դուրս ա գալիս, նստում մի քարի:

— Վայ ինձ,— ասում ա,— էրեխուս բան ա պատահել, վայ թե նրան գելերը կերան, թե չէ ինչի՞ պիտի էսքան ուշանար: Արևը մեր մտնելու վրա ա:

Մին էլ մարդկանց ձեն ա շների հաչոց ա հասնում ականջին:

— Յարաբ, էս ովքե՞ր են, տեր աստված, չլինի իմ էրեխեն մի փորձանքի ա էկել:

Էրկու չոբան են մոտկանում սրան: Չոբաններից մինը հարցնում ա.

— Պապի, դու էստեղ ի՞նչ ես անում:

— Ի՞նչ իմանամ, այ բալա մ,— ասում ա ալևորը,— տղես ասեց գնանք սարը, քիչ ման գանք: Էկանք հասանք էստեղ, ասեց՝ ես մի դուրս գնամ գամ: Չեմ գիտա ինչի ուշացավ՝ գելերը կերան, չարի էկավ էրեխես՝ ի՞նչ իմանամ, չկա: Արևդ ապրի, մի ձեն տու, կանչի, բալի իմանա գա:

Չոբանը ձեռը դնում ա ականջին՝ մին, էրկու, տասը ձեն տալի կանչում, ամա ձենը, դնգդնգալով ետ ա գալի, հասնում իրան, ձեն տվող չկա:

— Դու սոված կլինես, պապի,— ասում ա չոբանը, արի մեզ հետ հաց ուտենք: Հացը բրթում ա նոր կթած կաթի մեջ, մի փետի գդալ էլ դնում ալևորի ձեռը՝ «Համեցեք, անուշ արա»:

Որդուն կորցրած հոր բողազովը հաց կգնա՞:

Ալևորը չի ուզում չոբանների խաթրը կոտրի՝ մի էրկու գդալ ուտում ա ետ քաշվում.

— Կուլ չի գնում,— ասում ա,— ողորմի ձեր անցավորաց, մի դես ու դեն ման էկեք, էլի ձեն տվեք, կանչեք, բալի գտնեք իմ էրեխուն:

Չոբանները գնում են դես ու դեն ման գալի, կանչում, ձեն տալի՝ թե տղա ես դրե էնտեղ՝ արի տար, չկա ու չկա:

— Պապի,— ասում են,— քու տղեն քեզ խաբել ա, բերել ա էստեղ, ինքը թողել՝ փախել ա:

— Չեմ հավատա,— ասում ա ալևորը,— տղեն ո՞նց կթողնի

քոռացած հորը սարումը անտեր, ինքը կգնա տո՞ւն: Էդ հավատալու բան ա՞:

Մեծ չոբանը խելոք, բանիմաց մարդ ա լինում: Գլխի ա ընկնում, որ էստեղ կնկա մատը կա խառը,

— Պապի,— ասում ա,— մի բան հարցնեմ, ամա չնեղանաս՝ քու հարսը հնազանդ, պատվավոր կնիկ ա՞, թե՞ անզգամ, կապը կտրած:

— Քեզանից թաքցնեմ՝ աստծուց ի՞նչ թաքցնեմ,— ասում ա ալնորը,— կապը կտրած կատաղած շանից բեթար:

— Հա, էդ ա որ կա,— ասում ա չոբանը,— էդ քու հարսն ա զոռել տղիդ, որ քեզ տանի, սպանի, յա կորցնի, ամա տղեդ սպանիլը չի դմշել թողել փախել ա:

— Ի՞նչ ասեմ, այ բալամ,— ասում ա ալնորը,— ասածդ խելքի մոտիկ բան ա, բալքի էտենց ա: Ջհանդամը իմ գլուխը, մենակ թե տղես սաղ սալամաթ տուն հասած լինի:

— Դու դարդ մի անիլ, պապի: Մենք քեզ կպահենք,— ասում ա չոբանը,— դու մեր հերը կլինես, մենք՝ քու որդիքը:

Ալնորը թող մնա չոբանների մոտ, մենք գանք խաբարը տանք ումնի՞ց, խաբարը տանք ալնորի տղիցը:

Տղեն որ հորը խաբում, թողնում փախչում ա, գալիս տուն, սիրտը կոտրած բան չի գալի աչքին, դարդախորով ա լինում:

— Ես էս ի՞նչ արի, ոնց արի,— ասում ա,— չէ՞ ես մարդ էի, հո գազան չէի՞, անբան անասուն չէի, չէ՞ որ հորս սիրում էի, ո՞նց քոռացրեց ինձ իմ անզգամ կնիկը, ոնց իմ սիրտը մեռցրեց, որ ես նրա ուզածը կատարեցի:

Քիչ ա մնում խելքը կորցնի:

— Հը՞, ի՞նչ արիր, — հարցնում ա կնիկը,— տարար՝ կորցրի՞ր:

Տղեն դարդ ու ցավից տնքում, ձեն չի հանում:

— Խլացել ե՞ս,— ասում ա կնիկը,— Քեզ եմ հարցնում ի՞նչ արիր:

— Տարա սպանեցի՝ թողի էկա:

Անզգամ դու անզգամ կնիկ՝ ի՞նչ ասի, որ լավ լինի.

— Փառք քեզ, աստված,— ասում ա,— ես լավ ազատվեցի էն քոռ ալնորին պահելուց:

Էս խոսքի վրեն, տղեն ասես նոր խելքի ա գալի, տեսնում ա, որ կնիկը, չէ թե սիրելու՝ սպանելու ա արժանի: Վրա ա պրծնում կնկանը, մազերիցը բռնում, գետնովն ա տալի, ոտի տակը զցում՝ տուր թե կտաս, շինում աղցան:

Ամա չի հանգստանում, խեղճն՝ իրան ուտում ա, կսկիծը ջանն ա առնում: Ոչ կարենում ա քնի, ոչ կարենում ա ուտի, լղարում, հալից ընկնում ա, մնում ա վրեն կաշին ու ոսկորը:

Մի օր էլ լիսը դեռ չբացված, վեր ա կենում՝ ընկնում սարը, որ բալքի հորը գտնի: Տեսնում ա, հրենիկ էրկու չոբան, ոչխարի սուրուն առաջ արած, քշում են արոտատեղը:

Տղեն բարով ա տալի սրանց, բարով ա առնում, հարցնում.

— Էստեղարենք մի ալնոր տեսած չեք լինի՞:

— Ի՞նչ ալնոր:

— Աչքերից զուրկ, խեղճ ու կրակ մի ալնոր, իմ քամբախտ հերն ա, ես էլ նրա էվել քամբախտ տղեն եմ: Ես էնենց մի բան եմ արել, որ լսված ու տեսնված չի աշխարքիս երեսին: Նոր, հիմի եկել եմ, նրան եմ ման գալի:

Էստեղ աղեն մին-մին, կարգով պատմում ա իր գլխի էկածը, ոնց որ ես պատմեցի:

Մեծ չոբանը ականջը կախ լսում ա, ամա ջահել չոբանը՝ տաքարյուն տղա, մահակը քաշում ա, որ տղին տեղն ու տեղը խփի, սպանի՝ ընկերը սրա ձեռը բռնում ա.

— Համբերի,— ասում ա,— սպանելով բան չի դառնա: Այ, տղա,— ասում ա,— ասենք թե քու հերը սաղ-սալամաթ ա, ու մեր կշտին ա, տանելու ես տուն, որ նորից էն անզգամը նրան տանջի, չարչարի՞:

— Չէ,— ասում ա տղեն,— էդպես բան չի լինի, ու չի լինի: Որ արեց՝ կսպանեմ:

— Շատ միամիտ ես,— ասում ա չոբանը,— որ սպանեցիր քեզ քշելու են տաժանքի՝ գնալդ կլինի, ետ գալդ՝ չէ: Տանդ մնացած անզգամ կնիկը էլի էն անզգամն ա. անզգամին մենակ մահ-գերեզմանը կհաղթի... Վեր կաց, հլա մի գնանք հորդ մոտ, մի տեսնենք՝ նա ի՞նչ ա ասում:

Վեր են կենում, գալիս չոբանների բինեն՝ իրենիկ հերը քարին նստած, դարդոտ, վիզը՝ ծուռ, ձեռը ծոցին: Տղի ձենը որ լսում ա՝ փշաքաղվում ա, շունչը՝ կտրվում.

— Բալա ջան, էդ դու ե՞ս, դու էստեղ ե՞ս, դու սաղ-սալամաթ ե՞ս: Ընկնում են իրար վզով փաթաթվում, մին կարոտից լաց լինում, մին ուրախությունից՝ ծիծաղում: Չոբաններն էլ չեն կարենում իրենց պահեն՝ նրանց լացի հետ լաց են լինում, նրանց ծիծաղը հետ՝ ծիծաղում: Մի քիչ որ սրտները տեղն ա ընկնում, տղեն ասում ա՝

— Վեր կաց, այ հեր, վեր կաց, շնորհակալ կենանք էս իմ չոբան ախպերներին, գնանք մեր տուն:

— Չէ, բալա ջան,— ասում ա հերը,— իմ մի ոտը էստեղ ա, մեկելը՝ գերեզմանումը՝ էսօր կամ, էգուց՝ չկամ: Գնա քու կնկա հետ, ձեր քեֆին ապրեք, մենակ թե՝ հաշտ ու սիրով եղեք իրար հետ, իմ ուզածը էդ ա:

Տղեն ընկնում ա հոր ոտները, նրա ձեռն ու ոտը պաչում, աղաչանք, պաղատանք անում, լաց լինում, էնքան լաց լինում ու վայ տալիս իր գլուխը, որ աչքերն ուռչում են ու ձենը կտրվում: Չոբաններն էլ մի կողմից են մեջ ընկնում, մի հնարով վեր են ունում ալնորին բերում տուն:

Էլ ի՞նչ ասել կուզի, որ տղեն, տեղնուտեղը դուրս ա անում տնից էն չար ու անզգամ կնկանը:

Մենակ թե, չգիտեմ, էն տղեն թազա կնիկ առավ իր համար, թե՞ չէ:

Առաջվա կնկա ահն ու սարսափը սրտին՝ վայ թե էլ չպսակվի:

***

Պապս հեքիաթը որ թամամցրեց, մեր հարսներից մեկը՝

— Հայրիկ,— ասեց,— բա էդ տեսակ բան կարող ա՞ որ լինի: էդ էլած բան ա՞, թե շինած հեքիաթ ա:

— Էլած բան ա:

— Բա որ էլած բան ա,— ասեց հարսը,— էլ ինչի՞ ես ասում՝ «էլել ա չի էլել»: Էնա միանգամից ասա՝ «էլել ա», ու էն անբախտ ալևորի էլ, նրա անզգամ հարսի էլ, նրա անխելք տղի անումն էլ տուր, որ բոլորն էլ իմանան:

— Ալևոր,— ասեց տատս,— դրա պատասխանը թող ես տամ:

— Ասա, Հերիքնազ,— ասեց պապս,— դու ինձանից լավ կասես:

— Հարսի ջան,— ասեց տատս,— ջահել ես: Աշխարքը դեռ փակ ա քու աչքին: Ձեր լսածը իսկական պատմություն ա, ամա, արի տես, որ էն տեսակ անզգամ հարսներն ու կնկա փեշի տակին խելքները կորցրած տղեքը՝ մեկն ու էրկուսը չեն, ո՞ր մեկի անունը տաս:

Հայտնի բան ա, ժամանակները փոխվել են: Պառաված, հալից ընկած հորն ու մորը հիմի ոչ սպանում են, ոչ էլ կորցնում սարերումը, ամա էնենց են անտեր անտիրական թողնում, որ միանգամից սպանեին, էն լավ կլիներ:

Սկեսրարիդ հեքիաթները շատերն են լսում: Ականջ ունեցողը՝ կիմանա, խիղճ ունեցողը՝ կհասկանա:

***

Էս իմ տատի սիրած խոսքն ա. «թող որ ականջ ունեցողը՝ իմանա, խիղճ ունեցողը՝ հասկանա»:

***

Մի ուրիշի էլի էդ տեսակ հեքիաթ էլ պատմեմ ձեզ, լսեք:

ՀԱՅՐ ՈՒ ՈՐԴՈՒ ԱՌԱԿԸ

Ասում են, որ մի մարդ ա եղել, սրան ունեցել ա մինուճար մի տղա: Հերը որդուն աչքի լսից ավել ա սիրել, ինքը չի կերել, որդուն ա տվել, ինքը ծարավ ա մնացել, շուրը որդուն ա հասցրել, ինքը չի հագել, որդուն ա հագցրել: Էդպես սուրբ-սուրբ անելով, հույսը աստծուն տված, տղին մեծացնում ա, պսակում, մուրազին հասցնում:

Օրերը գալիս են իրար ետնից, գալիս են անց են կենում, գնում: Տղեն տարիք ա առնում, հերն ավելի մեծանում, պառավում ա, աչքի լիսը խավարում, ձեռնուտից ընկնում ա, չի կարենում մի բան էլա անի:

Տղեն տեսնում ա, որ հերը իրա վզին բեռ ա դառել, էլ երկար չի մտածում: Մի ջվալ ա վեր ունում, էդ ոտ ու ձեռից ընկած հորը զցում ա մեջը, շալակում, տանում իրանց սարը, էնտեղ մի քերծով վեր զցում:

Ժամանակը չէ՞ որ գալիս ա, անց ա կենում, գնում: Էս իրա հորը քերծովը վեր զցած տղի ժամանակն էլ ա հասնում, սա էլ հոր նման պառավում, ձեռուտից ընկնում ա:

Հիմի սրա տղան ա: Տեսնում ա, որ հերը ծանրություն ա տալիս իրան, զցում ա ջվալի մեջ, շալակում բերում սարը, քերծովը վեր զցի, ասում ա,

— Ապեր, էստեղ կաց, ես էս ա գալիս եմ:

— Որդի,— ասում ա հերը,— ես գիտեմ, թե ինչի համար ես բերել ինձ էստեղ: Ամա տեղը էս չի, էն կողմն ա տեղը, էն քերծովը վեր զցի, ես իմ հորը, հրեն այ, էն քերծովն եմ վեր զցել:

Հոր խոսքերը որ լսում ա տղեն, ոնց որ՝ թե ուշքի ա գալիս, մտածում ա՝ թե որ ժամանակը գա, ինքն էլ պառավի, հալից ընկնի, իրա տղեն էլ պետք ա բերի սարի քերծովը վեր զցի, բան հոգի անի:

Սուս ու փուս վեր ա ունում հոր ձեռը պաչում: Մենակ մի բան ա ասում.

— Ապի,— ասում ա,— թե կարաս բախշի իմ էս արարմունքը:

— Այ որդի,— ասում ա հերը,— մեղավորը դու չես: Ես որ իմ հորը իմ ձեռովը չսպանեի, հիմի իմ որդին ինձ էստեղ չէր բերի:

Տղեն լավ հասկանում ա հոր խոսքերն էլ, իր աններելի արարմունքն էլ: Հորը բերում ա տուն, պատվով պահում-պահպանում: Երբ որ ժամանակը գալիս ա, հերը մնացած ումբրը որդուն ա տալի՝ մեռնում ա: Տղեն մեծ պատվով թաղում ա հորը ու իրա երեխանցն էլ սովորացնում մեծի պատիվը պահելը:

— Հայրիկ,— ասեց մեր մեծ հարսը,— մի քանի տարի առաջ Հալեպ քաղաքի պատմությունն էիր արել, ի՞նչ կլինի, որ մեկ էլ ասես:

— Քյոսի, թոփալի ու քոռի պատմությո՞ւնը:
Լավ: Պատմեմ:

ՔՅՈՍԻ, ԹՈՓԱԼԻ ՈՒ ՔՈՌԻ ՊԱՏՄՈՒԹՅՈՒՆԸ

Ժամանակին մի վաճառական կար: Իրա մեռնելու վախտը կանչեց տղին, ասեց,

— Որդիս, որդե առուտուրի կգնաս՝ գնա, Հալեպ քաղաքը մի գնա:

Հերը մեռավ, տարան թաղեցին: Տղեն էկավ տուն.

— Այ, մեր,— ասեց,— ես պիտի գնամ Հալեպ քաղաքը:

— Այ որդի,— ասեց մերը,— չէ՞ քո հերը քեզ ասեց Հալեպ քաղաքը չգնաս:

— Ճար չկա,— ասեց տղեն,— պիտի գնամ, չունքի շիմշատ փետը շատ թանկ է ծախվում Հալեպումը:

Տղեն առավ քառասուն ղաթրի բեռ շիմշատ փետ, բարձեց, աստծու անունը տվեց, ընկավ ճամփա:

Գնաց, շատ ու քիչը աստված գիտի, մոտկացավ Հալեպ քաղաքին: Քաղաքի դարպասները փակ էին, չունքի ուշ էր, մութն ընկել էր: Էստեղ, քաղաքից դուրս մի խան կար: Էդ խանիցը դուրս եկան, մոտեցան բեռներին իրեք հոգի, մինը՝ թոփալ, մինը՝ քյոսա, մինն էլ՝ քոռ:

— Ուշացել եք,— ասին,— քաղաքի խաները փակ կլինեն: Գիշերը մնացեք մեր խանումը, առավոտը կգնաք քաղաք:

Բեռները վերածեցին: Թոփալը մի բեռ շիմշատը տակովն արեց, գողացավ տարավ, կեսը՝ լցրեց օջախը, կեսն էլ դրեց թախտի տակը: Մտան խանը, հաց կերան, խմեցին, խոսացին: Քյոսեն ասեց՝

— Խեղճ մարդ, անտեղի էսքան ճանապարհ ա կտրել, էսքան ծախս ա քաշել, մինչի հասցրել ա էստեղ:

— Մեր վառելիքը շիմշատն ա էլի,— վրա բերեց թոփալը,— հրեսիկ օջախն էլ, թախտի տակն էլ դրանով լիքն ա,— ամա,— ասեց,— աստված ողորմած ա, հազարիցը մի հետ էկել ես Էրևանից՝ հասել Հալեպ, մեր քաղաքի համար անպատվություն կլինի, — ասեց,— որ դու դառ ու դատարկ ետ դառնաս: Հենց էս բաղիռվը յոթ բարդիա ոսկի կտամ քեզ, քո ծախսդ էլա դուրս գա:

Տղի քեֆը շատ խարաբ էլավ, տեսավ, որ վնասի մեջ ա, ամա էլ ի՞նչ, հո հետը չէր տանելու քառասուն բեռ ապրանքը:

— Ջիանդամը,— ասավ,— գնամ քաղաքն էլա տենամ, թե չէ որ տուն գնացի, չե՞ն ասի թե՝ գնացիր Հալեպ քաղաքը՝ ի՞նչ տեսար:

Գնաց, մտավ քաղաքը, դես ման էկավ, դեն ման էկավ, վերջը մտավ մի դուքան, տեսավ մի ալնոր առուտուր ա անում:

— Բարի հաջողում,— ասեց:

— Բարով, հազար բարին եկար, դարիբ ախպեր: Ո՞րտեղից ես:

— Ես,— ասեց,— Էրեվանցի եմ, Փարպի գեղիցն եմ:

— Բա ի՞նչ գործով ես էկել:

— Էկել եմ,— ասեց,— քաղաքը ման գալու: Ու բիրդան հարցրեց՝ քեզ շիմշատ փետ կունենա՞ս:

— Ինչքա՞ն:

— Մի տասը փութ,— ասեց,— հինգ փութ:

— Չէ,— ասեց ալնորը,— էստեղ Հալեպումը, հինգ ու տասը փթով շիմշատ չի լինի, որ շատ լինի չորս-հինգ գրվանքա կլինի: Շատ էլ թանկ ա՝ մսխալը՝ հինգ մանեթ:

Տղեն էս որ իմանում ա, քիչ ա մնում խելքը կորցնի.

— Ապի,— ասում ա,— բա իմ քառասուն բեռ շիմշատը, հրեն էն խանումը բռնված ա:— Նոր ըստէ մին-մին պատմում ա իրա գլխին էկածը:

— Մի ճար արա,— ասում ա,— ապի, բալքի իմ բեռներս ազատեմ:

— Էդ շատ դժվար ա,— ասում ա ալնորը,— դրանք իրեք ընկեր են Քյոսեն, Թոփալն ու Քոռը, դրանք շատ մարդ են թալաներ էլի թե քեզ կարենա մի ճար անի, կանի էն խանի խոհարարը:

Էրևանցին վռազ էկավ խոհարարի մոտ՝

— Վերն աստված,— ասեց,— ներքն՝ դու: Ես իմ ձեռը զցել եմ քու փեշը, կամ ձեռս կտրի, կամ փեշդ:

Խոհարարը սրա պատմությունը որ լսեց, մեղքն էկավ, ասեց.

— Էս անիծած Քյոսեն, Թոփալն ու Քոռը մեր Հալեպ քաղաքի անունը խայտառակում են: Գիշերը կգնաս,— ասեց,— էն մի օթախը, օջախի ծակը բաց կանես՝ ականջ կդնես, ինչ որ պետք ա կիմանաս:

Տղեն գիշերն էկավ, օջախի ծակը բաց արեց, ականջը դեմ տվեց, մին էլ ըիը՛... Թոփալը, Քյոսեն ու Քոռը, գուշակ-գրբացն էլ հետները մտան կողքի օթախը՝

— Գուշակ-գրբաց,— ասին,— Էրևանցին քառասուն բեռ շիշմատ ա բերել, քառասուն բեռին մենք յոթ բաղիա ոսկի պիտի տանք: Քառասուն բեռը ինչքա՞ն ոսկի կբռնի, մենք ինչքան կհարստանանք:

— Նա էրևանցի ա,— ասեց գուշակ-գրբացը,— դուք որ էդքան գիտեք, նա ձեր ութ չափը կիմանա. բալքի նա ասեց՝ յոթ բաղիա ոսկի չեմ ուզում, յոթ բաղիա լու եմ ուզում, որդիան կտաք էդքան լուն:

— Այ ձեր տունը շինվի,— ասեցին,— նա էդքան ոնց կմտածի, որ ասի:

Համա էրնանցին ծակովը լսում ա, հա՛: Առավոտը որ լիսը բացվեց, սա վեր կացավ, գնաց տանուտերի կուշտը՝— ես էսօր,— ասեց,— տասը օր ա էկել եմ, իմ քառասուն բեռը դրանք բանդ են արել, կանչեք, տեսնանք ի՞նչ են տալի, ես տան ու տեղի տեր եմ, վեր կենամ գնամ:

Տանուտերը կանչեց Քյոսին ու Թոփալին՝

— Էս մարդին,— ասեց,— ինչ որ տալու եք, խի՞ չեք տալի, որ գնա:

— Յոթը բաղիա ոսկի,— ասին,— պարտական ենք դրան տալու: Հրեսիկ՝ տանք:

Էրնանցին էստեղ շուռ էկավ, թե՝

— Ես փողի ու ոսկու կարոտ չեմ: Ես հազարավոր ոչխար ու տավար ունեմ: Ամա չոբաններս քնով են ընկնում, ապրանքս ծնելու վախտը վնասվում ա: Յոթը բաղիա ոսկու տեղակ, թող ինձ տան յոթ բաղիա լու, որ չոբաններս էլ չքնեն: Չորսը էգ, իրեքը որձ:

Հալեպ քաղաքի տանուտերը շատ արդար, համ էլ շատ խելոք մարդ էր.

— Իրավունք ունի,— ասեց,— էրնանցին, իրա ապրանքն ա, կուզի ոսկու կտա, կուզի՝ լվի: Իմացած կամ,— ասեց,— Ապարան անունով մի գեղ կա, էնտեղ ի՞նչն ա շատից շատ՝ լուն, տները լվերով լիքն են: Բռնեք բերեք, էս պատվական մարդու ուզած հախը տվեք՝ ձեր ապրանքը տարեք:

Հալեպի տանուտերի խոսքը՝ խոսք էր: Ո՞վ կարեր, «չէ» ասի, տեղնուտեղը գլուխը կթռցներ:

Էդ իրեք ընկերները ի՞նչ անեին: Գնացին հասան Ապարան, տեսան որ դրուստ՝ ի՞նչն ա շատ՝ լուն: Լվերի ձեռիցը՝ ճար ու իլլաջ չկա: Գիշերը մինչև լուս քուն չի գալի սրանց աչքին, (չունքի անսովոր են լվակծուկի): Տո, անքուն մնալը ջահանդամը՝ սրանք նոր իմացան, որ լու բռնիլը ամեն մարդու հունար չի:

Էդ զահուրմար լվի մի հատը մինչի բռնում դնում էին բաղիյի մեջը, որ տեսնան ո՞րձ ա, թե՝ էգ, էն մեկելը բաղյի միջիցը դուրս էր թռչում:

Հալից ընկան էս խեղճերը, լվոտվեցին, ջանները քոր ու քոս ընկավ, տեսան, որ բան չի դառնում՝ քոռ ու փոշման ետ դառան Հալեպ քաղաքը: ... Ըստեղ ես, մինչի նրանք Հալեպու քաղաքը կհասնեն՝ էրնանցու գլխի էկածը մի կողմ թողած, մի էրկու խոսք եմ ուզում ասեմ Ապարանու մասին:

Այո, դրուստ ա՝ կարելի ա որ, հին ժամանակ Ապարանում լուն շատ լիներ էլած, ու էդ պատճառով հեքիաթասանի բերանն ա ընկել, համա հիմի լուն ո՞վ ա ավել էնտեղ: Հենց ես ինքս քանի անգամ էլած կամ Սպիտակի գեղարենքումը, քանի անգամ անուշ-անուշ խոմփացել եմ իմ լավ բարեկամների տներումը Ապարանու էն զով, լիսն յակ գիշերներին:

Չէ՞, մի օր հոգի ունեմ տալու, ես ո՞նց ասեմ թե Ապարանում լու տեսել եմ՝ տեսած չկամ:

Թե որ էսպես առաջանանք, շատ կարելի ա, որ էսօր-էգուց մեր գեղերումը լվի քոքը էնպես կտրվի, որ էրեխեքը մենակ գրքի միջի նկարներով ճանաչեն, թե լուն ի՞նչ տեսակ ջանավար ա:

Հիմի ետ դառնանք Հալեպ քաղաքը: Թոփալը, Քյոսեն ու Քոռը հասան էստեղ, ասին՝ ոնց լինի մենք էդ էրնանցու հախիցը պետք ա գանք:

Սրանք մի մարդ գտան, լավ փող տվին ձեռը, ասին՝

— Էդ էրնանցին ինչ տեղ գնա հաց ուտելու, դու էլ կմտնես էնտեղ, ինչ որ նա կուզի, դու էլ կուզես, կնստեք, կխմեք, կուտեք, մասլահաթ կանեք, վերջը դրա մտքինը կիմանաս, կգաս մեզ կասես:

Գլխներդ էլ ինչ սավառնեմ, էն մարդը հացի ա նստում էրնանցու հետ ու նրա ամենայն հանգամանքը իմանում, գալիս տեղեկացնում են իրեքին:

Էգսի օրը, քուչումը, Քոռը էրնանցու առաջը կտրեց՝

— Վայ, բարո՛վ, բարով,— ասեց,— Մարտիրոս ջան— Հերդ, մերդ ո՞նց են, էն ֆլան հարևա՞նը, էն մեկել ազգակա՞նը: Գոհություն աստծո,— ասեց,— ոնց որ փափագով ուզում էի քեզ տենայի, հիմի տեսա: Ախր քեզնից առնելիք ունեմ, Մարտիրոս ջան: Էն վախտը, որ ես ձեր տանը նոքար էի, դու նոր էլար մորիցդ, աչքիդ մինն էլ փուչ էր, ես իմ մի աչքը հանեցի, դրի քո աչքի տեղը: Հիմի, Մարտիրոս ջան, իմ աչքը ետ եմ ուզում, հանի տուր ինձ:

Էս ի՞նչ ա ասում, ո՞նց թե տուր ինձ:

Էլ ի՞նչ ասեմ, բանը հասավ դիվանի:. Տանուտերը ասեց,

— Ախպեր, ո՞վ կհասկանա էս վաճառականների բանը, ինչ ասես կառ՛նեն ու կծախեն:

Կանչեց էրնանցուն.

— Էս մարդը,— ասեց,— ասում ա՝ քո աչքի մեկը սրանն ա, հիմի ուզում ա, ի՞նչ ես ասում:

Էրնանցին էստեղ մի օր ժամանակ խնդրեց: Գիշերը մտավ էլ ետ էն օթախը, օջախի ծակը բաց արեց, ականջը դեմ տվեց, ըհը՛, իրեքն էլ գուշակ-գրբացին խոսացրին:

— Էրնանցին,— ասեց Քոռը,— Թոփալի ձեռիցը պրծավ, Քյոսի ձեռիցը պրծավ, տենանք իմ ձեռիցը ո՞նց ա պրծնելու:

— Նա էրնանցի ա,— ասեց գուշակ-գրբացը,— դուք նրա հետ չեք կարա:

— Էլ նա ի՞նչ կարա անի,— ասաց Քոռը,— որ իմացավ, թե աչքը պիտի հանեն, կթողա, կփախչի:

— Խի՞ ա փախչում,— ասեց,— գուշակ-գրբացը,— կասի, «Շատ լավ, իմ մի աչքն էլ հանեք, Քոռի էն մի աչքն էլ հանեք, դրեք կշեռքը՝ կշռեք, թե որ բարեբար լինի, տվեք նրան:

Էգսի օրը, էրնանցին հենց էտենց էլ ասեց Հալեպի տանուտերին.

— Բերեք,— ասեց,— իմ աչքն էլ հանեք, Քոռի էն մի աչքն էլ, դնենք մի կշեռքի, կշռենք, թե որ բարեբար էլավ, նրանն ա, տվեք նրան:

Քոռը էս որ լսեց, վեր կալավ Թոփալին ու Քյոսին ու էն գնալն էր, որ գնաց, մինչև հիմի էլ էրևանցու անունը որ լսում են՝ իրեքն էլ դող են ընկնում:

Նոր էստեղ էրևանցին շիմշատի բեռները ծախում ա իսկական գնովը: Մի բեռն էլ փեշքաշ ա տալի խոհարարին: Դե, առանց նրա խրատի, ո՞նց կարեր հաղթի էն իրեքին, ճամփա ա ընկնում դեպի Էրևան:

...Մինչև Մարտիրոսի Էրևան հասնելը, մի վկայություն էլ տամ էրեվանցիներին: Ձեր լաcը ճշմարիտ պատմություն ա: Ես էլ եմ տեսած Հալեպ քաղաքը, մի զարմանալի քաղաք ա, մեջը լիքը ամեն տեսակի մարդկերանցով: Դե, մեծ քաղաքի օրենքն ա՝ լավն էլ կպատահի, վատն էլ: Ցանի մեր Էրևանումը չկա՞ն Քյոսա, Թոփալ ու Քոռ, որ լավ մտիկ անենք, կտեսնենք:

* * *

— Ալնոր,— ասեց տատս, — դու իրեք Հալեպցուց ազահության մասին պատմեցիր, արի սրանց թողնենք Հալեպում, ես ձեզ բերեմ հասցնեմ Մսրա Մելիքի թագավորությունը:

— Ասա, Հերիքնազ, ասա, դու ասա, ես մի քիչ դինջանամ:

ՍԱՄՎԵԼԻ ԱՌԱԿԸ

Մեզանից շատ առաջ, որ սուտ չասեմ, վեց յոթ հարիր տարի առաջ, Ղրիմի կողմերում Սուրբ Խաչ անունով մի հայի քաղաք ա լինում: Էս քաղաքում մի ոսկերիչ ա ապրելիս լինում իրա ընտանիքովը: Գործը լավ ա գնում, ամա էնպես ա պատահում, որ իրեք տարի իրար վրա սովի տարի ա գալի, սա էլած-չելածը ծախում ա, վերջը հասնում են տեղը, որ տնով-տեղով մնում են հացի կարոտ:

Սրանց ընտանիքի մեծ տղեն՝ Սամվելը, շատ խելոք ու աչքաբաց էրեխա է լինում, վանքի վարժարանումը կարդացած, վարդապետներից շատ բան սովորած, շատ բանի էլ իրա խելքովը հասած:

Ղրիմի Կաֆֆա քաղաքը մեծ եսիրաբազար ուներ: Ամեն կիրակի էս

բազարում եսիր էին ծախում, եսիր էին առնում, սիրուն աղջիկներ Մարա հարեմների համար, սիրուն տղերք մամլուկների համար, ուժով տղամարդիկ՝ սև աշխատանքի համար:

Սամվելը ասավ ծնողներին.

— Տեղներս շատ նեղ ա, տարեք ինձ եսիր ծախեք, էդ փողովը մեր ընտանիքը մի քիչ կապրի, մինչև տեսնենք, թե, ի՞նչ ա գալի մեր գլուխը:

Ճարահատյալ Սամվելի ծնողները գալիս են Կաֆֆայի եսիրանոցը՝ որդուն ծախելու: Մոտ էկավ Մարա-Մելիքի վեզիրը, լավ նայեց, հավան կացավ Սամվելին,

— Ի՞նչ գործ կարող ես անել, ի՞նչ ա հունարդ:

— Ես ոսկերիչի տղա եմ,— ասավ Սամվելը,— Լավ եմ հասկանում ոսկեղենից ու ակնեղենից, ես շատ լավ եմ հասկանում ձիերից ու ուրիշ տանու անասուններից: Լավ եմ հասկանում մարդկանց ո՞վ ու ի՞նչ լինելը, նրանց արարմունքից ու նիստ ու կացից:

Սամվելին առնում են ու ուղարկում են Մարա-Մելիքին: Հենց էդ վախտ էլ Մելիքին բերում են մի հրաշալի ձի: Մեկն ասում ա, թե ձին հրեղեն՝ ա, մեկելն ասում ա՝ երկնային ա, մի ուրիշն էլ թե՝ ծովային ա:

Մելիքը հարցրեց.

— Սամվել, էս ձին ի՞նչ ձի ա:

— Թագավորն ապրած կենա,– ասեց Սամվելը,— էս ձին ոչ հրեղեն ա, ոչ երկնային ա, ոչ ծովային: Բան չունեմ ասելու, էս ձիուն՝ ոչ ուտեն, ոչ խմեն՝ մենակ թամաշ անեն: Ամա թագավորն ապրած կենա, էս ձին շատ լավը կլինի մենակ ձմռան ու աշունքվա ցուրտ ու հով ժամանակին: Ամառվա շոգը որ ընկավ, էս հրաշալի ձին սանձն ու կապը կտրելու ա, գնա մտնի ջուրը գոմեշների հետ, մնա ջրումը, մինչև իրիկվա հովը:

Մելիքը Սամվելի ասածին ուշ չդարձրեց, էս ձիու տիրոջը մեծ փող տվեց ու ձին առավ: Աշունքին, ձմռանը ձին շատ լավ էր, ամա որ՝ շոգը նեղեց, էս ձին ընկնում էր գոմեշների հետ ջուրը և ճիպոտով էլ տայիր, ջրից դուրս չէր գալիս մինչև իրիկվա հովը:

Մելիքը տեսավ, որ Սամվելի ասածը հաստատվեց, հրամայեց, որ էդ օրվանից եսիրի հացին մի կես գրվանքա հաց ավելացնեն:

Անց կացավ էլի մի ժամանակ: Մելիքի համար բերին Հնդկաստանի կողմերից մի հատ մեծ, շատ թանկագին քար, չտեսնված մի ակն: Քարը շատ սիրուն էր, լավ պսպղում ու ցոլք էր տալիս, ամա Մելիքը կասկածի մեջ էր, կանչեց Սամվելին:

Սամվելն ասեց,

— Էս քարի միջին որդ կա: Ես գիտեմ, թագավորն ապրած կենա, դու ինձ չես հավատա, քարը կես անիլ տու կտեսնես:

Ոսկերիչ կանչեցին, բերին քարը կես արին, որդը միջիցը դուրս էկավ:

Մելիքը շատ զարմացավ.

— Էսօրվանից,— ասավ,— էդ եսիր Սամվելի հացին մի կես գրվանքա հաց էլ ավելացրեք:

Օրերն էկան անց կացան: Մելիքն ասեց՝ արի սրան մի լավ փորձեմ մինչև վերջը.

— Սամվել,— ասավ,— դու գիտուն ես, դու լավ ես ճանաչում մարդ-արարածին, դու ասա մի տեսնեմ՝ ես ո՞վ եմ, ի՞նչ արարած եմ:

— Դու թագավոր ես,— ասեց Սամվելը, լավ էլ մարդ ես, համա թագավորական ցեղից չես, քու մեջը թագավորական՝ արյուն չկա: Դու ցիգանի ծագում ունես:

Մսրա-Մելիքը կատաղեց.

— Էս բոպեին սրան կախ տվեք:

Սամվելը դարձավ Մելիքին, թե.

— Թագավորն ապրած կենա, դու ինձ միշտ էլ կարող ես կախել: Ես մենակ խնդրում եմ, որ իմ ասածի մասին մորիցդ հարցնես:

Մելիքի մերն ասեց.

— Այ որդի, դու գիտես, որ քեզանից մեծ վեց քիր ունես: Մեր հույսը յոթի ծնունդի վրա էր, ուզում էինք տղա զավակ ունենայինք, որ հորդ մահիցը եդը նստեր Մսրա գահին: Ամա իմ քոռ բախտիցը վրա յոթը ծնունդս էլի աղջիկ բերի:

Հերդ լավ բարեկամ ցիգաններ ուներ, որ շատ անգամ մեզ դոնաղ էին գալիս, տասը-տասնհինգ օրով մնում մեզ մոտ, հորդ հետ ուտում, խմում, քեֆ անում: Հենց իմ աղջիկը բերածս օրը ցիգաններից մեկի կնիկը տղա էր բերել: Հերդ մեծ փող տվեց էդ կնկա մարդուն, իմ աղջիկը տարան նրան տվին, տղին բերին տվին ինձ: Էդ ցիգանի տղեն դու ես, որ կաս, իմ կաթով ես քեզ սնել մեծացրել եմ: Հիմի էս բանը գիտենք մենակ ես ու դու: Մեռնելուցս առաջ ասեցի քեզ, հոգիս թեթևացրի, ամա դու սուս կաց, թե չէ գահը ձեռիցդ կընկնի:

Մելիքը շատ զարմացավ Սամվելի իմաստության ու խելոքության վրա, հրամայեց որ էդ եսիրի հացը օրեկան մի կես գրվանքա էլ ավելացնեն:

Անց ա կենում մի շաբաթ, երկու շաբաթ, մի ամիս, Մսրա-Մելիքը չի հանգստացնում, ուզում ա իմանա Սամվելը ո՞նց, ինչի՞ցը հասկացավ ձիու ինչ լինելը, անգին քարի միջի որդը, իրա՝ ցիգանի ցեղից լինելը:

— Սամվել,— ասեց,— քու տված իրեք պատասխանն էլ դրուստ դուրս էկան: Հիմի դու ինձ հասկացրու, ո՞նց իմացար էդ բաները:

— Թագավորն ապրած կենա,— ասեց Սամվելը,— ձիու ատամներիցը ես հասկացա, որ նա առանց ծնողի մեծացած քուռակ ա եղել, գոմեշի ծիծ ա ծծել, ատամներն էլ գոմեշի ատամ են դառել ու գոմեշի ատամ մեծացել: Ակի միջի որդը պարզ բան ա. էդպես մեծ քարը թաց, խոնավ տեղից ա հանված, դե խոնավ տեղումն էլ անպատճառ որդ կլինի: Քարի միջի որդը, որ ուշադիր նայող լիներ աչքով էլ կջոկվեր:

— Էդ, ասենք էդպես, բա ո՞նց իմացար իմ ցիցանի ծագում ունենալը։

— Ամեն անգամ դու մի կես գրվանքա հաց էիր ավելացնում իմ եսիրական հացին։ Թագավորական ցեղի մարդը իմ իրեք պատասխաններից ամեն մեկի համար ինձ եսիրությունից կազատեր, կնստեցներ իրա կողքին, որ խելոք խորհուրդով օգնեի երկիր կառավարելուն։

— Էսօրվանից,— ասեց Մսրա-Մելիքը,— դու ազատ ես, էլ եսիր չես, դու իմ աջ կռանը պետք ա նստած լինես։ Հալալ ա քու կերած կաթը։ Մարդ ղրկենք, քու հերն ու մերը երեխանցը թող բերեն մեր քաղաքը, քեզ հետ իրանց քեֆին ապրեն։

***

«Սամվելի առակը» էս ա, որ կա։ Որտեղից որտեղ, յոթ հարիր տարվա տակիցը, սարեր ու ձորեր կտրել, գետեր ու ծովեր են անցել մինչև որ հասել են մեր երկիրը, պատմել են պապիս, պապս էլ ինձ, ես էլ հիմի ձեզ պատմեցի։

ԻՐԵՔ ԱԽՊՈՐ ՀԵՔԻԱԹԸ

Ժամանակով իրեք ախպեր են լինում։ Իրեքն էլ շատ խելոք ու գիտուն են լինում։ Մի օր սրանք գնում են Բաղդատ, ճամփին պուճուր ախպերն ասում ա.

— Էս ճամփովն,— ասում ա,— մի ուղտ ա գնացել, մի աչքը քոռ ու առաջի ատամներն էլ թափած են եղել։

— Էդ ճիշտ ա,— ասում ա միջնեկ ախպերը,— համ էլ ուղտի բեռի մի կողմում ցորեն ա եղել, մյուս կողմում՝ մեղր։

— Էդ էլ ա ճիշտ,— ասում ա մեծ ախպերը,— ուղտին էլ նստած ա եղել մի երկուհոգիս կնիկ։

Էսպես խոսելով, մի քիչ տեղ, որ անց են կենում, մին էլ տեսնում են, որ մինը հևիհև վազելով եկավ հասավ սրանց։

— Ձեզ ղուրբան,— ասում ա,— ուղտս կորել ա, չեք տեսե՞լ իմ ուղտը։

— Էն, որ մի աչքը քոռ ա ու առաջի ատամներն էլ թափա՞ծ,— հարցնում ա պուճուր ախպերը։

— Հա, ա՛:

— Բեռի մի թայումը ցորե՞ն էր, մեկելումը՝ մե՞ղր,— հարցնում ա միջնակ ախպերը:

— Հա, հա՛:

— Ուղտի վրեն էրկուհոգիս կնիկ էր նստա՞ծ,— հարցնում ա մեծ ախպերը:

— Հա՛, հա՛, հա՛, հենց էդ ա: որ կա,— ասում ա ուղտատերը, էդ իմ կնիկն էր ուղտին նստած:

Աղաչանք պաղատանք ա անում, որ ասեն, թե ի՞նչ էլավ էդ ուղտը, համա իրեք ախպերն էլ միաբերան ասում են, թե չեն տեսել էդ ուղտը:

Ուղտատերը չի հավատում: (Ախր ո՞նց հավատա մարդ): Գնում ա խալիֆին գանգատ.

— Խալիֆն ապրած կենա,— ասում ա,— էս մարդիկը մին-մին նկարագրեցին իմ ուղտը, գիտեն, թե վրեն ինչ էր բարձած, համա ասում են, թե չեն տեսել ուղտս:

— Թե որ ուղտը չեք տեսել,— հարցնում ա խալիֆը,—որտեղի՞ց գիտեք էդ նշանները:

— Խալիֆն ապրած կենա,— պատասխանում ա պուճուր ախպերը,— որ ուղտի մի աչքը քոռ էր ու առաջի ատամները էլ վեր թափած, ես հասկացա նրանից, որ ուղտը արածելիս ա եղել ճամփի մի կոնից, խոտի մեջտեղն էլ թողած՝ կրծել ա երկու կողքիցը.

— Որ բեռի մի թայը ցորեն էր, մեկելը՝ մեղր, խալիֆն ապրած կենա, ես հասկացա նրանից, որ ուղտի անց կացած ճամփին մի կոնից ճանճեր էին նստած, մեկել կոնիցն էլ ծտեր էին թռչկոտում,— պատասխանում ա միջնեկ ախպերը:

— Որ ուղտի վրեն, երկուհոգիս կնիկ ա եղել նստած, ես հասկացա նրանից, որ էստեղ՝ որ կնիկը վեր ա էկել ուղտիցը՝ գետնին ձեռների տեղն էրևում ա, խալիֆն ապրած կենա,– ասում ա մեծ ախպերը: Ոտի կանգնելիս, երկու ձեռը գետնին են դեմ տալիս մենակ երկհոգիս կնանիքը:

Խալիֆը մնում ա զարմացած, էս ի՞նչ իմաստուն մարդիկ են, կանչում ա սրանց պալատը՝ ճաշի: Լավ պատիվ ա տալի, ու իրա պալատականին ասում:

— Սրանց տակը դեռ շատ բան կլի, աչք ու ականջ պահի վրներին: Ճաշից հետո, էս իրեք ախպորն էլ տանում են մի ջոկ օթախ, որ սրանք հանգստանան: Պալատականն ականջը դեմ ա անում դռանը, որ իմանա, ի՞նչ են խոսում, ի՞նչ չեն խոսում իրարու հետ, մին էլ, ըհը՛.

— Փլավը, որ մեզ պատվեցին, շատ լավն էր, համա ափսոս, որ բրինձը մեռլահոտ էր տալի,— ասեց պուճուր ախպերը:

— Միսն էլ պակաս միս չէր, ամա ափսոս, որ մի քիչ շան հոտ ուներ,— ասեց միջնեկ ախպերը:

— Մեր խմած գինին էլ շատ պատվական գինի էր, ամա ափսոս, որ մարդու արնի համ ու հոտ ուներ։

Պալատականը գլխապատառ վազեց խալիֆի մոտ, թե՝ խալիֆն ապրած կենա, էսենց, էսենց, էսենց բան են խոսում էն մարդիկը։

Խալիֆը կատաղում ա, արինը աչքերն ա առնում, թե ո՞նց թե ինձ հետ կերած-խմածին էդպես խոսք ասեցին։ Ասեց՝ էս բոպեին քննություն արեք, հետո ես գիտեմ արդարի ու մեղավորի դատը։

Քննություն արին էն բոպեին, ի՞նչ պարզվեց։ Արի տես, որ փլավ գցած բրինձի արտի տակին, վաղ ժամանակ գերեզմաններ են եղել էս մեկ, փլավի մսացու գառը նորածին օրերին շան ծիծ ա ծծած եղել , էս երկու, սրանց խմած գինու խաղողը քամելու վախտը մշակը ոտը կտրել ա ու նրա արինը խառնվել ա քամածին։

Նոր էստեղ խալիֆը կանչում ա էս իրեք գիտնական ախպորտանցը, էլ ինչ պատիվ, էլ ինչ փեշքաշներ, էլ, էլ, էլ ինչ ասեմ։ Ուղտատիրոջն էլ մի ուղտ ա փեշքեշ անում, որ սիրտը կոտրած չմնա, ասում ա՝ դե հիմի գնա։ Թե որ կնիկդ քեզանից էր պատճառավոր, կգա, քեզ կգտնի, թե հու չէ, լավն էն ա, որ հենց ինքն ա կորել։ Բա՜։ Տեսնաս ո՞ւր կլինի կորած էն ուղտը։

***

— Էդպես ա,— ասեց պապս, ժողովրդի խելքին, փորձին, նրա սուր աչքին հասնող քիչ կլինի։

ԱՆԶԱՎԱԿ ՀԵՐ, ՅՈԹ ՈՐԴՈՑ ՏԵՐ

Մի կտրիճ մարդ ա լինում։ Սա ունենում ա մի սիրուն, համեստ ու հավատարիմ կին, ամա ո՞վ կիասկանա աստծու բանը։ Սրանք յոթ տարի պսակված՝ մնում են անժառանգ։ Էս մարդը սրտի նեղությունիցը, թողնում ա տուն ու տեղը, ընկնում ա աշխարքե-աշխարք, պատահածին պատմում իր դարդն ու ցավը։ Ամենն էլ խղճում են սրան, ասում ա.

— Աստվածը ինձանից էրես ա դարձրել. ինչքան աղաչեցի, ինչքան մատաղ արի՝ չօգնեց։

Վերջը սրան պատահում ա մի դերվիշ, դառնում են ճամփի ընկեր, զրից անելով՝ երկար ճամփեն կարճացնում։ Էս մարդը դերվիշին էլ ա պատմում իր դարդը, գնում են՝ շատ ու քիչը աստված գիտի, անց են կենում մեծ ու պստիկ գեղեր, շեն քաղաքներ, վերջը հասնում են մի էն տեսակ քաղաքի, որի պատերը, շենքերը, տներն ու դռները նորաշեն են, բայց միջին ապրող չկա, ամեն ինչ ամայի ա: Հասնում են մի մեծ շենքի, տեսնում դրան առաջին մի շեղջ ոսկի, մի շեղջ էրծաթ ա կիտած:

Դերվիշը հարցնում ա.

— Թե որ աստված էս քաղաքը քեզ տա, բայց զավակ չտա, դու քաղաքը կընտրե՞ս, թե՞ զավակը:

Մարդը թե՝ քաղաքը կուզեմ: Դերվիշն ասում ա.

— Թե, որ աստված էս ոսկին ու էրծաթը քեզ տա ու զավակ չտա, դու ոսկին ու էրծաթը կընտրես, թե՞ զավակը:

Մարդը թե՝ ոսկին ու էրծաթը:

Նոր էին դուրս էկել քաղաքի մեկել դռնովը, տեսան՝ հազարավոր մարդիկ սպանած-կոտորած, նրանց կնանիքն ու էրեխեքը գերի առած՝ քշում են երկրից դուրս: Թշնամու զորքը թափվեց ոսկու ու էրծաթի վրա, առան, թալանեցին, կրակ տվին քաղաքը, տեղումը մնաց նրա մոխիրը:

Մարդը իր աչքովը տեսավ էս զուլումը:

Գնացին հասան մի պալատի, որ արնի տակ շողշողում էր անգին քարերով զարդարված, շուրջ բոլորը՝ մեղրահամ մրգի ծառեր ու անուշահոտ ծաղիկներ: Քառասուն ոտք մարմարե սանդուղքով վեր ելան, աչք պիտի լիներ, որ միջի արք ու փառքը տեսներ ու խելքահան լիներ. լուսարձակ ոսկե սները, սարքած-պատրաստ կեր ու խումի սեղանը, գոհար ու մարգարտի աման-չամանով:

Չորս կողմը ման էկան, մարդ չկար:

Դերվիշը էլ ետ հարցրեց.

— Թե, որ աստված էս բոլորը տա քեզ ու զավակ չտա, դու էս բոլո՞րը կընտրես, թե զավակը:

Մարդն ասեց.

— Իմ սիրտը կպավ էս հարստությանը:

Ման գալով էկան ներքև, բակի միջին՝ մի ծով-հավուզ էրծաթի շղթայով քաշած, էստեղ-էնտեղ՝ փղի ոսկորից նստարաններ շարած, հավուզի միջին՝ ձկներ, ծառերի ու թփերի վրեն՝ ամեն տեսակի հավք ու թռչունք թառած ծլվլում են, շուրջ բոլորը ռանգ-ռանգ անուշահոտ ծաղիկներ, մի կռանը՝ շարբաթի կարմիր շատրվան, մեկել կռանը՝ դեղին շատրվան:

Էս դրախտի միջին մի արեգակի նման սիրուն աղջիկ էր նստած, մարգարտե շապիկը հագին:

Դերվիշը էս հետ էլ հարցրեց.

— Թե, որ աստվածը կամենա էս աղջիկը քեզ կին տա, նրա հերն էլ իրա ունեցած-չունեցածն էլ հետը քեզ բաժինքի տեղը տա, բայց զավակ չտա, դու ո՞րը կընտրես՝ էս ամե՞նը, թե՝ զավակը: Մարդն ասեց.

— Քառասուն զավակ ունենամ, քառասուն կնիկ՝ բոլորին կթողնեմ, թե էս աղջիկը ինձ առնի:

Սրանք հենց որ դուրս էկան էդտեղից, մին էլ վրա տվին ձիավորները, թրավորները: Նրանց մեծը ձեն տվեց.

— Աղջկա հորը սըպանենք, ծառաներին կոտորենք, աղջկան տանենք:

Ամեն ինչ ավերեցին, փչացրին, ջարդ ու փշուր արին, շենքն ու շինվածքը կրակ ավին, էրեցին: Մինչև մարդը ուշքի եկավ, ամեն ինչ վերջացած էր. մենակ թեթև քամին էր դես ու դեն ցրում կրակի տակի մնացած մոխիրը:

— Տեսա՞ր, ինչ էր ու ինչ եղավ,— ասեց դերվիշը մարդուն:— Շատ ունենալուն, մեծ ունենալուն, գեղեցիկ ունենալուն. էս ա, էս իրեք բանին տիրապետելուն դեմ ա թշնամին ու աշխարքը: Չափը անցկացնողի գլխին ուշ թե շուտ էս փորձանքը պետք ա պատահի: Դու շատ սխալ ես,— ասեց,— դու չգիտես էն քաղցրությունը, որ մարդը վայելում ա իրա չափավոր վիճակի մեջ, իրա տանը, իրա համեստ ու հավատարիմ կնկա հետ: Զավակն ա աշխարքի ամենամեծ մխիթարանքն ու երանությունը: Աստված գիտեր քու սիրտը, դրա համար ա, որ զավակ չի տվել քեզ: Էս բոլորը տեսնելուց հետո,— ասում ա դերվիշը,— գնա փառք տու քու աստծուն՝ աստվածը կարող ա զավակ տա քեզ:

Էդ օրվանից էս մարդու աչքի փառը վեր ընկավ, հասկացավ աշխարքի խերն ու շառը. մտածեց, տեսավ, որ անցկացրած յոթը տարումն էլ տանջվում էր նախանձից, որ ուրիշները որդիք, ժառանգ ունեն, ինքը՝ չունի, էլած հարստությունը գնալու ա կորչի:

Մարդը՝ կես մարդ էր: Հիմի իսկական, խելոք մարդ դառավ: Գոհ մնաց իր օր ու կյանքից: Օրենը յոթ անգամ փառք էր տալիս իր աստծուն: Աստվածն էլ, մեռնեմ նրա արդարությանն ու զորությանը, քաղցր աչքով նայեց վերնից: Էս մարդու համեստ ու հավատարիմ կնիկը յոթ անգամ, իրար հետևից ծունկը գետինը տվեց, յոթ հատ թաղլան տղա բերեց:

Կատարվեց դերվիշի խոստացածը՝ աստվածը զավակներ տվեց:

Էսպես էլավ էս պատմությունը, որ
Կար մի անժառանգ անզավակ հեր
Աստծով դառավ յոթը որդու տեր:

***

Հարստությունը, շատ անգամ մարդուն քոռացնում ա, մարդավարությունը կորցնել ա տալիս, համա հալալ կաթնակեր մարդը իրա մարդավարությունը չի կորցնում:

Այ, պատմեմ, լսեք:

ՈՍԿՈՒ ԱՐՏԸ

Էս հեքիաթը ես մեր մեծերից եմ լսել, սրանք էլ իրանց պապերից, պապերն էլ հայտնի բան ա, իրանց մեծերից։

Պոռշ թագավորի օրով էրկու դրկից-հարևան են լինում։ Սրանցից մեկի եզները ձմեռը սատկում են, սա չի կարում ինքը վար անի, էն մեկել հարևանը սրա արտի էրեսը մի տարի ժամանակով առնում ա, որ ինքը նրա արտումը վար անի, ցանի, հունձը հավաքի։

Գարունքը, որ բացվում ա, սա գութանը լծում ա, սկսում ա վար անել, գութանի խուփը բիրդան մի պղինձ ոսկի ա հանում։ Սա լծկանը թողած արորում, վազում ա հարևանին թե.

— Աչքդ լուս, քու արտի միջիցը մի պղինձ ոսկի դուրս եկավ, արի տար։

— Չէ,— հակառակում ա հարևանը,— ես արտի էրեսը ծախել եմ քեզ, քու գութանի խուփն ա հանել, էդ քու բախտն ա։

Սա՝ հա, նա՝ չէ, սա՝ հա, նա՝ չէ։ Հարևանները չեն կարողանում հաշտվել, ճարները կտրած գալիս են Պոռշ թագավորի մոտ։

— Թագավորն ապրած կենա,— ասում ա ոսկին գտնողը,— ես էս մարդի արտի էրեսը առել եմ, իմ գութանի խոփը սրա արտիցը մի պղինձ ոսկի ա հանել։ Ասում եմ արի, քու ոսկին առ, չէ, ասում ա, ես արտի էրեսը ծախել եմ քեզ, քու խոփն ա հանել, քու բախտն ա։ Հիմի, մնացել ենք շիվար, մեզ մի խելք սովորացրու։

— Քանի՞ տարով ես արտի էրես առել,— հարցնում ա Պոռշ թագավորը։

— Մի տարով, թագավորն ապրած կենա,— ասում ա ոսկի գտնողը։

Թագավորն դառնում ա արտի տիրոջը, թե.

— Այ մարդ, ո՞ւ ինչի չես վերցնում ոսկին։

— Թագավորն ապրած կենա,— ասում ա արտի տերը,— ասեմ թե ինչի։ Օղորմի քու անցավորաց, օղորմածիկ իմ հերը, որ մեռնում էր, ինձ կանչեց, ասեց. «Ես էս ա մեռնում եմ, ժամանակը կգա, դու էլ պետք ա մեռնես։ Ինչ կանես-չանես, ամա ուրիշի մալ ու դովլաթին աչք չդնես։ Մի բուռ հող, մի կտոր տախտակ, մի գազ էլ կտավն ա մարդու բաժինը»։ Բարի անունը ավելի երկար կապրի, քանց չար անունը։ Հիմի թագավորն ապրած կենա, դորթ ա, հողն իմն ա, ամա աշխատանքը իմ հարևանինն ա։ Դրա համար ա, որ չեմ վերցնում ոսկին։

Պոռշ թագավորը ընկնում ա մտածմունքի մեջ, վերջը, թե.

— Ոսկի գտնող, դու էլ ես արդար, արտատեր՝ դու էլ։ Իմ կարճ խելքով էնպես պետք ա անեք, որ ոչ քու սիրտը դառնանա, ոչ նրա։ Դու ի՞նչ ժառանգ ունես։

— Մինուճար մի տղա, թագավորն ապրած կենա,— ասում ա ոսկին գտնողը:
— Բա ո՞ւ, արդար հարևան:
— Ես էլ՝ մի աղջիկ, թագավորն ապրած կենա:
— Աստված ա ձեզ օգնել, էլ ի՞նչ ասեմ,— ասում ա Պռոշ թագավորը: Որ էկել եք իմ ոտքը, ես չէ թե՝ իմ աստծու վճիռն եմ տալի.
— Գնացեք, պսակեք ձեր տղա-աղջիկը, ոսկին տվեք նրանց, թող իրանց քեֆին ապրեն, ձեզ էլ օրհնանք ու օղորմի տան:
— Հը, ի՞նչ կասեք:
— Ես հոժար եմ,— ասում ա ոսկին գտնողը:
— Ես էլ եմ հոժար,— ասում ա արտի տերը:
Հարևանները ուրախ սրտով գալիս են տուն, իրանց որդկերանցը պսակում, իրեք օր, էրեք գիշեր հարսանիք անում:
Թե մինչև էդ դրկից-հարևան էին՝ հօրեւս դենը դառնում են ոնց որ հալալ ախպեր:
Արտի անունն էլ դնում են՝ ոսկի արտ:

***

— Դե, հարևան էլ կա, հարևան էլ:

ԷՐԿՈՒ ՀԱՐԵՎԱՆ

Ժամանակին, մեր գեղումը էրկու հարևան գեղացի են լինում: Օրվա մի օրը, սրանցից մինը, արտիցը ցորենը որ կրելիս ա լինում, ոնց ա պատահում, թարսի նման սելը շուռ ա գալիս, խրձերը թափվում են դես ու դեն:
Էս խեղճ սելվորը մնում ա շվարած, ձեռը ծոցին դրած, ի՞նչ անի, ինքը մենակ մի մարդ, սելը ո՞նց բարձի:
Դու մի ասի, սրա հարևանը էդ ճամփովը գալիս ա լինում, օգնում ա սելվորին, սելը նորից բարձում են, ընկնում ճամփա:
— Բա՜,— ասում ա հարևանը,— ես որ չլէի, դու մենակ կկարենայի՞ր սելը տեղը դնել, խրձերը բարձե՞լ:
— Շնորհակալ եմ,— ասում ա սելատերը,— հալբաթ որ, մենակ մարդը ո՞նց կարա սել բարձել:

Քշում են, մի քիչ տեղ գնում, էս հարևանը էլի, թե.

— Հը, ո՞նց ա, տեսա՞ր ոնց օգնեցի՞, սելը բարձեցինք:

— Հալբաթ որ,— ասում ա սելվորը,— բա ո՞նց, հարևանությունը էլ որ օրվա համար ա, որ նեղ տեղը մարդիկ իրար չօգնեն:

Մի քիչ տեղ էլ անց են կենում, հարևանը, թե.

— Չէ, ես որ չլէի, դու սելդ ո՞նց էիր բարձելու:

Սելվորը տեսնում ա, որ սա շատ համը տարավ. «Հո՛, հո՛» յա անում, եզները կանգնեցնում: Ճռնչալով ուսը դեմ ա անում, սելը շուռ տալիս, խրձերը ցաք ու ցրիվ անում:

— Ախպեր,— ասում ա,— պրծա՞նք քու ձեռիցը: Ոնց որ էկել ես, էնենց էլ գնա: Սրանից դենը քու հարևանությունը քու գլուխն ուտի: Ինձ քու օգնությունը պետք չի: Արածդ մի բան չէր, համա քթովս բերիր: Ոչ պտի անեիր, ոչ էլ արածդ էրեսովս տայիր: Ամոթ քու մարդկությանը, թո՛ւ:

Թամամ, որ «թո՛ւ» ու «ամո՛թ»:

***

Հիմի գանք էրկու ուրիշ հարևանից պատմենք:

ԹԱԹՈՍՆ ՈՒ ՄԱԹՈՍԸ

Թաթոսն ու Մաթոսը հարևաններ են լինում: Թաթոսը խելոք մարդ ա լինում, լավ աշխատում, արտ ու ցան անում, բաղ ու բաղչա պահում իրա համար լավ ապրում ա:

Ամա Մաթոսը աստծու տված խելքիցը քիչ պակաս ա բլում: Չի կարում արածը կարգին անի, որ լավ ապրի:

Մի օր էլ բռնացնում ա հարևանին, թե.

— Այ տա, Թաթոս,— ասում ա,— քեզ էլ մի լուծ եզ ունես, ինձ էլ մի լուծ եզ ունեմ: Քու բնտանիքը իմի չափ ա: Ես լուսը չբացված, քեզանից առաջ եմ վեր կենում գնում գործի, քեզանից էլ շատ եմ աշխատում: Բա, էդ ինչի՞ցն ա, որ դու լավ ես ապրում, ես՝ չէ:

— Էդ նրանից ա,— ասում ա Թաթոսը,— որ դու կնկանդ խելքով ես ապրում: Կնկանը կլսեն,— ասում ա,— ամա հազարիցը մեկ: Թե ուզում ես լավ ապրես, կնկանդ հետ խորհուրդ արա, լսի ասածը, ամա հակառակն արա դո՛ւք էլ լավ կապրեք:

Մաթոսի կնիկն էլ իր մարդու խելքիցն ա ունենում, ամա դե կնիկ ա էլի, հազարիցը մեկ, նա էլ ա խելոք բան ասում, ամա Մաթոսը կնկանը ականջ չի դնում, ինչ կնիկն ասում ա հակառակն ա անում:

— Հիմի,— ասում ա,— որտեղ որ ա իմ բախտն էլ կբացվի:

Մի ձմռան օր էլ Մաթոսը բարձրանում ա կտուրը, որ ձյունը մաքրի, մաքրելով գալիս ա հասնում մի փտած գերանի գլխի:

— Այ մարդ,— ասում ա կնիկը,— դենը կանգնի, հրես վեր ես ընկնելու:

— Քու բանը չի,— ասում ա Մաթոսը,— ձենդ կտրի:

Կնիկը քանի ասում ա, Մաթոսը, էլ ավելի հակառակն ա անում:

— Ջհանդամը գլուխդ,— ասում ա կնիկը,— որ մարդի չես լսում, վերընկի, շան սատակ ըլի:

Չանչ ա անում մարդուն՝ մտնում տուն: Հենց տուն ա մտնում, մի դըմփոց ա լսում, հետն էլ՝

— Վա՛յ մեռա՛, օգնեցե՛ք:

Կնիկը դուրս ա գալի տենում փտած գերանի հետ մարդը վեր ա ընկել, ոտը կոտրել:

Նոր էլ ի՜նչ: Անղչի են կանչում, կոտրած ոտը կապում, Մաթոսին անկողին դնում:

Թաթոսը գալիս ա Մաթոսին տեսության:

— Էդ ի՞նչ ա, Մաթոս,— ասում ա,— էդ ի՜նչ ա է լել:

— Էլ մի խոսա, Թաթոս, ինչ որ էլել ա քու էրեսիցն ա էլել: Դու ես մեղավոր:

— Ինչի՞, այ մարդ:

— Բա, դու չասեցի՞ր կնկանդ խոսքը չլսես:

— Պա, քու տունը չքանդվի,— ծիծաղում ա Մաթոսը,— չէ՞ ես քեզ ասի կնկանը կլսեն հազարից մի անգամ:

— Ասու՜մ ես էլի,— տնքում ա Մաթոսը,— բա ես հու գիտնական չեմ, ո՞նց իմանամ, թե հազարից էդ ո՞ր մեկն ա, որ պետք ա լսեմ:

Դրուստ, որ շատ դժվար ա Մաթոսի գործը:

Թե, որ ձեզանում գիտնական մարդ կճարվի, թող սովորացնի Մաթոսին: Մեղք ա էդ մարդը:

— Տատի,— ասեց պիոներ թոռը,— մի հեքիաթ էլ ես գիտեմ, սազական կլինի՞, որ մեծերի կողքին ես էլ ասեմ:

— Ասա բալիկ ջան, քու հեքիաթն էլ քեզ սազական կլինի:

Ու թոռը սկսեց:

ՕՁՆ ՈՒ ՁՈՒԿԸ

Օձն ու ձուկը բարեկամանում են:

— Այ քիր,— ասում ա օձը ձկանը,— առ ինձ մեջքից, մի քիչ ման ածա ծովի վրին:

— Շատ լավ, ի՞նչ եմ ասել,— ասում ա ձուկը,— նստի մեջքիս, ման ածեմ, տես ոնց ա մեր ծովը:

Օձը փաթաթվում ա ձկանն՝ ու լող են տալիս: Հենց մի քիչ անց են կենում օձը կծում ա ձկանը:

— Այ քիրա, խի՞ ես կծում,— հարցնում ա ձուկը:

— Ես էլ չիմացա, թե ո՞նց էլավ,— ասում ա օձը:

Մի քիչ էլ են լողում, օձը էլ ետ կծում ա ձկանը:

— Այ քիրա, բա ինչի՞ էլ ետ կծեցիր ինձ,— հարցնում ա ձուկը:

— Դե բա ո՞նց անեմ, էդ իմ բնույթն ա,— ասում ա օձը:

Էլի մի քիչ տեղ որ լողում են, օձը, որ նորից ա կծում ձկանը,

— Այ քիրա,— ասում ա ձուկը,— էտ ի՞նչ էլավ քեզ, հա կծում ես ինձ:

— Դե բա ո՞նց անեմ, էդ իմ բնույթն ա,— ասում ա օձը:

— Բաս, որ ըտենց ա, օրես դենը իմացած լինես, որ ես էլ իմ բնույթն ունեմ:

Ասում ա ձուկը ու սկում ծովի խոր տեղը: Օձը խեղդվում ա ու սատկում:

— Դե, գնա, — ասում ա ձուկը,— որտեղ քո բնույթն ասես, էնտեղ էլ իմը ասա:

***

— Էս մի թոռնիկը տատիկի «սազական» խոսքը շատ ա սիրում:

Հիմի մի հեքիաթ էլ ասեմ, որ թե մեծը, թե փոքրը իմանան՝ ինչը ե՞րբ ա սազական:

ԷՇԻ ԵՐԳՆ ՈՒ ՈՒՂՏԻ ՊԱՐԸ

Մի մարդ ունենում ա մի ուղտ ու մի էշ: Սա սրանց էնքան ա բանեցնում, որ հալից զցում ա: Մի օր էշն ասում ա,— Ուղտ ախպեր, պետք ա էստեղից փախչենք, թե չէ մեր տերը մեզ բանեցնելով կսպանի:

— Շատ խելոք ես ասում, էշ ախպեր, գնանք, մեր գլուխներն ազատենք, թքած էսպես անխիղճ տիրոջ վրա:

Ուղտը մի կում ա անում, թքում ա տիրոջ դռան վրա, էշն էլ պոչը վեր ա քաշում... տիրոջ շեմին, սրանք վեր են կենում, լիսը դեռ չբացված, քանի տերը քնած ա, փախչում են էնտեղից:

Հիմի էս էրկու աղբերացուն իրանց քեֆին կապները կտրած, ազատ, ուր ուզում են՝ գնում են: Ուզում են՝ նստում են, ուզում են՝ պառկում են, ուզում են՝ թավալ են տալի, ուզում են՝ քնում են: Տեր չունեն, անելիք չունեն, ուտելիքն էլ բոլ-բոլ, արածի ինչքան փորումդ տեղ կանի: Էրկուսն էլ չաղանում են, ջանի են գալի, քեֆներին քեֆ չի հասնում:

Մի օր էլ էշի քեֆը տեղն ա լինում, ասում ա,

— Ուղտ ախպեր, երգ ասիլս էկել ա:

— Էշ ախպեր,— ասում ա ուղտը,— առանց զինու հարբե՞լ ես: Ի՞նչ երգելու վախտ ա,— ասում ա,— տղիդ ես պսակո՞ւմ, թե աղջկադ ես մարդու տալիս: Հարսանիքի հո չե՞նք էկել: Դու լավ գիտես, որ քու ձենը ես շատ եմ սիրում, ամա ամեն բան իր վախտին ա սազական: Հիմի քու անուշ ձենը որ լսեն, գալու են մեզ բռնեն տանեն, էնքան բանացնեն, որ հալից զցեն:

— Ուղտ ախպեր,— ասում ա էշը,— երգ ասիլս, որ էկել ա, անկարելի բան ա, պետք ա երգեմ:

Ասում ա ու սկսում զռալը:

Սրանց տերը էշի ձենը որ՝ լսում ա, տեղնուտեղը գալիս ա, էրկուսին էլ տանում, էնքան ա բանացնում, որ հալից զցում ա:

Էշն ու ուղտը մի հետ էլ են փախչում տիրոջիցը: Ճանապարհին մի գետ ա պատահում, ամա էշն էնքան բեզարած ա լինում, որ չի կարենում ջուրն անց կենա:

— Էշ ախպեր,— ասում ա ուղտը,— արի քեզ շալակեմ, ջուրն անց կացնեմ:

— Չես կարա, ուղտ ախպեր,— ասում ա էշը,— ծանդր եմ, տերս միշտ ասում էր՝ էս էշը որ սատկի, սրա կաշին մի ուղտի բեռ կլինի:

— Էշ ախպեր,— ասում ա ուղտը,— դու ինքդ խելոք մարդ, ո՞նց ես Հավատում տիրոջդ խոսքին: Արի շալակս քեզ տանեմ:

Էշը նստում ա ուղտի շալակը: Որ հասնում են գետի մեջտեղը, ուղտն ասում ա.

— Էշ ախպեր, պար գալս էկել ա:

— Էդ ի՞նչ ես ասում, ուղտ ախպեր,— ասում ա էշը,— իմ քուռակը, որ քուռակ ա, էն էլ առանց զուռնա դհոլի պար չի գալի: Ամեն բան իր վախտին ա սազական: Անց կենանք ջրի էն դրաղը՝ ինչքան կուզես պար արի:

— Էշ ախպեր,— ասում ա ուղտը,— անկարելի բան ա, պար գալս որ եկել ա, պետք ա պար գամ:

Ասում ա ու սկսում պար գալ, էրկուսն էլ ջուրն են ընկնում, քիչ ա մնում խեղդվեն: Էշը իրա ահիցը էն տեսակ զռռոց ա վեր քաշում, որ տերը գալիս ա, հասնում սրանց հավարին, մի կերպով սրանց դուրս բերում գետիցը, հետո ձեռն ա առնում դագանակը, տուր թե կտաս էրկուսին էլ մի լավ դնգստում, որ էլ նորից չփախչեն:

Ուղտը համ ծեծ ա ուտում, համ էլ մտածում ա.

— Իմ հախն ա,— ասում ա,— ես ինչի՞ լսեցի իշին, ինչի՞ իմ ծանդր տեղս թեթևացրի, ինչի՞ փախա տիրոջիցս, ո՞վ ա տեսել, որ խելոք մարդը իշի խելքով իր անելիքն անի:

ՀԱՐՈՒՍՏ ԽԱԲԵԲԱՆ ՈՒ ԱՂՔԱՏ ՃՇՄԱՐՏԱԽՈՍԸ

Մեր գեղումը մի շատ անպետք մարդ կար: Սրան-նրան խաբելով, մշակի վարձը կտրելով, տեղն էկած վախտն էլ ուրիշի մալը գողանալով, բոլ հարստություն էր դիզել:

Մի օր, էս Հարուստը մի անմեղ գեղացու վրա սուտ պարտք ա զցում, թե դու ինձ տասը փութ գարի ես պարտք:

Էս մարդը պարտքը վիզը չի առնում, դե, ախր ոնց վիզն առնի, որ պարտ չի: Ասում են, խոսում, գոռում, կռվում, վերջը գործը ընկնում ա դատարան:

Հարուստը գնում ա մի աղքատ, ճշմարտախոս մարդու մոտ:

— Քու ճշմարտախոսությունը,— ասում ա,— շատ օգուտ բերեց քե՞զ:

Էլ էն աղքատն ես, էլ են աղքատը, փափախդ ծակ, չուխեդ պատռած, կնիկդ ու էրեխեքդ տկլոր: Արի,— ասում ա,— իմ գործին վկայություն տուր, որ էն մարդը ինձ տասը փութ գարի ա պարտ: Գործը որ տանեմ, տասը փթիցը էրկու փութը քեզ կտամ:

Սրանք համաձայնվում են իրար հետ, գնում դատարան:

— Էս գործի վկայություն տվողն ո՞վ ա, — հարցնում ա դատավորը:

— Հրամանքդ, ես եմ,— առաջ ա գալի աղքատը:

— Ի՞նչ վկայություն կտաս դատարանին,— հարցնում ա դատավորը,— էն պարտքը ունեցող մարդը, ի՞նչ ա պարտ էս պատվական մարդին:

— Արդար դատավոր,— ասում ա աղքատը,— էն մարդը էս պատվական մարդուն քսան փութ ցորեն ա պարտ:

— Չէ,— մեջ ա ընկնում հարուստը,— ոչ թե քսան փութ ցորեն, ես ասել եմ տասը փութ գարի: Ի՞նչ ես քեզանից հնարում:

— Աղա,— ասում ա աղքատը հարուստին,— մի բան, որ սուտը սուտ ա, թող իսկական սուտ լինի: Տասը փութ գարի ասեմ, որ քու խոստացած էրկու փութը ստանամ, էն լավ ա քսան փութ ցորենի վկայություն տամ, որ չորս փութ ցորեն տաս ինձ՝ քու աչքն էլ բան տեսնի, իմն էլ: Սուտ բանի վկա էիր ուզո՞ւմ հրես վկայեցի:

Ասում ա, ու մի կուշտ, իշտահով ծիծաղում:

Էսպես էդ անվախ ճշմարտախոս աղքատը ստախոս հարուստի հախիցը գալիս ա:

Հարուստը խայտառակված դուրս ա գնում դատարանից: Դատավորն էլ, որ ասես, մի տուգանք էլա չի տալի զրպարտության համար:

Դե, պարզ ա էլի՝ շունը շանից, էրկուսն էլ մի տանից:

Ագռավը ագռավի աչքը չի հանի:

ԱՌԵՎՏՈՒՐ

Մի չոբան իր էրկու ոչխարը տանում ա բազար, որ ծախի, ամա ուշ ա տեղ հասնում՝ մուշտարի չի ճարում:

Քոռ ու փոշման ուզում ա ետ դառնա, մին էլ մի դալալ ա մոտկանում էս ոչխարների դմակն ա ձեռների միջին ծանր ու թեթև անում, կողերն ա ճմռում՝ մթամ ուզում ա առնի, դեսից-դենից լկռահաչի տալի, վերջը, թե.

— Ի՞նչ արժի քու ոչխարը:

Ոչխարի գինն էլ էդ վախտը շատ-շատ՝ իրեք-չորս մանեթ ա լինում: Ամա չոբանը տեսնում ա, որ սա քամի փչող ա, բան առնող չի, գլխիցը ռադ անելու համար ասում ա.

— Էս ոչխարի գինը հազար մանեթ ա:

— Քու չոբան հալովը ինձ վրա ծիծաղում է՞ս,— ասում ա դալալը,— դե հմի ծիծաղի:

Ասում ա ու մի սիլլա տալիս չոբանին:

Չոբանը ոչխարները թողած, բռնում ա էդ դալալի յախիցը, քաշ տալիս բերում քյոխվի մոտ:

— Ինչ գանգատ ունես,— հարցնում ա քյոխվեն:

Չոբանը պատմում ա, թե էսենց, էսենց բան, էս մարդը, ես անմեղ, անտեղի ինձ սիլլա ա տվել:

— Դուք ա ասո՞ւմ էս քնձռոտ չոբանը,— հարցնում ա քյոխվեն:

— Հրամանք ես,— ասում ա դալալը ու քյոխվին աչքով անում: Քյոխվեն հասկանում ա դալալի աչքով անելը՝ յանի դու քունը կտանաս:

Մթամ շատ ա չարանում դալալի վրա, ոտը գետնովն ա տալիս.

— Էդ արարքիդ համար,— ասում ա,— էս չոբանին, շտրաֆ պետք ա տաս. քսան կապեկ: Էս րոպեին հանի,— ասում ա,— տուր:

— Հրամանք ես,— ասում ա դալալը,— ձեռիս չկա, գնամ տուն, բերեմ:

— Բան չկա,— ասում ա քյոխվեն,— սա կսպասի, գնա բեր:

Չոբանը հասկանում ա, որ իրան ձեռ են առնում: Դալալի գնալուց հետո հարցնում ա.

— Պարոն քյոխվա,— ասում ա,— ուրեմն, մարդի էրեսին սիլլա խփելը քսան կոպեկ արժի՞:

— Հա, էդպես ա օրենքը,— պատասխանում ա քյոխվեն:

— Մեռնեմ օրենքին,— ասում ա չոբանը, մի սիլլա տալիս քյոխվին, դալալը քսան կոպեկը որ բերի,— ասում ա,— քեզ թող լինի: Ես վռազ եմ, գնացի:

Մինչի քյոխվեն՝ ուշքի ա գալի, չոբանը փախչում, գնում ա:

***

Ախ, ո՞ւր էր թե կաշառակեր դատավորը միշտ իրա փայ սիլլեն ուտեր:

***

... Հիմի էս թողնենք ու գանք հեքիաթի մշակողի մոտ, տեսնենք՝ ինչպես պետք ա նրա բանը վերջանա:

Արամ Ղանալանյանի «Ավանդապատումում» մի մեջբերում կա Գարեգին Լևոնյանից քաղված:

«Ղարսի փաշան պատվիրում է Թուջջարին, որ նա բոլորովին նոր մի հեքիաթ ասի: Թուջջարը նեղն է ընկնում. նայում է չորս կողմը, նշան է անում աշակերտին, որ այլայլված հետևում էր վարպետի անհանգիստ շարժումներին՝ ու հազալով, կոկորդը մաքրելով հանպատրաստից սկսում է մի նոր հեքիաթ հորինել (պատմելով և ներկայացնելով): Այդ ընթացքում Թուջջարն այնպիսի սրտաշարժ տեսարաններ է հորինում, որ փաշան սկսում է հեկեկալ: Անսպասելի կերպով լաց է լինում և ինքը Թուջջարը: Զարմացած աշակերտը մոտենալով իր վարպետին հարցնում է— ուստա, դո՞ւ ինչու ես լաց լինում, հո գիտես, որ պատմածդ հեքիաթը սուտ է:— Որդի,— պատասխանում է Թուջջարը,— ես լաց եմ լինում ոչ թե հեքիաթի ազդեցությունից, այլ թե ինչպես պիտի վերջացնեմ այն»:

* * *

Հեքիաթները շարունակվում են, ես էլ՝ նրանց հետ... Բայց թե ոնց ա վերջանալու իմ բանը, էդ էլ աստված գիտի:

ՑԱՆԿ

www.ingramcontent.com/pod-product-compliance
Lightning Source LLC
Chambersburg PA
CBHW030523020726
47494CB00004B/1210
* 9 7 8 1 6 0 4 4 4 7 9 2 7 *